A conserver –

R. 1905
F + a.

101104

PROJET D'ÉLÉMENTS

D'IDÉOLOGIE.

PROJET D'ÉLÉMENTS

D'IDÉOLOGIE

A L'USAGE DES ECOLES CENTRAL.. .E
LA REPUBLIQUE FRANÇAISE;

PAR LE CIT. DESTUTT-TRACY,

MEMBRE DU SÉNAT-CONSERVATEUR, ET MEMBRE
ASSOCIÉ DE L'INSTITUT NATIONAL

A PARIS,

Chez PIERRE DIDOT l'aîné, imprimeur, galeries du Louvre, n°. 3.
FIRMIN DIDOT, libraire, rue de Thionville, n°. 116.
DEBRAY, libraire, au palais du Tribunat, galerie de bois.

AN IX.

PRÉFACE.

J'offre en ce moment au public un ouvrage qui m'a coûté beaucoup de travail, et dont je n'attends pas un grand succès pour moi, mais un peu d'utilité pour la science. Je le présente aux jeunes gens comme un plan d'étude, aux connaisseurs comme un mémoire à consulter. Je dois rendre compte à ceux-ci des motifs qui m'ont dirigé, et de la maniere dont j'ai envisagé mon sujet.

On n'a qu'une connaissance incomplete d'un animal, si l'on ne connaît pas ses facultés intellectuelles. L'idéologie est une partie de la zoologie, et c'est sur-tout dans l'homme que cette partie est importante et mérite d'être approfondie: aussi l'éloquent interprete de la nature, Buffon, aurait-il cru n'avoir pas achevé son histoire de l'homme, s'il n'avait pas au moins essayé de décrire sa faculté de penser. Je ne prononcerai pas que cette partie de son ouvrage n'est point digne de son illustre auteur; mais j'oserai assurer que c'est celle qui satisfait le moins le lecteur attentif, et l'observateur scrupuleux. Il ne faut pas s'en étonner, puisque de tous les sujets qu'il a traités, c'est celui qui avait été le moins étudié avant lui. Et cela encore devait être. L'homme par sa nature tend toujours au résultat le plus prochain et le plus pressant. Il pense d'abord à ses besoins, ensuite à ses plaisirs. Il s'occupe d'agriculture, de médecine, de guerre, de politique-pratique, puis de poésie et d'arts, avant que de songer à la philosophie : et lorsqu'il fait un retour sur lui-même et qu'il commence à réfléchir, il prescrit des regles à son jugement, c'est la logique ; à ses discours, c'est la grammaire ; à ses desirs, c'est ce qu'il appelle morale. Il se croit alors au sommet de la théorie, et n'imagine pas même que l'on puisse aller plus loin. Ce n'est que long-temps après qu'il s'avise de soupçonner que ces trois opérations, juger, parler, et vouloir, ont une source commune ; que, pour les bien diriger, il ne faut pas s'arrêter à leurs résultats, mais remonter à leur origine ; qu'en examinant avec soin cette origine, il y trouvera aussi les principes de l'éducation et de la législation ; et que ce centre unique de toutes les vérités est la connaissance de ses facultés intellectuelles.

Locke est, je crois, le premier des hommes qui ait tenté d'observer et de décrire l'intelligence humaine, comme l'on observe et l'on décrit une propriété d'un minéral ou d'un végétal, ou une circonstance remarquable de la vie d'un animal : aussi a-t-il fait de cette étude une partie de la physique. Ce n'est pas qu'avant lui on n'eût fait beaucoup d'hypothèses sur ce sujet, qu'on n'eût même dogmatisé avec une grande hardiesse sur la nature de notre ame ; mais c'était toujours en vue, non de découvrir la source de nos connaissances, leur certitude et leurs limites, mais de déterminer le principe et la fin de toutes choses, de deviner l'origine et la destination du monde. C'est là l'objet de la métaphysique. Nous la rangerons au nombre des arts d'imagination destinés à nous satisfaire, et non à nous instruire.

Quelques bons esprits ont suivi et continué Locke : Condillac a plus qu'aucun autre accru le nombre de leurs observations, et il a réellement créé l'idéologie. Mais, malgré l'excellence de sa méthode et la sûreté de son jugement, il ne paraît pas avoir été exempt d'erreurs. C'est sur-tout dans cette science que l'on éprouve, ce que nous aurons lieu d'observer dans la suite, que nos perceptions purement intellectuelles sont bien fugitives, et que moins

1.

l'objet de nos recherches nous ramene souvent au témoignage direct de nos sens, plus nous sommes sujets à nous méprendre et à nous égarer. D'ailleurs les ouvrages théoriques de Condillac ne sont presque que des morceaux détachés, des monuments de ses recherches. Il s'est pressé d'appliquer ses découvertes aux arts de parler, de raisonner, d'enseigner: mais il ne s'est point occupé de les réunir, et il ne nous a donné nulle part un corps de doctrine complet qui puisse servir de texte aux leçons d'un cours.

Je me suis proposé d'y suppléer. J'ai essayé de faire une description exacte et circonstanciée de nos facultés intellectuelles, de leurs principaux phénomenes, et de leurs circonstances les plus remarquables, en un mot de véritables éléments d'idéologie; et, sans m'arrêter aux difficultés de l'entreprise, je n'ai envisagé que son utilité. Je n'ignore pas cependant que, même dans les sciences les plus avancées et les plus connues, les livres élémentaires sont de tous les plus difficiles à faire. Dans un ouvrage de recherches, pourvu que l'on dise des vérités, on a rempli son but. Dans des éléments cela ne suffit pas: il faut encore disposer ces vérités dans un ordre convenable,

n'oublier aucune de celles qui sont essentielles,
écarter toutes celles qui sont surabondantes,
faire que toutes s'enchaînent et s'appuient réciproquement, enfin les présenter assez clairement pour qu'elles soient entendues par les personnes les moins instruites; et certes c'est là une
assez grande tâche à remplir. Les difficultés sont
bien plus grandes encore quand on traite une
science comme celle-ci, qui n'a pas été suffisamment cultivée. Souvent, en rendant compte
d'un fait, on s'apperçoit qu'il exige de nouvelles observations, et, mieux examiné, il se
présente sous un tout autre aspect : d'autres
fois, ce sont les principes eux-mêmes qui sont
à refaire, ou, pour les lier entre eux, il y a
beaucoup de lacunes à remplir; en un mot,
il ne s'agit pas seulement d'exposer la vérité,
mais de la découvrir. C'est ce que j'ai tâché de
faire, sans me flatter d'y avoir toujours réussi.

Cependant il est arrivé de là, premièrement,
qu'il y a dans cet écrit beaucoup plus d'idées
nouvelles que je n'aurais voulu ; je desirerais
bien que toutes celles qui m'ont paru justes
fussent anciennes, je serais bien plus sûr de
ne m'être pas trompé, et j'aurais bien plus
d'espérance de les voir accueillies : secondement, que n'ayant pas toujours à énoncer des

vérités déja connues, j'ai souvent été obligé de quitter le ton de la narration pour prendre celui de la discussion, et de donner à certains principes un développement proportionné, non pas à leur importance ou à leur difficulté réelle, mais à la crainte de les voir combattus et repoussés, ce qui nécessairement nuit à l'effet de l'ensemble: troisièmement, qu'assuré de trouver des préventions dans l'esprit de mes lecteurs, j'ai quelquefois été obligé d'aller au-devant, et, pour cela, de déranger l'ordre naturel des idées. Car, quoique Condillac soutienne avec raison qu'un auteur doit énoncer clairement sa pensée, ne dire que ce qui est nécessaire pour la prouver, et n'avoir aucun égard aux préjugés dominants, et qu'il viendra un temps où on ne lui reprochera pas d'avoir bien écrit; il est pourtant vrai qu'on ne peut pas toujours construire, sans auparavant nettoyer le terrain: peut-être même ai-je trop négligé cette précaution; du moins est-il sûr que je l'aurais prise plus souvent, si je ne m'étois pas décidé à écrire principalement pour les jeunes gens, que je crois encore en général les meilleurs juges en ces matieres.

Cet état de la science est encore cause que, pour bien éclaircir une difficulté, j'ai quelquefois été obligé de suivre une idée plus loin qu'il n'aurait été convenable dans des éléments ; et cela m'a engagé dans des considérations qui paraîtront trop fines et trop étendues pour les jeunes gens à qui je m'adresse. Au reste je regarde ce dernier inconvénient comme plus apparent que réel ; car, je le répete, je crois les jeunes gens en général très capables de comprendre ces matieres, et beaucoup plus disposés à les saisir sous leur vrai jour que bien des hommes instruits qui ont des opinions toutes faites, et des habitudes acquises.

De tout cela il résulte que je ne peux pas avoir fait de bons éléments d'idéologie. Quand je considere à quel degré de perfection sont parvenues les sciences mathématiques, combien il existe de livres élémentaires dans cette partie, et que j'entends tous les jours se plaindre qu'il n'y en a aucun qui satisfasse pleinement les connaisseurs, je ne saurais me flatter d'avoir atteint ce but dès le premier coup dans la science que j'ai traitée. Mais il fallait bien commencer par quelque chose. Mon ouvrage est une ébauche à perfectionner, un cadre que l'on peut étendre et resserrer, ou même remplir différemment, enfin un point de départ pour ceux qui courront la même carrière à l'avenir : c'est comme tel que je le présente au public. Tout ce que j'en espere, c'est que ceux qui écriront après moi se croiront obligés de me discuter ; ce qui fera que bientôt ils auront une langue commune, au moyen de laquelle on pourra les entendre tous ; tandis que jusqu'à présent chaque auteur a la sienne, qui n'est bien familiere qu'à lui.

J'avais encore un autre motif quand j'ai commencé à écrire ce petit traité. Je voyais que les auteurs de la loi du 3 brumaire an 4, qui ont rendu à la France une instruction publique dès qu'ils lui ont eu donné une constitution, avaient établi une chaire de grammaire générale dans chaque école centrale : je comprenais par là qu'ils avaient senti que toutes les langues ont des regles communes qui dérivent de la nature de nos facultés intellectuelles, et d'où découlent les principes du raisonnement ; qu'ils pensaient qu'il faut avoir envisagé ces regles sous ces trois points de vue pour connaître réellement la marche de l'intelligence humaine, et que cette connaissance non seulement est nécessaire à l'étude des langues, mais encore est la seule base solide des sciences morales et politiques dont ils voulaient avec raison que tous les citoyens eussent des idées saines, sinon profondes; qu'en conséquence leur intention était que, sous ce nom de grammaire générale, on fît réellement un cours d'idéologie, de grammaire, et de logique, qui, en enseignant la philosophie du langage, servît d'introduction au cours de morale privée et publique. Mais la loi ne pouvait ni ne devait entrer dans ces détails. Les réglements d'exécution n'étaient point faits; et je croyais que la plupart des citoyens ne savaient pas ce que l'on voulait faire apprendre à leurs enfants, que beaucoup de professeurs même ne se faisaient pas une idée complete de l'enseignement qu'on attendait de leur zele. D'ailleurs, quand ils l'auraient vu nettement, ils n'avaient aucun livre qui pût leur servir constamment de guide. Je crus donc que je ferais une chose utile de leur offrir un texte à commenter, un canevas à remplir; et je ne doutais pas que bientôt, par l'effet même de leurs leçons, les cahiers de plusieurs d'entre eux ne devinssent d'excellents traités, aussi utiles à l'avancement de la science qu'à son enseignement.

Sur ce point je pourrais bien m'être trompé: car je vois qu'à la fureur de tout détruire a succédé la manie de ne rien laisser s'établir, et que, sous prétexte de haïr les écarts de la révolution, on déclare la guerre à tout ce qu'elle a produit de bon : c'est une mode qui a remplacé nos anciens beaux airs. Autrefois on ne parlait que de réformes, de changements nécessaires dans l'éducation ; aujourd'hui on voudrait les voir comme du temps de Charlemagne : on ridiculisait l'expérience sous le nom de routine ; actuellement on croit donner une haute idée de ses connaissances pratiques en affectant du mépris pour les théories qu'on ignore : on soutient gravement que pour bien raisonner il n'est pas nécessaire de connaître ses facultés intellectuelles, et que l'homme en société n'a nul besoin d'étudier les principes de l'art social. Il semble que ce soit déjà un usage gothique parmi nous que celui de cultiver sa raison, et de l'affranchir du joug des préjugés. C'est ainsi que l'on a vu des hommes, novateurs effrénés, coiffés d'un bonnet rouge, accuser les philosophes d'être des réformateurs timides, et des amis froids du bien de l'humanité, qui maintenant les accusent d'avoir tout bouleversé, et en conséquence travaillent sans relâche à renverser encore les institutions utiles que ces mêmes philosophes sont parvenus à conserver ou à établir au milieu des murmures et des proscriptions;

> Et des petits péchés commis dans leur jeune âge
> Vont faire pénitence en opprimant un sage ;

constants dans ce seul point de toujours persécuter. Cependant j'espere que la sagesse du gouvernement mettra un terme à cette fureur hypocrite ; qu'il dira aux fous qu'il veut bien les laisser jeter des pierres aux gens raisonnables, mais qu'il ne veut pas qu'ils les assomment (*), et même que son exemple leur persuadera qu'ils ne doivent pas compter long-temps sur les applaudissements des spectateurs. Je suis très convaincu que cela arrivera, et je m'en réjouirai dans ma solitude. Mais comme, au milieu de cette nouvelle lutte, on peut être quelques années sans s'occuper de la science que je traite, et par conséquent de mon ouvrage, il est possible que, quand on le lira, la manie actuelle soit déja oubliée : c'est pourquoi j'ai voulu en faire mention ici, afin que l'on se rappelle un jour qu'elle a beaucoup retardé

(*) Voyez la fable de La Fontaine, un Fou et un Sage.

> C'est fort bien fait à toi: reçois cet écu-ci;
> Tu fatigues assez pour gagner davantage.

les progrès de nos études, sans toutefois re-
froidir notre zele, ni altérer notre tranquillité.

J'ai donc continué mon travail, ayant sur-
tout en vue les écoles publiques, et particulièrement les écoles centrales. Je crois même
qu'eu égard à l'état de la science et aux nombreuses imperfections que je n'ai pu faire disparaître de mon ouvrage, il a besoin, pour
être vraiment utile, d'être présenté, commenté, peut-être même corrigé, par un habile professeur : car, quoi qu'on en dise, moins une
science est avancée, moins elle a été bien
traitée, et plus elle a besoin d'être enseignée.
C'est ce qui me fait beaucoup desirer qu'on ne
renonce pas en France à l'enseignement des
sciences idéologiques, morales, et politiques,
qui après tout sont des sciences comme les
autres, à la différence près que ceux qui ne les
ont point étudiées sont persuadés de si bonne
foi de les savoir, qu'ils se croient en état d'en
décider. Néanmoins je ne renonce pas à l'espérance qu'un bon esprit sans prévention puisse
me lire avec fruit, même sans secours étranger. Dans ce cas je le prie seulement de ne
pas s'arrêter au premier endroit qu'il ne goû-
tera pas, mais d'aller jusqu'au bout avant de

me condamner, parcequ'il trouvera souvent plus loin des développements subséquents qui éclairciront les difficultés antérieures. Avec cette précaution, je me flatte qu'on me comprendra assez pour que je sois approuvé, si j'ai raison, ou réfuté en connaissance de cause, si j'ai tort. Ce dernier succès ne paraît pas très flatteur à obtenir : cependant il est réservé à ceux qui s'expriment avec une précision rigoureuse; et ce genre de mérite met bien sur le chemin de trouver la vérité.

Il me reste à me justifier de publier la premiere partie de ces éléments sans la deuxieme et la troisieme. Sans doute il eût mieux valu ne les pas séparer; et je regrette vivement de n'avoir pas pu les donner ensemble, parceque je suis très persuadé que les dernieres parties eussent jeté beaucoup de jour sur la premiere, et donné beaucoup d'appui à ma maniere de voir. Cependant je prie le lecteur d'observer que cette partie que je lui soumets en ce moment renferme à proprement parler toute la théorie, et que j'ai voulu pressentir son jugement sur les principes avant de me livrer aux applications. Si j'étais assez heureux pour recueillir de bonnes critiques, et que ma maniere d'analyser la pensée dût être réformée , nécessairement ma grammaire et ma logique en seraient modifiées , et par là se trouveraient tout de suite plus dignes de l'approbation des connaisseurs. C'est là ce qui m'a décidé; car la perfection est loin de nous : tout ce que je souhaite est de mériter que l'on dise que j'ai fait un peu de bien. Si j'en étais sûr, je me vanterais ici des excellents conseils que j'ai reçus de plusieurs hommes éclairés avec qui je suis intimement lié , et je dédierais cet ouvrage à un véritable ami à qui je suis particulièrement redevable de ce qu'il peut y avoir de bon dans ce que j'ai écrit. Mais je me refuserai ce plaisir jusqu'à ce que le public m'ait jugé , ne voulant point associer des noms respectables à un mauvais succès. Je pense que l'on ne devrait jamais mettre d'épître dédicatoire à une premiere édition.

Peut-être , en approuvant ma discrétion , jugera-t-on qu'au moins j'aurais dû citer les auteurs dont je me suis quelquefois approprié les idées. J'avoue que si je ne l'ai pas fait , c'est que le plus souvent je ne me suis pas rappelé à qui j'étois redevable. Je déclare une fois pour toutes qu'il y a dans cet écrit beaucoup de choses qui ne sont pas de moi ; et je répete que je voudrais bien qu'il en fût de même du reste, et que le tout ne fût qu'un recueil de vérités déja connues et convenues : je m'occuperais avec bien plus de confiance et de plaisir à en tirer des conséquences et à en faire des applications.

INTRODUCTION.

Jeunes gens, c'est à vous que je m'adresse ; c'est
pour vous seuls que j'écris. Je n'ai la prétention
de rien apprendre à ceux qui savent déja beaucoup de choses, et les savent bien : je leur deman-
derais des instructions au lieu de leur en offrir. Et
quant à ceux qui savent mal, c'est-à-dire, qui ayant
un très grand nombre de connaissances, en ont tiré
de faux résultats dont ils se croient très sûrs, et
auxquels ils sont attachés par une longue habitude ;
je suis encore plus éloigné de leur présenter mes
idées : car, comme l'a dit un des plus grands philosophes modernes (1), « Quand les hommes ont une
« fois acquiescé à des opinions fausses, et qu'ils les
« ont authentiquement enregistrées dans leurs es-
« prits, il est tout aussi impossible de leur parler in-
« telligiblement que d'écrire lisiblement sur un papier
« déja barbouillé d'écriture ». Rien n'est plus juste
que cette observation de Hobbes. Peut-être verrons-
nous bientôt ensemble la raison de ce fait ; mais, en
attendant, vous pouvez le tenir pour très certain. Je

(1) Hobbes, traité de la Nature humaine, traduction du
baron d'Holbach.

2

serais même fort surpris si votre petite expérience
personnelle, quelque peu étendue qu'elle soit, ne
vous en avait pas déja offert la preuve. En tout cas,
la premiere fois qu'il arrivera à un de vos camarades
de s'attacher obstinément à une idée quelconque qui
paraîtra évidemment absurde à tous les autres, ob-
servez-le avec soin, et vous verrez qu'il est dans une
disposition d'esprit telle qu'il lui est impossible de
comprendre les raisons qui vous semblent les plus
claires : c'est que les mêmes idées se sont arrangées
d'avance dans sa tête dans un tout autre ordre que
dans la vôtre, et qu'elles tiennent à une infinité d'autres qu'il faudrait déranger avant de rectifier celles-
là. Dans une autre occasion vous lui donnerez peut-
être sa revanche. Eh bien, mes amis, c'est avec les
mêmes moyens et par les mêmes causes que l'on
s'attache à un faux systême de philosophie et à une
fausse combinaison dans un jeu d'enfants.

C'est pour vous préserver de l'un et de l'autre que
je veux dans cet écrit, non pas vous enseigner, mais
vous faire remarquer tout ce qui se passe en vous
quand vous pensez, parlez, et raisonnez. Avoir des
idées, les exprimer, les combiner, sont trois choses
différentes, mais étroitement liées entre elles. Dans
la moindre phrase ces trois opérations se trouvent :
elles sont si mêlées, elles s'exécutent si rapidement, elles se renouvellent tant de fois dans un
jour, dans une heure, dans un moment, qu'il paraît

d'abord fort difficile de débrouiller comment tout cela se passe en nous. Cependant vous verrez bientôt que ce mécanisme n'est point si compliqué que vous le croyez peut-être. Pour y voir clair, il suffit de l'examiner en détail; et déja vous sentez qu'il est nécessaire de le connaître pour être sûr de se faire des idées vraies, de les exprimer avec exactitude, et de les combiner avec justesse; trois conditions sans lesquelles on ne raisonne pourtant qu'au hasard. Étudions donc ensemble notre intelligence; et que je sois seulement votre guide, non pas parceque j'ai déja plus pensé que vous, car cela pourrait bien ne m'avoir servi de rien, mais parceque j'ai beaucoup observé comment l'on pense, et que c'est cela qu'il s'agit de vous faire voir. On donne différents noms à la science dont nous allons traiter : mais quand nous serons un peu plus avancés et que vous aurez une idée nette du sujet, vous verrez bien clairement quel nom on doit lui donner; jusque-là tous ceux que je vous suggérerais ne vous apprendraient rien, ou peut-être même vous égareraient, en vous indiquant des choses dont il ne sera point question ici. Étudions donc, et nous trouverons ensuite comment s'appelle ce que nous aurons appris (1).

(1) Cette science peut s'appeler *idéologie*, si l'on ne fait attention qu'au sujet; *grammaire générale*, si l'on n'a égard qu'au moyen; et *logique*, si l'on ne considere que le but. Quelque

Bien des gens croient qu'à votre âge on n'est pas capable de l'étude à laquelle je veux vous engager. C'est une erreur; et, pour le prouver, je pourrais me contenter de vous citer mon expérience personnelle, et de vous dire que j'ai souvent exposé à des enfants aussi jeunes qu'aucun de vous et qui n'avaient rien de remarquable pour l'intelligence, toutes les idées dont je vais vous entretenir, et qu'ils les ont saisies avec facilité et avec plaisir: mais je vous dois quelques explications de plus; elles ne seront pas inutiles par la suite.

Premièrement, il n'est pas douteux que nos forces intellectuelles, comme nos forces physiques, s'accroissent et grandissent avec le développement de nos organes: ainsi dans quelques années vous serez certainement susceptibles d'une attention plus forte et plus longue qu'aujourd'hui, comme vous serez capables de remuer et de soutenir des fardeaux plus lourds.

Secondement, il est tout aussi sûr que certaines facultés se développent avant d'autres, et que, de même que la souplesse du corps précede sa plus grande vigueur, la faculté de recevoir des impres-

---

nóm qu'on lui donne, elle renferme nécessairement ces trois parties; car on ne peut en traiter une raisonnablement sans traiter les deux autres. *Idéologie* me paraît le terme générique, parceque la science des idées renferme celle de leur expression, et celle de leur combinaison.

sions et celle de se les rappeler se manifestent avant la force nécessaire pour bien juger et combiner ces sensations et ces souvenirs ; c'est-à-dire que la sensibilité et la mémoire précedent l'action énergique du jugement.

Une autre vérité d'observation constante, c'est que toutes ces facultés physiques ou intellectuelles languissent dans l'inaction, s'accroissent par l'exercice, et s'énervent quand on en abuse.

Voilà les faits : c'est toujours d'eux que nous devons partir ; car ce sont eux seuls qui nous instruisent de ce qui est ; les vérités les plus abstraites ne sont que des conséquences de l'observation des faits. Mais que conclure de ceux-ci ? rien autre chose, si ce n'est que dans tous les genres il faut exercer vos forces et ne pas les excéder ; qu'actuellement vos leçons doivent être courtes et répétées, et que dans quelque temps vous ferez en un mois ce que vous ne faites à cette heure qu'en deux. Mais cela s'applique-t-il plus particulièrement à l'étude qui nous occupe qu'à une autre ? cela doit-il la faire écarter plus que toute autre ? non assurément.

En effet, tout jeunes que vous êtes, on vous a déja donné des notions élémentaires de physique et d'histoire naturelle ; on vous a fait connaître les principales especes de corps qui composent cet univers ; on vous a donné une idée de leurs combinaisons, de leur arrangement, des mouvements des corps céles-

tes , de la végétation , de l'organisation des animaux :
et on a bien fait de vous mettre tant d'objets divers
sous les yeux , quoique vous ne soyez pas en état de
les approfondir ; cela vous a toujours fourni des
idées préliminaires et des sujets de réflexion. Dans
tout cela , il est vrai, beaucoup de choses ont frappé
vos sens et réveillé votre attention : votre mémoire
sur-tout a été exercée ; cependant votre jugement
n'est pas demeuré inactif, car, sans son secours,
vous seriez restés dans un véritable état d'idiotisme ;
vous n'auriez rien compris à tout ce qu'on vous a
dit.

Ce n'est pas tout ; on vous a aussi donné quelques
leçons de calcul ; vous savez les principes fondamen-
taux de la numération : là cependant il n'y a presque
rien à voir, très peu à retenir de mémoire, presque
tout est raisonnement ; vous l'avez compris pourtant : ce que nous avons à dire n'est pas plus difficile.

Il y a plus ; vous avez déja commencé l'étude du
latin ; on vous a enseigné quelques éléments de grammaire ; on vous a expliqué la valeur des mots, leurs
relations, le rôle qu'ils jouent dans le discours ; on
vous a parlé de substantifs , d'adjectifs , du verbe
simple et des verbes composés : vous n'avez pas pu
apprendre l'emploi de ces signes sans connaître l'u-
sage des idées qu'ils représentent ; ou vous n'avez
rien compris du tout à tout cela , ou vous savez déja
au moins confusément une grande partie de tout ce

qui va nous occuper; et, si je ne me trompe beaucoup,
la maniere dont nous allons reprendre toutes ces matieres vous les fera paraître beaucoup plus claires ,
d'autant que ce que nous en dirons ne sera pas embrouillé par les mots d'une langue qui ne vous est
pas encore familiere.

Enfin, quand vous n'auriez jamais entendu parler
ni de physique, ni de calcul, ni de latin; quand de
votre vie vous n'auriez reçu aucune leçon expresse;
quand vous ne sauriez pas lire; quand vous n'auriez
appris qu'à parler, croyez-vous que vous y fussiez
parvenus sans faire un grand usage de votre jugement? Vous n'avez peut-être jamais pris garde à la
multitude de choses qu'il faut qu'un enfant étudie
pour apprendre à parler; combien il faut qu'il fasse
d'observations et de réflexions pour connaître et démêler tous les objets qui l'environnent; pour remarquer et distinguer les sons et les articulations que
prononcent ceux qui l'entourent; pour s'appercevoir
que de ces paroles les unes s'appliquent aux objets
et les désignent, les autres expriment ce qu'on en
pense et ce qu'on en veut faire; pour parvenir lui-
même à répéter ces paroles et à en faire une application juste, et enfin pour reconnaître la maniere de
les varier et de les lier entre elles de façon qu'elles
deviennent le tableau fidele de sa pensée. Pesez un
peu toutes ces difficultés, et vous verrez que ce n'est
pas sans beaucoup de méditations et de raisonne-

ments qu'on parvient à surmonter tant d'obstacles. Aussi observez un enfant quand il vient de réussir à distinguer les parties d'un objet qu'il ne connaissait pas, à entendre quelque chose qu'on lui dit et qu'il ne comprenait pas, à faire comprendre son idée qu'on ne saisissait pas, voyez comme il rit de bon cœur, quelle joie vive il manifeste : celle d'un savant qui vient de faire une découverte n'est ni plus grande ni mieux fondée ; elle est absolument du même genre, elle naît des mêmes motifs, son succès est dû à des efforts tout pareils. Je vous disais tout-à-l'heure que c'est par les mêmes causes que l'on se trompe dans les jeux et dans les sciences ; eh bien ! c'est par les mêmes procédés qu'on apprend à parler, et qu'on découvre ou les principes du système du monde, ou ceux des opérations de l'esprit humain, c'est-à-dire tout ce qu'il y a de plus sublime dans nos connaissances.

Mes amis, plus vous aurez d'expérience, plus vous aurez réfléchi, et plus vous serez convaincus qu'en aucun temps de votre vie vous n'avez acquis autant de connaissances réelles, vous n'avez fait des progrès aussi rapides que dans les trois ou quatre premieres années de votre existence. Ce n'est pas que, comme je l'ai dit, vous ne soyez devenus dans la suite capables d'un jugement plus ferme, d'une attention plus soutenue ; mais c'est que jamais vous n'aurez été aussi constamment occupés d'apprendre. Le plaisir

presque unique de la premiere enfance est de faire
des découvertes, et, dans le reste de la vie, on ne se
borne que trop souvent à jouir, tant bien que mal,
des choses que l'on connaît à-peu-près. Ce qui met
le plus de différence entre les degrés de lumieres et
de talents auxquels parviennent les hommes, c'est
de conserver plus ou moins long-temps, plus ou
moins vivement ce premier penchant à l'investi-
gation, à la recherche des vérités quelles qu'elles
soient.

En voulez-vous un exemple? les exemples rendent
les vérités plus sensibles. Vous aimez sûrement bien
les chevaux : qu'on vous en donne un, et qu'on vous
laisse libres ; vous courrez dessus des journées entieres sans vous embarrasser ni comment il vit, ni
comment il meurt, ni comment il broie ses aliments,
ni ce qu'ils deviennent, ni quelle est sa structure
interne ; sans peut-être seulement remarquer en quoi
consiste la différence de ses mouvements au pas, au
trot, et au galop. Ce que vous ferez, emportés par
l'attrait du plaisir, un homme plus âgé le fera
dominé par ses affaires, ou par l'appât du gain.
Combien de gens menent des chevaux toute leur vie
sans faire autant de réflexions peut-être pour les
conduire que le cheval pour leur obéir! Au contraire,
donnez un cheval de carton à un enfant : soyez assuré qu'à l'instant même il le tourne et retourne de
tous les sens ; il l'examine autant qu'il est en lui ;

bientôt il va l'éventrer pour voir ce qu'il y a dedans:
s'il le traîne , il le regarde à chaque instant ; il veut
deviner comment cela se fait : vous voyez souvent à
son petit air pensif qu'il est bien moins occupé de
l'effet que de la maniere dont il se produit ; son plaisir
est de chercher ; sa vraie passion est la curiosité ; et
cet utile sentiment serait encore bien plus permanent
en lui , si souvent on ne l'en distrayait pas très mal-
adroitement. Mais revenons.

Vous voyez donc que vous êtes très capables de
réflexion et de jugement, pourvu que la recherche
vous plaise, et ne dure pas trop long-temps. Si vous
avez cru le contraire , c'est une erreur dont il faut
vous désabuser.

Il est encore une chose qu'il faut que vous sachiez ,
et dont vous verrez bien des preuves par la suite :
c'est que l'esprit humain marche toujours pas-à-pas ;
ses progrès sont graduels , en sorte que nulle vérité
n'est plus difficile à comprendre qu'une autre , quand
on sait bien tout ce qui est avant. Il n'y a d'inintelligible pour nous que ce qui est trop loin de ce que
nous savons déja ; mais il n'y a pas plus de distance
entre la vérité la plus sublime des sciences et celle
qui la précede immédiatement , qu'entre l'idée la
plus simple et celle qui la suit ; comme dans les nombres il n'y a pas plus loin de 99 à 100 que de 1 à 2.
La série de nos jugements est une longue chaîne
dont tous les anneaux sont égaux. Il n'y a donc pas

de science qui soit par elle-même plus obscure qu'aucune autre : tout dépend de l'ordre que l'on sait y mettre pour éviter les trop grandes enjambées, si je puis m'exprimer ainsi : trouver cet ordre, quand il n'est pas encore connu, c'est là le propre du talent ; et ce talent est le même qui fait trouver des vérités nouvelles. Nous verrons quelque jour en quoi il consiste ; car le bien connaître est le moyen de l'acquérir, et de se préserver de croire que le génie qui invente marche au hasard.

Pour ne pas outrer ce que je viens de dire sur l'enchaînement des vérités, il faut cependant observer qu'il y a tel raisonnement où la série de nos jugements est si longue, qu'il faut une attention peu commune pour la suivre tout entiere ; et qu'il y en a tel autre formé de vérités qui tiennent à tant d'autres, que même en les connaissant bien il faut une force de tête au-dessus de l'ordinaire pour ne perdre de vue aucun des éléments qui les composent ; ce qui est cependant nécessaire pour n'en pas tirer de fausses conséquences : mais vous ne trouverez rien de tel dans tout ce que nous avons à dire. Nous ne nous proposons que d'examiner avec soin ce que nous faisons quand nous pensons, et d'en conclure ce que nous devons faire pour penser avec justesse. Là, les faits sont en nous, les résultats tout près de nous ; et le tout est si clair, que nous aurons peine à comprendre comment tant de gens l'ont si fort embrouillé en y supposant ce qui n'y est pas, et y cherchant ce que nous n'y pouvons trouver. Ne vous effrayez donc point de cette entreprise, aussi utile que facile; et qui, j'en suis sûr, vous causera plus de plaisir que de fatigue.

Mais, en terminant ces réflexions préliminaires, je dois encore vous rappeler que celui d'entre vous qui a l'esprit le moins exercé, a pourtant déja une foule immense d'idées, qu'il en a porté des millions de jugements, et qu'il en est résulté une quantité prodigieuse de connaissances : tout cela est tellement innombrable dans toute la force du terme, qu'assurément il n'y a aucun de vous qui pût faire l'énumération complete de toutes les idées qu'il a conçues, de tous les jugements qu'il a portés, et de toutes les combinaisons qu'il en a faites; et dans tout cela vous sentez bien qu'il doit s'être glissé déja un grand nombre d'erreurs : à la vérité elles ont du moins un avantage, c'est qu'elles n'ont pas encore ce caractere de fixité qu'elles acquierent avec le temps. Néanmoins vous êtes bien loin, pour me servir de l'expression de Hobbes, d'être semblables à des feuilles de papier blanc sur lesquelles on puisse écrire commodément et sans précaution. Il faut partir de l'état où vous êtes, il faut profiter du chemin que vous avez déja parcouru; il faut vous mettre en garde contre les fausses routes dans lesquelles vous pouvez être entrés : c'est ce que je crois avoir fait dans ce préambule.

En le lisant, bien des gens penseront peut-être que moi, qui vous promettais tout-à-l'heure de vous enseigner par la suite l'art que l'on nomme méthode, c'est-à-dire l'art de disposer ses idées dans l'ordre le plus propre à trouver la vérité et à l'enseigner, j'ai commencé par manquer moi-même aux regles de cet art, en vous parlant de beaucoup de choses dont je ne vous ai point encore donné de notions exactes, en me servant, pour vous en parler, de beaucoup de termes dont la signification précise n'est pas encore convenue entre nous. Ils croiront que j'aurais dû débuter par vous expliquer magistralement ce que c'est que faculté, pensée, intelligence, sensation, souvenir, idée, attention, réflexion, jugement, raisonnement, combinaison, etc. ; et par vous donner des définitions positives de tous les termes scientifiques que j'ai déja employés et que j'emploierai à l'avenir ; et ils seront persuadés que de cette maniere j'aurais été beaucoup plus clair.

Effectivement, si je m'y étais pris ainsi, peut-être y auriez-vous été trompés vous-mêmes ; peut-être auriez-vous cru dès l'abord me comprendre parfaitement, quoique dans le vrai il n'en fût rien. Vous n'êtes pas encore assez avancés pour que je puisse vous faire bien voir d'où vous serait venue cette confiance trom-

peuse : mais une preuve qu'elle n'eût été qu'une illusion, c'est que quand vous saurez bien ce que c'est
que toutes ces choses que nous venons de nommer,
quand par conséquent vous aurez une idée bien nette
et bien juste de la signification des mots qui les expriment ; je n'aurai plus rien à vous dire, vous saurez la science qui nous occupe. Or il est bien évident
que c'est ce que je ne pouvais pas opérer dans un
petit nombre de paragraphes. Je n'aurais donc fait,
avec toutes mes définitions, que prendre des mots qui
n'ont encore pour vous qu'un sens assez vague, et,
sans vous donner aucune nouvelle lumiere, les remplacer par d'autres mots nécessairement tout aussi
vagues que les premiers. C'est ainsi que l'on s'é-
blouit, mais ce n'est point ainsi que l'on s'éclaire.

Il n'y a peut-être pas un des termes dont nous
parlons, dont vous ne vous soyez déja servi mille et
mille fois. Ils ont donc pour vous un sens quelconque ; j'ai donc pu m'en servir pour vous parler, tout
comme j'ai fait de termes plus usuels, que vous em-
ployez encore plus souvent, quoique certainement
vous n'en sentiez pas toujours toutes les nuances. J'ai
dû seulement ne pas faire de ces mots un usage trop fin
que vous n'auriez pas compris ; car ces termes scientifiques ne réveillent pas en vous à beaucoup près
autant d'idées qu'en moi, et la signification que vous
leur attachez est confuse et indéterminée. Mais à
mesure que je vous expliquerai les choses qu'ils ex-

priment, cette signification deviendra et plus claire, et plus précise, et plus complete ; et quand elle sera exactement la même que celle que je leur donne, nous serons au même point ; vous saurez la science que nous étudions, autant que moi, et comme moi ; nous aurons fini. Commençons donc par dégrossir, si je puis m'exprimer ainsi ; ensuite nous perfection- nerons successivement et graduellement.

En effet mon objet est de vous faire connaître en détail ce qui se passe en vous quand vous pensez, parlez, et raisonnez : il faut donc qu'auparavant vous ayez pensé, parlé, et raisonné, sans quoi il vous serait impossible de m'entendre. Je parlerais éter- nellement des couleurs à un aveugle-né, et des sons à un sourd et muet de naissance, qu'ils ne sauraient jamais comprendre de quoi il s'agit. Il faut avoir éprouvé une impression quelconque, il faut la con- naître déja un peu pour pouvoir en raisonner : c'est la marche constante de l'esprit humain. Il agit d'a- bord, puis il réfléchit sur ce qu'il a fait ; et il apprend par là à le faire mieux encore. Il prend une pre- miere connaissance d'une chose, ensuite il la mé- dite ; enfin il la rectifie et la perfectionne, et de là il va plus loin.

Il m'a donc fallu commencer par vous parler de ce que vous savez déja, de ce que vous avez déja fait ; vous inviter à y réfléchir, et vous faire entrevoir le parti que je prétends en tirer, et le but où je veux

vous conduire, sans rechercher d'abord une précision et une clarté parfaites. Je n'ignore pas que la
premiere fois que vous lirez ces premieres pages,
sur-tout si vous les lisez seuls et sans guides, vous
y trouverez des choses que vous ne comprendrez pas
parfaitement: mais ce que vous en aurez saisi suffira
pour ce que nous allons dire, et aura excité votre
réflexion. Quand nous aurons été plus loin, vous y
reviendrez: ce que nous aurons vu aura jeté un nouveau jour sur ce commencement, qui à son tour
éclaircira ce que nous verrons après; et ainsi successivement, jusqu'à ce que vous soyez pleinement au
fait de la science: alors nous pourrons faire des
définitions rigoureuses.

Entrons donc en matiere, et commençons par
examiner ce que c'est que penser.

CHAPITRE PREMIER.

Qu'est-ce que Penser?

Vous pensez tous : vous le dites souvent; aucun de vous n'en doute ; c'est pour vous une vérité d'expérience, de sentiment, de conviction intime , et je suis bien loin de la nier. Mais vous êtes-vous jamais rendu compte un peu précisément de ce que c'est que penser, de ce que vous éprouvez quand vous pensez, n'importe à quoi? Je suis bien tenté de croire que non ; et bien des hommes meurent sans l'avoir fait, sans y avoir seulement songé. Cette insouciance si commune devrait bien nous surprendre , s'il n'était pas vrai qu'il n'y a que les choses rares qui aient le pouvoir de nous étonner. Essayons de faire ensemble cet examen que je vous soupçonne de n'avoir jamais fait.

Vous dites tous; *je pense cela* , quand vous avez une opinion, quand vous formez un jugement. Effectivement, porter un jugement vrai ou faux est un acte de la pensée; et cet acte consiste à sentir qu'il existe un rapport, une relation quelconque , entre deux choses que l'on compare. Quand je pense qu'un homme est bon, je sens que la qualité de bon convient à cet homme. Il ne s'agit pas ici de rechercher si j'ai raison ou tort, ni d'où peut venir mon erreur ; nous verrons cela ailleurs…: penser, dans ce cas, c'est donc appercevoir un rapport de convenance ou de disconvenance entre deux idées ; c'est *sentir un rapport*.

Vous dites encore ; *je pense à notre promenade d'hier*, quand le souvenir de cette promenade vient vous frapper, vous affecter : penser, dans ce cas, c'est donc éprouver une impression d'une chose passée ; c'est *sentir un souvenir*.

Quand vous desirez, quand vous voulez quelque chose, vous ne dites pas aussi communément, *je pense que j'éprouve un desir, une volonté*. Effectivement, ce serait un pléonasme, une expression inutile : mais il n'en est pas moins vrai que desirer et vouloir sont des actes de cette faculté intérieure que nous appelons en général *la pensée ;* et que, quand nous desirons ou voulons quelque chose, nous éprouvons une impression interne, que nous appelons un desir ou une volonté : ainsi penser, dans ce cas, c'est *sentir un desir*.

Vous vous servez encore moins de l'expression, *je pense*, quand vous ne faites qu'éprouver une impression actuelle et présente, qui n'est ni un souvenir d'une chose passée, ni un rapport existant entre deux idées, ni un desir de posséder ou d'éviter un objet quelconque. Quand un corps chaud vous brûle la main, vous ne dites point, *je pense que je me brûle*, mais *je sens que je me brûle*, ou mieux encore tout simplement, *je me brûle*. Si vous êtes affecté par quelques douleurs internes, celles de la colique, par exemple, vous ne dites point, *je pense que je souffre*, mais *je souffre*. Cependant le dérangement mécanique qui s'opere dans votre main ou dans vos entrailles est une chose distincte et différente de la douleur que vous en ressentez ; la preuve en est que si ces organes sont paralysés ou gangrenés, ils peuvent éprouver de bien plus fortes lésions sans que vous vous en apperceviez : or cette faculté d'être affecté de plaisir ou de peine à l'occasion de ce qui arrive à nos organes, fait encore partie de ce que nous nommons *la pensée* ou *la faculté de penser*. Penser, dans ce cas, c'est donc *sentir une sensation*, ou tout simplement *sentir*.

Penser, comme vous voyez, *c'est toujours sentir*, et ce n'est rien que sentir. Maintenant me demanderez-vous ce que c'est que sentir ? je vous répondrai, C'est ce que vous savez, ce que vous éprouvez. Si vous ne l'éprouviez pas, ce serait bien inutilement que je m'efforcerais de vous l'expliquer : vous ne m'entendriez ni ne me comprendriez. Mais puisque vous avez la conscience de cette maniere d'être, vous n'avez besoin d'aucune explication pour la connaître; il vous suffit de votre expérience. Sentir est un phénomene de notre existence, c'est notre existence elle-même : car un être qui ne sent rien peut bien exister pour les autres êtres, s'ils le sentent; mais il n'existe pas pour lui-même, puisqu'il ne s'en apperçoit pas.

Vous pourriez avec plus de raison me demander pourquoi, *penser* étant la même chose que *sentir*, on a fait deux mots au lieu d'un? Je vous dirais que c'est parceque l'on a plus spécialement destiné le mot *sentir* à exprimer l'action de sentir les premieres impressions qui nous frappent, celles que l'on nomme *sensations;* et le mot *penser* à exprimer l'action de sentir les impressions secondaires que celles-là occasionnent, *les souvenirs*, *les rapports*, *les desirs*, dont elles sont l'origine. Ce partage entre ces deux mots est mal vu, sans doute; il n'est fondé que sur les idées fausses qu'on s'était faites de la faculté de penser avant de l'avoir bien observée, et il a ensuite causé d'autres erreurs. Mais, malgré l'obscurité que ce mauvais emploi des mots répand sur notre sujet, il est clair, quand on y réfléchit, que penser c'est avoir des perceptions ou des idées; que nos perceptions ou nos idées (je ferai toujours ces deux mots absolument synonymes) sont des choses que nous sentons, et que par conséquent *penser* c'est *sentir*. Nous avons donc actuellement une connaissance générale de ce que c'est que penser. Il nous reste à entrer dans les détails.

Encore une fois, puisque penser c'est sentir, si les

mots de notre langue étaient bien faits ou bien appliqués, nous devrions appeler cette faculté *sensibilité*, et ses produits *sensations*, ou *sentiments*; l'expression rappellerait la chose même: mais ne pouvant changer l'usage, nous le suivrons, et nous nommerons cette faculté la pensée, et ses produits des *perceptions*, ou des *idées*. Nous conserverons de même tous les autres termes reçus; nous nous contenterons de bien déterminer leur signification.

On vous dira, et peut-être vous a-t-on déja dit que le mot *idée* vient d'un mot grec qui signifie image, et qu'il a été adopté parceque nos idées sont les images des choses. Ce peut bien être effectivement là la raison qui a fait créer ce mot, et qui l'a fait recevoir dans beaucoup de langues: mais cette raison n'en est pas meilleure; car nos idées sont ce que nous sentons; et assurément le sentiment de douleur que je sens quand je me brûle, n'est pas du tout là représentation du changement de couleur ou de figure qui arrive à mon doigt. Nous verrons cela encore mieux par la suite: mais dès ce moment gardons-nous de l'erreur commune de croire que nos idées soient la représentation des choses qui les causent.

Quoi qu'il en soit, nous avons déja remarqué que nous avions des idées ou perceptions de quatre especes différentes. Je sens que je me brûle actuellement; c'est une sensation que je sens. Je me rappelle

que je me suis brûlé hier ; c'est un souvenir que je
sens. Je juge que c'est un tel corps qui est cause de
ma brûlure ; c'est un rapport que je sens entre ce
corps et ma douleur. Je veux éloigner ce corps ; c'est
un desir que je sens. Voilà quatre sentiments, ou,
pour parler le langage ordinaire, quatre idées qui
ont des caracteres bien distincts. On appelle sensibilité la faculté de sentir des sensations ; mémoire,
celle de sentir des souvenirs ; jugement, celle de sentir des rapports ; volonté, celle de sentir des desirs.
Ces quatre facultés font certainement partie de celle
de penser ; mais la composent-elles tout entiere ?
la faculté de penser n'en renferme-t-elle aucune
autre ? quoique j'en sois bien convaincu, je ne me
permettrai pas de vous l'affirmer encore ; c'est une
question que nous traiterons par la suite. Commençons par considérer ces quatre facultés l'une après
l'autre : si de cet examen il résulte qu'elles suffisent
à former toutes nos idées, il sera constant qu'il n'y
a rien autre chose dans la faculté de penser ; qu'elles
la composent tout entiere.

CHAPITRE II.

De la Sensibilité et des Sensations.

LA sensibilité est cette faculté, ce pouvoir, cet effet de notre organisation, ou, si vous voulez, cette propriété de notre être en vertu de laquelle nous recevons des impressions de beaucoup d'especes, et nous en avons la conscience.

Chacun de nous ne la connaît par expérience qu'en lui-même. Il la reconnaît dans ses semblables à des signes non équivoques, mais sans pouvoir jamais s'assurer au juste du degré de son intensité dans chacun d'eux : il faudrait qu'il pût sentir par les organes d'un autre. Elle se montre à nous plus ou moins clairement dans les différentes especes d'animaux, à proportion qu'ils ont plus ou moins de moyens de l'exprimer. Elle ne se manifeste pas de même dans les végétaux ; mais aucun de nous ne pourrait affirmer qu'elle n'y existe pas, ni même dans les minéraux : personne ne peut être certain qu'une plante n'éprouve pas une vraie douleur quand la nourriture lui manque, ou quand on l'ébranche ;

ni que les particules d'un acide que nous voyons toujours disposées à s'unir à celles d'un alkali, n'éprouvent pas un sentiment agréable dans cette combinaison. Je ne veux point par cette observation vous
induire à supposer la sensibilité par-tout où elle ne
paraît pas ; car, en bonne philosophie, il ne faut jamais rien supposer : mais je dis que nous sommes
dans une ignorance complete à cet égard. Quant aux
motifs que nous aurions de former une conjecture
plutôt qu'une autre sur ce point, ils ne sont pas de
mon sujet ; je les passe sous silence.

Si nous ignorons l'énergie et les limites de la sensibilité dans tout ce qui n'est pas nous, du moins
nous savons un peu mieux par quels organes elle
agit en nous. Je n'entrerai point ici dans des détails
physiologiques ; on a dû déja vous donner quelques
idées de notre organisation, et vous en ferez quelque
jour une étude plus approfondie : il me suffira de
vous dire aujourd'hui que mille expériences directes
prouvent que c'est par les nerfs que nous sentons.
Ces nerfs, dans l'homme, sont des filets d'une substance molle, à-peu-près de même nature que la pulpe
cérébrale : leurs principaux troncs partent du cerveau dans lequel ils se réunissent et se confondent ;
de là, par une multitude de ramifications et de subdivisions qui s'étendent à l'infini, ils se répandent
dans toutes les parties de notre corps, où ils vont
porter la vie et le mouvement.

Nous recevons par les extrémités de ces nerfs, qui se terminent à la surface de notre corps, des impressions de différents genres, suivant les différents organes auxquels ils aboutissent.

Ceux qui tapissent les membranes de l'œil, sont susceptibles de certains ébranlements qui nous donnent les sensations de la clarté et de l'obscurité, et de leurs différents degrés, celles des couleurs et de toutes leurs nuances : ce qui constitue le sens de la vue.

Ceux qui garnissent l'intérieur de la bouche, la langue, le palais, éprouvent aussi certains mouvements particuliers qui nous occasionnent les sensations des saveurs : ce qui constitue le sens du goût.

Il en est de même de ceux des oreilles qui nous font sentir les sons, et de ceux du nez qui font sentir les odeurs : ce qui compose les sens de l'ouïe et de l'odorat.

Remarquez que ce n'est pas sans raison que je dis que ces quatre genres de nerfs éprouvent des mouvements quelconques qui leur sont propres ; car, de quelque maniere que vous excitiez ceux de l'oreille, ils ne vous donneront jamais les sensations de la vue ; ni ceux de l'œil, celles du goût ; et ainsi de suite.

Il n'en est pas de même du cinquieme sens, que nous appelons le tact. Il paraît être général et commun aux nerfs de toutes les parties de la surface de notre corps ; du moins il n'en est aucune qui dans

l'occasion ne nous donne plus ou moins les sensations
de piquure, de brûlure, de chaud, de froid, celles
qu'excite l'approche d'un corps raboteux, ou poli,
ou gluant, ou mouillé, etc... Les organes mêmes
par lesquels nous recevons des sensations particulieres, telles que les goûts, les sons, les saveurs, et
les couleurs, sont encore capables de nous donner
ces sensations plus générales, qu'on peut appeler
tactiles. Il est vrai que ces sensations générales varient non seulement d'intensité, mais même de nature dans les différentes parties de notre corps. La
même blessure ne nous fait pas par-tout le même
genre de douleur; un léger frottement ne nous donne
pas par-tout la sensation du frissonnement ou du
chatouillement; un léger tiraillement, placé ailleurs
que dans le nez, ne nous procurerait pas ce léger
spasme qui précede et excite l'éternuement. On pourrait donc, si on les observait avec soin, établir des
distinctions entre les sensations tactiles des diverses
parties du corps, les localiser jusqu'à un certain
point, et partager le sens du tact en plusieurs sens
différents. Mais cela serait peu utile, et d'une exécution assez difficile, parceque ces nuances ne sont
pas très tranchées, et pas exactement les mêmes
dans les divers individus. Cependant cela était bon
à observer pour vous faire remarquer, ce dont vous
verrez de fréquentes preuves dans toutes vos études,
que toutes ces classifications que font les hommes

pour mettre de l'ordre dans leurs idées, sont très imparfaites, et qu'il faut s'en servir parcequ'elles sont commodes ; mais ne jamais oublier que toujours elles confondent des choses très distinctes, ou en séparent qui sont très analogues entre elles.

Quoi qu'il en soit, voilà le tableau assez complet de celles de nos sensations qu'on peut appeler externes, parceque nous les recevons des extrémités de nos nerfs qui sont à la surface de notre corps. Vous remarquerez que je n'y ai point compris les perceptions de grandeur, de distance, de figure, de forme, de résistance, de dureté, de mollesse, parceque ce ne sont pas des sensations simples, de purs effets de notre sensibilité ; ce sont des idées composées dans lesquelles il entre des jugements : c'est ce que je vous ferai reconnaître quand je vous expliquerai la génération de nos idées composées. Continuons.

Assez ordinairement, quand on rend compte des effets de la sensibilité, on se borne aux sensations externes que nous venons d'examiner ; souvent même on leur donne exclusivement le nom de sensation. Cependant la colique, la nausée, la faim, la soif, le mal d'estomac, le mal de tête, les étourdissements, les plaisirs que causent toutes les sécrétions naturelles, les douleurs que produisent leurs dérangements ou leur suppression, sont bien aussi des sensations, quoiqu'elles nous viennent de l'intérieur de notre corps ; et par cette raison on peut les appeler des sensations internes. Mais à quel sens les rapporterons-nous ? Osera-t-on bien dire qu'un éblouissement appartient au sens de la vue, le mal de cœur au sens du goût, ou le mal de reins au sens du toucher ? non, sans doute. Nous en parlerons donc sans les rapporter à aucun sens, et il n'y aura pas grand mal. Que cela vous prouve seulement l'insuffisance de nos classifications. Toutefois vous voyez que tout ébranlement d'un de nos nerfs, soit qu'il soit l'effet du mouvement vital, soit qu'il soit produit par une cause étrangere, est l'occasion d'une sensation, et met en jeu notre sensibilité.

C'est pour cela que toutes les fois que nous faisons un mouvement quelconque d'un de nos membres, nous en sommes avertis, nous le sentons. C'est bien là encore une sensation. Elle n'a point de nom ; mais elle étoit bien essentielle à remarquer. Nous l'appellerons la sensation de mouvement.

Enfin il y a encore d'autres effets de la sensibilité, auxquels on donne communément plutôt le nom de sentiment que celui de sensation, et qui pourtant sont bien des résultats de l'état de nos nerfs, fort analogues à tous ceux dont nous venons de faire mention ; telles sont les impressions que nous éprouvons quand nous nous sentons fatigués ou dispos, engourdis ou agités, tristes ou gais. Je sais que l'on sera surpris de me voir ranger de pareils états de l'homme parmi les sensations simples , sur-tout les trois dernieres , que l'on sera tenté de regarder plutôt comme des effets très compliqués des différentes idées qui nous occupent , et par conséquent comme des pensées, des sentiments très composés. Cependant, de même que souvent l'on se sent dans un état d'accablement et de fatigue sans avoir auparavant exécuté de grands travaux , ou que l'on éprouve un sentiment d'hilarité et de bien-être , sans un grand repos préalable ; on ne peut nier qu'il arrive aussi que très souvent nous ressentons de l'agitation , de la gaieté, ou de la tristesse, sans motif. J'en appelle à l'expérience de tous les hommes , et sur-tout de ceux qui sont délicats et mobiles. L'état joyeux causé par une bonne nouvelle, ou par quelques verres de vin n'est-il pas le même? y a-t-il de la différence entre l'agitation de la fievre et celle de l'inquiétude? ne confond-t-on pas aisément la langueur du mal d'estomac et celle de l'affliction? Pour moi, je sais qu'il m'est arrivé souvent de ne pouvoir discerner si le sentiment pénible que j'éprouvais était l'effet des circonstances tristes dans lesquelles j'étais, ou du dérangement actuel de ma digestion. D'ailleurs , lors même que ces sentiments sont l'effet de nos pensées, ils n'en sont pas moins des affections simples, qui ne sont ni des souvenirs , ni des jugements , ni des desirs proprement dits. Ce sont donc des produits réels de la pure sensibilité , et j'ai dû en faire mention ici :

en un mot ce sont de vraies sensations internes comme les précédentes.

Il en est de même de toutes les passions, à la différence que les passions proprement dites renferment toujours un desir. Dans la haine, est le desir de faire de la peine; dans l'amitié, le desir de faire plaisir: et ces desirs dépendent de la faculté que nous nommons volonté. Mais l'état doux ou pénible qu'éprouve l'homme qui aime ou hait un autre homme, est une véritable sensation interne. Je crois que tout ceci est entendu.

Voilà donc que nous avons passé en revue tous les effets que l'on doit attribuer à la pure sensibilité. Je crois bien que vous n'en aviez jamais fait un examen si complet et si scrupuleux; et peut-être n'en sentez-vous pas encore beaucoup l'utilité: cependant cela doit commencer à vous faire un peu mieux démêler ce qui se passe en vous. A mesure que nous avancerons, vous verrez tout se débrouiller successivement sous vos yeux, et l'ordre succéder au chaos; et vous y trouverez toujours plus de plaisir. Mais c'est assez parler de la sensibilité; passons à la mémoire.

CHAPITRE III.

De la Mémoire et des Souvenirs.

La mémoire est une seconde espece de sensibilité. La premiere consiste à être affecté d'une sensation actuelle ; la seconde à être affecté du souvenir de cette sensation. Mais ce souvenir lui-même est une sensation ; car c'est une chose sentie, c'est une sensation interne, mais d'un autre genre que celles dont nous parlions tout-à-l'heure.

En effet le souvenir d'une sensation n'est point la même chose que la sensation même ; quand je me rappelle que j'ai souffert, je n'éprouve pas la même affection que quand je souffre actuellement. Il paraît assez vraisemblable que, quand nous sentons une sensation, le mouvement quelconque qui s'opere dans nos nerfs va de la circonférence au centre ; et que, quand nous sentons un souvenir, il se porte du centre à la circonférence : ce qui aiderait à le croire, c'est que, quand le souvenir est très vif, il va quelquefois jusqu'à réveiller la sensation elle-même dans la partie où elle a été sentie : il semble qu'alors, en vertu de ce fort ébranlement tendant du centre à la circonférence, il y ait une nouvelle réaction de la circonférence au centre qui reproduise le premier mouvement. Mais ce ne sont là que des conjectures; le jeu mécanique de nos nerfs a échappé jusqu'à présent à toutes les observations.

J'ai dit que la mémoire consistait à sentir les souvenirs des sensations passées : entendez qu'elle consiste aussi à sentir les souvenirs de nos jugements, de nos desirs, de toutes nos idées composées, et même de nos souvenirs eux-mêmes; car continuellement il nous arrive de nous souvenir d'impressions qui ne sont elles-mêmes que des souvenirs.

On a excessivement admiré cette faculté appelée la mémoire; et certes ce n'est pas sans raison: mais, pour être juste, il aurait fallu commencer par s'émerveiller de celle nommée sensibilité; car s'il est très surprenant qu'un être quelconque ait la propriété d'être affecté du souvenir d'une impression qu'il a reçue, il ne l'est pas moins que cet être soit capable d'être modifié de tant de manieres par l'effet de tout ce qui l'approche. L'un et l'autre sont des résultats d'une organisation dont les ressorts secrets sont impénétrables pour nous. Tout est également admirable dans la nature, depuis la moindre végétation jusqu'à la plus sublime pensée. Mais se borner à l'admirer et à la vanter, est une occupation très stérile, et qui ne sert à rien. Vouloir la deviner, lui

supposer des causes et des origines, est très dangereux; c'est une source inépuisable d'égarements et
d'erreurs. La seule chose utile est d'étudier ce qui
est; cela conduit à le connaître et à en tirer tout le
parti possible pour notre avantage. Suivons donc nos
recherches.

On demande s'il est de l'essence de la mémoire que,
quand nous sentons un souvenir, nous sentions qu'il
est la représentation d'une impression passée, c'est-
à-dire que nous sachions toujours que c'est un souvenir. Je réponds que non, car il m'arrive souvent
d'avoir une idée que je crois nouvelle pour moi; et
le moment d'après je trouve que depuis long-temps
je l'ai écrite quelque part, preuve sans réplique que
je puis avoir un souvenir, sans avoir en même temps
la conscience que c'est un souvenir. C'est là une
preuve de fait bien suffisante, car elle est péremptoire: cependant on peut encore y ajouter une preuve
de raisonnement. En effet sentir une impression actuelle à l'occasion d'une impression passée, c'est là
le propre de la mémoire. Mais ensuite reconnaître
que cette impression actuelle est une représentation
de l'impression passée, en est le souvenir; c'est
sentir un rapport d'identité ou de ressemblance
entre ces deux impressions. Or sentir un rapport
est un acte du jugement. Ce n'est donc pas un effet
de la simple mémoire, telle que nous la considérons,
séparée et distincte de toute autre faculté intellec-

tuelle. On pourrait donc tout au plus demander si cet acte du jugement est toujours nécessairement lié à tout acte de la mémoire ; or l'exemple que je viens de citer répond pleinement à cette derniere question.

Ce qui a jeté quelques nuages sur ce point d'idéologie, c'est que quand nous avons le souvenir d'une sensation proprement dite, nous ne manquons jamais de reconnaître que ce n'est pas la sensation elle-même. Quand je pense à une douleur que j'ai éprouvée, je sens très bien, excepté dans des cas fort rares, que ce n'est pas cette douleur elle-même que je ressens. Mais quand il s'agit d'impressions moins différentes entre elles qu'une douleur et un souvenir, ce jugement nous échappe souvent, comme dans l'exemple que je vous en ai donné ; et, quand il a lieu, il est un effet de la faculté de juger, et non pas une suite nécessaire de celle de se ressouvenir. Je ne crois pas que cela puisse souffrir de contradiction.

J'aurais pu, à propos de la sensibilité, mettre en avant une question fort analogue à celle que je viens d'élever au sujet de la mémoire ; mais j'ai préféré de ne vous la proposer qu'après celle-ci, parceque la solution en sera plus facile. On demande s'il est de la nature de la sensibilité que quand nous éprouvons une sensation quelconque, nous reconnaissions d'où elle nous vient ; c'est-à-dire que nous la rapportions au corps qui en est la cause, ou au moins à l'organe qui nous la transmet. Prenez garde à l'état de cette question ; au fond elle n'est pas plus difficile que celle que nous venons de résoudre ; mais elle demande cependant un peu plus d'attention , parceque nous ne pouvons pas y répondre directement par un exemple comme à l'autre.

En effet, presque dès les premiers moments de notre existence, nous savons que nous sommes environnés de corps qui agissent sur nous de mille manieres ; que nous avons nous-mêmes un corps et des organes qui reçoivent leurs impressions ; que nous n'avons aucune sensation externe qui ne vienne de l'action de ces corps sur ces organes ; et que toutes nos sensations internes sont l'effet des mouvements qui s'operent dans l'intérieur de ces mêmes organes. Toutes ces connaissances précedent en nous tous les temps dont nous nous souvenons : la preuve en est que nous ne nous rappelons pas de les avoir acquises. En conséquence , nous avons de temps immémorial l'habitude de rapporter nos sensations à tout ce qui les cause ; et nous sommes bien tentés de croire qu'il est dans la nature même de toute sensation d'indiquer d'où elle nous vient, et que c'est là une propriété de la sensibilité.

A la vérité les mouvements très vagues des enfants dans le premier âge nous indiquent qu'ils éprouvent des sensations pendant quelque temps , avant de savoir d'où elles leur viennent. Nous-mêmes, si nous reconnaissons presque toujours quel est l'organe par lequel nous vient une sensation, nous ne distinguons pas toujours le corps qui a agi sur lui, ni où il est précisément : enfin nous nous trompons même quelquefois sur l'organe qui est affecté, il nous arrive de prendre l'un pour l'autre. Ces observations indiquent bien qu'il n'est pas absolument de l'essence de la sensation de faire connaître d'où elle vient ni par où elle vient ; qu'on sent souvent sans savoir cela ; et que par conséquent ce ne sont pas deux choses inséparablement unies. Cependant tous ces faits ne sont pas aussi décisifs que celui que j'ai allégué à propos de la mémoire. On pourrait essayer d'expliquer ceux-ci par les circonstances de notre organisation. A défaut de la preuve de fait, ayons donc recours à la preuve de raisonnement, qui nous a déja réussi. Disons de la sensibilité ce que nous avons dit de la mémoire.

Sentir une sensation est un acte de la sensibilité proprement dite ; et sentir que cette sensation nous vient d'un tel corps et par tel organe, c'est sentir un rapport entre cette sensation et ce corps ou cet organe ; c'est un acte du jugement. Ainsi il est évident qu'il n'appartient pas à la sensibilité proprement dite, et que par conséquent l'un n'est point essentiellement et nécessairement inséparable de l'autre. Concluons donc, quoique cela répugne à nos habitudes les plus invétérées, qu'il n'y a rien dans la simple sensation qui indique d'où elle vient ni par où elle vient ; et qu'il a pu y avoir un temps où nous sentions sans juger, sans savoir que nous avions un corps et des organes, et sans connaître enfin que nous voyions par l'œil, que nous tâtions par la main, et que ce que nous voyions et touchions était des corps.

Je dis *qu'il a pu y avoir un temps*, et non pas *qu'il y a eu un temps*. Car en convenant de la justesse du raisonnement que nous venons de faire, et auquel il me paraît impossible de se refuser, il est très possible de demander si ces deux facultés de sentir et de juger ne naissent pas ensemble ; si elles ne résultent pas en même temps de notre organisation ; si leurs actes ne sont pas toujours simultanés et confondus, ce qui produirait le même effet que si elles n'étaient qu'une seule et même faculté : et ensuite on peut demander comment, en supposant que cela ne soit pas ainsi, il se fait que nous parvenons à connaître que notre corps existe, qu'il en existe d'autres, et que ce sont là les causes et les moyens de nos sensations.

Sans vouloir encore traiter à fond ces deux questions secondaires, je dirai, à l'égard de la première, que les faits allégués ci-dessus commencent à prouver que la faculté de juger ne se développe qu'après celle de sentir; et que nous le reconnaîtrons encore plus clairement dans le chapitre suivant, où nous allons parler du jugement.

Quant à la seconde question, je vous promets que, quand nous en serons là, je vous montrerai comment nous apprenons successivement et graduellement à connaître que les corps existent, et qu'ils sont les causes de nos sensations; et je me persuade que l'explication que je vous donnerai de ce phénomene ne vous laissera rien à desirer. Mais, quand même je serais dans l'erreur, quand les explications que je vous donnerai ne seraient pas satisfaisantes, il s'en suivrait seulement que je me suis trompé, que j'ai mal vu la maniere dont le fait arrive, qu'il faut la chercher de nouveau. Mais il n'en faudrait pas conclure que la sensation toute seule nous donne la connaissance de ce qui la cause; car il n'en serait pas moins vrai que quand on ne fait uniquement que sentir, on n'apprend pas par ce seul acte d'où vient la sensation: car sentir et juger sont deux choses différentes, qui sont quelquefois séparées. Voilà ce dont il ne faut pas se départir, puisque cela est indubitable. Il ne semble pas que ce soit avoir fait un grand pas que de s'être assuré d'une vérité si simple; cependant vous verrez dans la suite que nous en tirerons des conséquences très importantes.

Vous n'avez vraisemblablement jamais observé

avec tant de scrupules les divers éléments de votre
intelligence, et sûrement vous êtes surpris que l'on
découvre des parties distinctes dans des choses qui
paraissent d'abord aussi indécomposables ; et que des
choses qui semblent si simples donnent lieu à tant
de questions délicates. Peut-être aussi trouvez-vous
ma marche un peu lente, et mes recherches mi-
nutieuses ; mais soyez sûrs qu'on gagne bien du
temps en n'allant pas trop vîte , et qu'on ne connaît
bien que ce qu'on a examiné en grand détail. Bientôt
vous verrez que nous serons récompensés de notre
patience. Pour le moment je n'ajouterai rien au peu
que je vous ai dit de la mémoire avant cette digression. Il me suffit de vous avoir fait connaître exactement ce que c'est , et en quoi elle consiste. Passons
au jugement. Quand nous aurons ainsi examiné ,
pour ainsi dire , pièce à pièce toutes les parties de la
faculté de penser , nous les rassemblerons pour les
voir agir ; et c'est alors que nous ferons des progrès
qui seront rapides sans cesser d'être sûrs.

CHAPITRE IV.

Du Jugement, et des Sensations de rapports.

La faculté de juger ou le jugement, est encore une espece de sensibilité; car c'est la faculté de sentir des rapports entre nos idées; et sentir des rapports, c'est sentir. Commençons par éclaircir le sens de ce mot *rapport*: c'est une expression si générale, que, si on n'y prenait garde, elle pourrait devenir un peu vague.

Toute circonstance, toute particularité de chacune de nos idées peut être le sujet d'un rapport entre cette idée et toutes les autres.

Le rapport est cette vue de notre esprit, cet acte de notre faculté de penser par lequel nous rapprochons cette circonstance d'une autre, par lequel nous les lions, les comparons ensemble d'une maniere quelconque. Par exemple, quand je juge qu'un cheval court bien, je n'ai pas seulement présentes à l'esprit l'idée de ce cheval et l'idée de bien courir; je sens que la propriété de bien courir appartient à ce cheval. C'est là un rapport entre cette action et cet animal. De même, quand je juge que Pierre est gai, que Jacques se porte bien, je ne sens pas seulement l'idée de Pierre et celle d'être gai, l'idée de Jacques et celle de se bien porter ; je sens de plus que celle d'être gai convient à Pierre, que celle de se bien porter convient à Jacques : ce sont là des sensations de rapports ; ce sont des jugements. Vous trouverez la même chose dans tous les exemples que vous voudrez choisir, si vous les analysez bien.

Par cette explication vous voyez nettement en quoi consiste la faculté de juger. Ne me demandez pas comment il se fait que nous la possédons ; c'est vraisemblablement ce que nous ne saurons jamais. Il est incompréhensible sans doute que nous soyons faits de façon à être affectés du rapport de deux sensations ; mais il ne l'est pas moins que nous soyons affectés de ces sensations elles-mêmes et de leurs souvenirs. On pourrait même dire que ce jugement est une conséquence nécessaire de la sensibilité ; car, dès qu'on sent distinctement deux sensations, il s'ensuit assez naturellement qu'on sent leurs ressemblances, leurs différences, et leurs liaisons. Quoiqu'il en soit, le jugement est une partie de la faculté de penser, comme la sensibilité et la mémoire ; ce sont trois résultats de notre organisation. Tenons-nous-en là : ne cherchons pas à deviner des mystères ; mais parcourons les différentes observations que nous avons à faire sur la faculté de sentir des rapports.

Remarquons d'abord qu'elle nous est bien néces-saire cette faculté ; c'est d'elle seule que nous tenons tout ce que nous savons ; sans elle, la sensibilité et la mémoire ne nous seraient d'aucune utilité. Si nous n'avions pas la faculté de sentir des rapports, nous jouirions et souffririons éternellement par nos sen-sations et nos souvenirs, sans être jamais plus avan-cés que le premier jour ; nous ne pourrions en tirer aucuns résultats ; nous ne saurions jamais ni d'où nous viennent ces sensations, ni comment elles nous viennent, ni quelles liaisons elles ont entre elles, ni en quoi elles se ressemblent, ou different, ou se tiennent les unes aux autres, ni par quels moyens nous pouvons nous les procurer, ou les éviter : nous serions incapables de réunir deux idées pour en for-mer une troisieme ; nous ne saurions pas même s'il y a des corps et si nous en avons un ; en un mot nous serions des êtres toujours sentants, mais absolument et complètement ignorants de tout ce qui nous entoure et de nous-mêmes ; car toutes nos connaissances ne sont que des sensations de rapports, des jugements. Ceci sera encore plus clair pour vous quand nous aurons analysé la manière dont se forment nos idées composées, c'est-à-dire presque toutes nos idées ; mais dès ce moment vous devez le comprendre, et un exemple va vous le rendre plus sensible.

Je reçois la sensation de la couleur jaune : je suis affecté ; mais cela ne m'apprend rien. J'éprouve seulement une certaine modification accompagnée de plaisir ou de peine. Ce n'est ensuite que par les sensations de certains rapports que sent mon jugement, ou, comme on dit, par des jugements que je porte, que je sais que cette sensation me vient par l'œil; qu'elle est causée par un corps; qu'elle est un effet de la lumiere; que le même corps qui me la cause, m'en cause d'autres; que je puis en faire tel usage, etc. Ainsi vous voyez que tout ce que nous savons ne consiste que dans des rapports entre les diverses choses que nous sentons. Voilà donc l'utilité et les fonctions du jugement bien établies.

Observons actuellement que pour sentir un rapport il faut déja avoir eu au moins deux idées: ainsi l'action de la sensibilité proprement dite précede nécessairement au moins d'un moment celle du jugement: ces deux facultés ne peuvent pas commencer à s'exercer précisément dans le même instant. Cela répond clairement, ce me semble, comme je vous l'avais promis, à la premiere des deux questions que nous nous étions faites dans le chapitre précédent. (1)

(1) On pourrait m'objecter que dès la premiere sensation que nous éprouvons, nous pouvons la juger agréable ou désagréable. Cela est vrai : je crois même que nous le faisons; et je crois de plus que c'est le seul jugement que nous puissions porter de cette premiere sensation, faute d'autres termes de comparaison. Mais ce fait ne détruit pas ce que je viens de dire; car dans cette

Ceci ne veut pas dire, au reste, que nous ne naissions pas doués de la faculté de juger comme de celle de sentir. L'une et l'autre sont également des résultats de notre organisation ; nous l'avons déja dit. Ainsi je n'ai pas plus de peine à concevoir qu'un enfant qui vient de naître a en lui la capacité de sentir un rapport, qu'à concevoir qu'il a celle de sentir une sensation : mais je dis qu'il ne peut commencer à user de l'une qu'après s'être servi de l'autre. L'expérience prouve de plus que celle de juger est la derniere qui se fortifie, et on pourrait même dire la derniere qui s'éteint. Nous verrons ailleurs quelles circonstances paraissent nécessaires pour qu'elle commence à agir.

Remarquons encore que non seulement il faut avoir deux idées pour sentir un rapport, mais qu'il n'en faut jamais que deux ; car dans tout rapport il ne peut y avoir que deux termes, savoir, l'idée de laquelle on en rapproche une autre, et celle que l'on

premiere sensation sont renfermées implicitement deux idées, celle de notre faculté sentante, et celle d'une affection qui la modifie : et ce premier jugement n'est que la perception du rapport que cette affection a avec notre sensibilité, de la modifier en bien ou en mal. Cette perception de rapport peut donc naître tout de suite de notre premiere affection ; mais enfin elle ne saurait la précéder, elle ne peut que la suivre, et cela suffit pour la vérité de ce que j'avance. Nous reviendrons encore sur cet objet au chapitre 8.

en rapproche : c'est ce qu'on appelle le sujet et l'attribut. S'il y avait plusieurs sujets, ou plusieurs attributs, il y aurait plusieurs rapports, et par conséquent plusieurs jugements, et non pas un seul. Le sujet et l'attribut peuvent bien, à la vérité, être chacun une idée extrêmement complexe, c'est-à-dire composée d'une foule de parties, mais elle est toujours considérée comme unique ; et, dans chacun de nos jugements, il n'y a que deux idées ou deux grouppes d'idées qui soient opposés l'un à l'autre.

Par exemple, quand je dis, *l'homme qui découvre une vérité est utile à l'humanité tout entiere*, je prononce beaucoup de mots, mais je n'exprime qu'un jugement : *l'homme qui découvre une vérité*, est le sujet ; *est utile à l'humanité tout entiere*, est l'attribut. Cependant *l'homme*, exprime l'idée d'un individu ; *qui*, une idée de relation ; *découvre*, l'idée d'une action ; *une*, une idée de nombre ; *vérité*, l'idée d'un produit de notre intelligence. Voilà cinq idées bien distinctes, et chacune d'elles est composée de bien d'autres : mais à elles toutes elles n'en font plus qu'une ; car je ne parle pas seulement de l'homme, ou de l'homme qui découvre, mais de l'homme qui découvre une vérité : c'est là l'idée complete et unique, quoique très composée, dont je vais en rapprocher une autre. Il en est de même de l'attribut : *est*, exprime l'idée de l'existence ; *utile*, une idée de qualité ; *à*, une idée de relation ; *l'humanité*, l'idée d'une collection d'hommes; *tout*, une idée de qualité; *entiere*, une autre idée de qualité. Cela fait bien six idées, et toutes aussi composées que les premieres. Mais, à elles toutes, elles ne font encore qu'une seule idée; car je ne juge pas seulement du sujet qu'il est, qu'il existe, ou qu'il est utile, ou qu'il est utile simplement à l'humanité, mais qu'il est utile à l'humanité tout entiere : ce n'est qu'alors seulement que mon sens est complet, et ce n'est qu'un seul fait que j'affirme en prononçant tant de mots. Ainsi, comme je l'ai annoncé, cette phrase si longue n'exprime qu'un seul jugement.

Dans celle-ci, au contraire, *Pierre et Paul existent* : quoi qu'elle soit bien courte, il y a deux jugements; car il y a trois termes. Je rapproche l'idée d'exister de celle de Pierre et de celle de Paul, qui sont deux idées distinctes et séparées : ce n'est qu'une maniere abrégée de dire que Pierre existe, et que Paul existe aussi; ce qui fait deux jugements tellement distincts, que l'un peut être juste, et l'autre faux.

Il est si vrai que le nombre des jugements tient au nombre des termes, c'est-à-dire au nombre des grouppes d'idées, et non au nombre des idées composant chaque grouppe, que, quand je dis, *le genre humain existe*, je n'exprime qu'un seul jugement, quoiqu'il y ait bien plus d'idées renfermées sous ces mots, *le genre humain*, que sous ceux-ci, Pierre et Paul.

Il ne faut pas cependant que la forme de l'expression fasse illusion. Par exemple, quand je dis, *un et un font deux*, je ne prononce pas deux jugements; car je ne dis pas que un fait deux, et que un fait encore deux; mais je dis que un ajouté à un fait deux, phrase dans laquelle il n'y a qu'un jugement: aussi n'y voyez-vous que deux termes. Si l'usage était raisonnable, au lieu de dire un et un font deux, on dirait un et un fait deux, comme on dit un ajouté à un fait deux; puisque dans un cas comme dans l'autre il n'y a réellement qu'un sujet unique: mais dans les langues, l'usage est souvent absurde, parce-qu'elles ont été faites avant la science.

Concluons qu'il ne peut jamais y avoir plus de deux termes dans la sensation d'un rapport, dans un jugement.

Maintenant je dois aller au-devant d'une difficulté qui pourrait vous embarrasser. On vous a sûrement déjà dit, en vous parlant de grammaire latine, ou française, qu'une proposition était l'expression d'un jugement; et cela est vrai: mais on vous a peut-être dit aussi, car c'est assez l'usage, que toute proposition est composée nécessairement de trois termes, le sujet, l'attribut, et la copule ou le lien. Si cela était vrai, cela impliquerait contradiction avec le principe que je viens de vous démontrer : car comment se pourrait-il qu'il n'y eût que deux termes dans un jugement, et qu'il y en eût nécessairement trois dans la proposition, qui n'est que son expression fidele ? Aussi cela est-il faux ; et voici comment on a été induit en erreur.

On a remarqué que, dans toutes les propositions quelconques, le verbe *être* se trouve ou explicitement, comme dans celle-ci, Pierre *est* grand, ou implicitement, comme dans cette autre, Pierre *marche*, que l'on peut traduire ainsi, Pierre *est* marchant. Cette observation est juste : mais les grammairiens, qui ne sont pas toujours idéologistes, sont partis de là pour imaginer qu'il y avait je ne sais quelle propriété occulte dans ce verbe être, et qu'il était une espece de liaison nécessaire entre le sujet et l'attribut ; ils l'ont appelé *lien* ou *copule*, et ils en ont fait un troisieme terme de la proposition : mais le verbe *être* ne lie rien, et le nom de lien qu'on lui donne est vuide de sens. Le verbe *être* se trouve dans toutes les propositions, parcequ'on ne peut pas dire qu'une chose *est* de telle maniere, sans dire auparavant qu'elle *est*. Je ne puis ni juger ni exprimer que Pierre existe grand, sans auparavant juger et exprimer que Pierre existe. Mais ce mot *est*, qui est dans toutes les propositions, y fait toujours partie de l'attribut ; il en est toujours le début et la base ; il est l'attribut général et commun de toutes les choses qui existent, ou dont on parle comme existantes. Il n'y a donc pas trois termes dans la proposition , non plus que dans le jugement dont elle est l'énoncé.

D'autres grammairiens ont cru que le verbe *être* exprimait l'action de l'esprit qui juge, la persuasion de l'homme qui parle. Mais encore une fois , le verbe *être* par lui-même n'exprime que l'existence ; si en outre il exprime l'affirmation , ce n'est qu'accidentellement, c'est par la forme qu'on lui fait prendre. La preuve en est que quand je dis , *Pierre être bon* , il n'y a pas plus d'affirmation , pas plus de prononcé de jugement que quand je dis , *Pierre bon*. Le verbe n'exprime l'affirmation que quand il est au mode de l'indicatif , que par cette raison on devrait appeler *affirmatif* , ou *énonciatif* , ou *judicatif*. C'est donc dans le mode, et non dans le verbe même qu'est l'affirmation : aussi une phrase n'est jamais une proposition , un prononcé de jugement , que quand il s'y trouve un indicatif énoncé , ou sousentendu : mais que le verbe exprime ou non l'affirmation , ce n'est là qu'un accessoire , qui ne l'empêche pas de faire toujours partie de l'attribut.

J'ai donc eu raison , et de vous dire qu'il n'y avait jamais que deux termes dans un jugement, et d'analyser , comme je l'ai fait ci-dessus , les énoncés des jugements que je vous ai cités pour exemples.

Comme la discussion à laquelle je viens de me livrer porte sur un point encore contesté , j'ai été contraint de l'étendre un peu : elle a dû vous paraître longue ; et cependant je crains que vous ne l'ayez trouvé pénible, parcequ'elle est prématurée à quelques égards. Nous y reviendrons quand nous traiterons spécialement de l'expression de la pensée; vous l'entendrez plus complètement alors, parcequ'auparavant nous aurons analysé tous les éléments du discours : mais j'ai dû anticiper un peu, sans quoi ce que l'on a pu déja vous dire des principes de la grammaire aurait jeté quelques nuages sur la maniere dont je vous ai expliqué les sensations de rapports. Cela doit commencer à vous montrer combien la science de la pensée, et celle de la parole, sont intimement liées, combien elles sont nécessaires l'une à l'autre, et combien il est dangereux de s'occuper de la maniere d'exprimer les idées avant d'avoir étudié la maniere dont elles se forment en nous : vous en verrez bien d'autres preuves.

De ce qu'il faut avoir à la fois deux idées, et de ce qu'il n'en faut avoir que deux pour sentir une sensation de rapports, nous devons conclure qu'il faut encore que ces deux idées soient présentes à la pensée en même temps d'une maniere distincte, et qu'elles ne s'y confondent pas; car, si elles se confondaient ensemble, elles ne feraient plus à elles deux qu'une seule idée complexe, comme celles que nous venons de voir, qui, réunies, ne forment qu'un sujet, ou un attribut. Il n'y aurait donc qu'un terme dans la pensée ; il ne pourrait pas y avoir sensation de rapport. Exemple : pour que je sente un rapport entre la sensation de noir et celle de blanc, il faut qu'elles demeurent séparées, et qu'elles ne se mêlent pas de maniere à former la sensation de gris ; car alors il n'y a plus de terme de comparaison. Retenez cette remarque, elle nous sera fort utile lorsque nous examinerons quand et comment notre faculté de juger peut commencer à agir.

Faisons encore, en finissant, une réflexion qui a échappé à beaucoup de grammairiens et de logiciens, et qui dissipera bien des nuages : c'est qu'il n'y a point de jugement négatif. Dans les propositions négatives, la négation se trouve dans la forme de l'expression, mais elle n'est pas dans la pensée. Par exemple, quand je dis, *Pierre n'est pas grand*, on dit communément que je sens, que je porte un jugement négatif, que je juge que l'idée d'*être grand* ne convient pas à Pierre. Cela n'est pas exact ; je fais plus, je sens positivement que l'idée de *n'être pas grand* lui convient. La négation fait partie de l'attribut ; cela est si vrai, que c'est comme si je jugeais que l'*idée d'être petit* convient à Pierre ; ce qui est incontestablement un jugement positif. Cette distinction pourra paraître minutieuse : cependant elle est très importante ; car l'expression que je combats jette du louche sur l'opération de notre pensée dans le jugement. Je sais, pour moi, qu'elle m'a long-temps empêché de la comprendre nettement. En effet juger, c'est sentir un rapport, c'est une chose positive: or que serait-ce que sentir qu'un rapport n'existe pas? ce serait sentir une chose qui n'existe pas; cela implique contradiction. De plus, en adoptant l'explication que je rejette, on est obligé de ne pas faire de la négation une partie de l'attribut, on en fait une modification du verbe; et il faut par conséquent faire du verbe un troisieme terme, ce qui brouille tout: enfin cela conduit à méconnaître une vérité, la base de tout raisonnement, et que je vous prouverai dans la suite; c'est que tout jugement consiste à reconnaître que l'idée totale de l'attribut est comprise tout entiere dans l'idée du sujet, et en fait partie. Mais nous verrons cela quand nous en serons à la troisieme partie de ce cours, à la maniere dont nous combinons nos idées. Pour le moment retenez que tout jugement est positif, que la négation n'existe que dans la forme de l'expression, et qu'elle fait toujours partie de l'attribut.

Actuellement que vous connaissez suffisamment ce que c'est que la faculté de sentir des rapports, nous allons parler de celle de sentir des desirs.

CHAPITRE V.

De la Volonté et des Sensations de desirs.

Vous savez tous ce que c'est que desirer ; vous l'avez éprouvé : vous avez senti bien des desirs, et de très vifs. On donne le nom de volonté à cette admirable faculté que nous avons de sentir ce qu'on appelle des desirs. Elle est une conséquence immédiate et nécessaire de la singuliere propriété qu'ont certaines sensations de nous faire peine ou plaisir, et des jugements que nous en portons ; car dès que nous avons jugé qu'une chose est pour nous ce que nous appelons bonne ou mauvaise, il nous est impossible de ne pas desirer d'en jouir, ou de l'éviter : d'où vous voyez que la seule façon d'empêcher la volonté de s'égarer, est de rectifier le jugement qui la détermine.

La volonté n'est, comme nos autres facultés, qu'un résultat de notre organisation ; mais elle a cela de particulier que nous sommes toujours heureux, ou malheureux par elle. Je puis bien avoir une sensation, ou un souvenir, qui ne me fasse ni peine ni plaisir. Lorsque je porte un jugement, ce qui m'importe, à cause des conséquences qui en résultent, c'est de porter un jugement juste; du reste il m'est égal de sentir tel rapport ou tel autre; ni l'un ni l'autre ne me sont par eux-mêmes agréables, ou désagréables à sentir. Le desir, au contraire, exclut l'indifférence; il est de sa nature d'être une jouissance, s'il est satisfait, et une souffrance, s'il ne l'est pas; en sorte que nécessairement notre bonheur, ou notre malheur, en dépendent : et même, si par erreur nous nous avisons de desirer des choses qui nous soient essentiellement nuisibles, c'est-à-dire qui nous conduisent inévitablement à d'autres dont nous voudrions être préservés, il est indispensable que nous soyons malheureux; car, de quelque côté que la chance tourne, il y a un de nos desirs qui n'est pas satisfait. C'est là une propriété bien remarquable dans la volonté.

Elle en a encore une autre bien incompréhensible et bien importante; c'est qu'elle dirige les mouvements de nos membres, et les opérations de notre intelligence. L'emploi de nos forces mécaniques et intellectuelles dépend de notre volonté; en sorte que c'est par elle seule que nous produisons des effets, et que nous sommes une puissance dans le monde. Quand je sens des sensations, ou des souvenirs, ce sont des modificatious que j'éprouve, elles n'affectent que moi : quand je porte des jugements sur ces sensations, et ces souvenirs, que j'y sens des rapports, que j'y découvre des vérités, ce sont encore des choses qui se passent en moi, et n'influent que sur moi; mais quand, par suite de ces jugemens, je ressens des desirs, et qu'en conséquence de ces desirs j'agis, alors j'opere sur tout ce qui m'environne. C'est donc ma volonté qui réduit en actes les résultats de toutes mes autres facultés intellectuelles. Je ne prétends pas dire néanmoins que toutes nos pensées, et tous nos mouvemens soient absolument volontaires : je sais que beaucoup ont lieu à notre insu, et même malgré nous; et j'examinerai quelque part jusqu'à quel point et suivant quel mode toutes nos facultés dépendent de notre volonté. Mais il n'en est pas moins vrai que nous faisons beaucoup d'actions quand nous le voulons, et que, par différents moyens, nous nous procurons aussi, à notre gré, beaucoup d'idées, et exécutons beaucoup d'opérations intellectuelles.

C'est, sans doute, la considération de ces effets de notre volonté qui nous a conduits à croire que nous étions plus essentiellement actifs dans l'exercice de cette faculté que dans celui des autres : car si par être actif on entend seulement agir, sentir une sensation, un souvenir, un rapport est une action, tout comme sentir un desir; ainsi nous ne sommes pas plus actifs dans un cas que dans l'autre. Si, au contraire, par être actif on n'entend pas

seulement agir, mais agir librement, c'est-à-dire
d'après sa volonté; et si par être passif on entend
agir forcément ou contre sa volonté, il n'y a peut-
être pas une action dont nous soyons moins les
maîtres que de sentir, ou de ne pas sentir un desir:
ainsi, à ce compte, il n'y aurait pas en nous une
faculté plus passive que celle de vouloir. Mais cela
rentre dans la question que je viens de promettre
d'examiner ailleurs : je ne veux pas la traiter ici,
parcequ'elle exige des explications que je ne puis
pas encore vous donner, et parcequ'à présent je n'ai
pour objet que de vous faire connaître ce que c'est
que la volonté.

Une autre conséquence plus juste, que l'on tire
généralement des effets de la volonté, c'est le desir
que nous avons tous que la volonté des autres soit
conforme à la nôtre, nous soit favorable, c'est-à-
dire qu'ils nous veuillent du bien, qu'ils nous aiment.
Ce desir est la source du plaisir que nous goûtons
dans l'amitié : il est très raisonnable ; car la bienveillance de nos semblables est pour nous une grande
source de bonheur, puisqu'ils agissent d'après leur
volonté.

Une suite encore très juste de ce desir de la bienveillance est celui de l'estime ; car nous éprouvons
tous que nous sommes très disposés à vouloir du
bien à ceux en qui nous connaissons de bons sentiments, et de grands talents.

Et enfin du desir de la bienveillance et de l'estime des autres naît, avec beaucoup de raison, le bien-être que nous éprouvons quand nous nous sentons animés de mouvements de bienfaisance, et le mal-aise qui nous tourmente, quand nous nous reconnaissons travaillés de passions haineuses, bien que l'un et l'autre soit encore ignoré : car nous voyons très bien, à part nous, que, si nous venons à être connus, dans le premier cas tous les cœurs viennent à nous, et que, dans l'autre nous sommes rebutés par tous nos semblables ; et nous entrevoyons confusément qu'il est impossible qu'un jour ou l'autre nos dispositions ne soient pas apperçues, ou du moins soupçonnées. Aussi tous les hommes bons ont l'habitude et les manieres de la candeur et de la sérénité ; et les méchants celles de la dissi-mulation et de la défiance ; mais cela même les fait reconnaître.

Ces observations, et un grand nombre d'autres qui y tiennent, demanderaient à être developpées avec beaucoup de détails ; mais cela composerait un traité de morale, c'est-à-dire de l'art de régler nos désirs et nos actions de la maniere la plus propre à nous rendre heureux. Ce n'est point ici le lieu d'approfondir un pareil sujet ; je me propose de le traiter quand nous connaîtrons complètement notre faculté de penser et toutes ses opérations, l'art d'employer toutes nos facultés de la maniere la plus propre à

nous conduire au bonheur, étant la plus belle application de la connaissance de ces facultés, et ne pouvant être, sans cette connaissance, qu'une routine
aveugle dénuée de principes. Déja vous voyez que
cet art consiste presque uniquement à éviter de former des desirs contradictoires, puisque ce sont des
sujets certains de chagrins; à nous préserver autant
que possible des maux physiques, puisque ce sont
de vraies souffrances; enfin à obtenir la bienveillance de nos semblables, et à nous concilier notre
propre approbation, puisque ce sont des biens
réels.

Pour le moment retenez seulement que de même
que sans la faculté de juger nous ne saurions rien,
sans celle de vouloir nous ne ferions rien; que nos
desirs dirigent nos actions, et sont la cause de presque tous nos plaisirs et nos chagrins; et que, puisqu'ils sont la suite nécessaire des jugements que nous
portons des choses, le seul moyen de les bien régler
est de porter des jugements justes et vrais. Maintenant passons à autre chose : voilà des préliminaires
suffisants pour aller plus loin. Il semblerait que ce
serait ici le moment d'examiner jusqu'à quel point
nos autres facultés sont soumises à notre volonté,
et comment notre volonté elle-même est susceptible
d'être influencée; mais il faut auparavant avoir vu
les effets de ces différentes facultés. Je reviendrai
ailleurs sur ce sujet.

CHAPITRE VI.

De la Formation de nos Idées composées.

JEUNES gens, nous voilà arrivés à une époque de nos recherches qui mérite que vous vous y arrêtiez un moment. Vous avez vu avec moi que nous sommes doués de sensibilité, de mémoire, de jugement, et de volonté; vous avez reconnu que sentir des sensations, sentir des souvenirs, sentir des rapports, et sentir des desirs, c'est toujours sentir. Quoique je ne vous l'aie pas encore démontré, je vous ai annoncé que ces quatre facultés composaient notre faculté de penser tout entiere; et je crois qu'en examinant les opérations de votre esprit, vous éprouvez l'impossibilité d'en découvrir une qui ne se rapporte pas à une de celles-là; et que cela commence à vous persuader que je ne vous ai pas trompés sur ce point. Je vous ai fait connaître avec précision ce qui appartient à chacune de ces facultés, et ce qu'il ne faut pas lui attribuer : j'ai, pour ainsi dire, mis sous vos yeux les traits qui les caractérisent et les distinguent les unes des autres; ainsi, à proprement parler, vous connaissez déja toute votre faculté de penser. Cependant, ou je me trompe fort, ou vous ne voyez pas encore la liaison de tout cela avec toutes les idées qui meublent vos têtes, avec toutes les pensées qui occupent vos esprits : votre raison et votre conscience intime vous disent bien qu'une intelligence humaine ne peut pas faire autre chose que sentir, se ressouvenir, juger, vouloir, et agir en conséquence; et en même temps vous sentez que vous faites une quantité de choses qui ne vous paraissent précisément aucune de celles-là. Vous vous trouvez comme pressés entre deux expériences, toutes deux constantes, et qui pourtant semblent contradictoires; vous éprouvez un embarras singulier, et vous ne savez pas encore comment vous avez formé l'idée d'*embarras*; vous cherchez, vous réfléchissez, et vous ne savez pas précisément ce que c'est que *réfléchir*, ni comment on réfléchit. Expliquons-le en passant; ce sera toujours une idée éclaircie, et cela se retrouvera dans l'occasion.

Réfléchir, être réfléchissant, c'est l'état de l'homme qui desire appercevoir un ou plusieurs rapports, porter un ou plusieurs jugements; qui, en conséquence de ce desir, s'efforce de se rappeler d'abord des faits, entre lesquels il puisse voir une liaison, et ensuite d'autres faits, pour s'assurer si cette liaison est bien réelle, si elle est constante; et qui examine jusqu'à quel point on peut la généraliser, et enfin ce que l'on en peut affirmer sans se tromper : voilà ce que c'est que *réfléchir*. L'*embarras* est le sentiment, la sensation interne qu'éprouve cet homme quand les faits lui manquent, ou quand ils ne lui reviennent pas, ou quand il ne voit pas de liaison entre eux, ou quand il en apperçoit qui lui semblent contradictoires, quand enfin il manque de moyens pour asseoir le jugement qu'il desire porter. Vous, par exemple, si vous avez pris pour sujet de vos méditations une pêche dont vous avez goûté hier, vous voyez bien qu'elle vous a donné les sensations d'une belle couleur, d'une bonne odeur, d'un goût agréable, que vous l'avez sentie molle au toucher, que vous vous ressouvenez de tout cela, que vous en concluez que cette pêche est mûre, qu'elle vous sera salutaire, et qu'en conséquence vous desirez la manger, et que vous allez la chercher ou une autre pareille. Vous reconnaissez que, comme nous l'avons dit, il ne s'agit là que de sentir des sensations, des souvenirs, des rapports, des desirs, et d'agir en conséquence : mais vous ne démêlez pas de même comment, avec ces sensations, ces souvenirs, et ces rapports, vous vous êtes fait l'idée complete de cette pêche ; comment ensuite vous l'avez étendue à tous les fruits semblables, et encore moins comment vous avez composé les idées, plus générales encore, de bonté, de beauté, de mollesse ou de dureté, de maturité, de salubrité, de similitude, de

passé, de présent, et d'avenir. C'est qu'effectivement ces idées très composées ne sont pas les résultats d'une seule expérience; il faut en rassembler
plusieurs; et vous ne devinez pas l'usage qu'il en
faut faire. Cela vous jette dans une grande perple-
xité : il est bon que vous l'ayez éprouvée; mais il
est temps de vous en tirer.

Pour y réussir, il n'y a que trois choses à vous
expliquer; savoir, comment nous apprenons que les
sensations que nous éprouvons sont causées par un
objet quelconque, comment elles nous servent à
former l'idée complete de cet objet, et comment
nous tirons de plusieurs de ces idées ce qu'elles ont
de commun pour en faire d'autres idées plus générales. Il n'en faut pas davantage pour que vous
voyez naître toutes les idées possibles du petit nombre d'éléments que nous avons examinés.

L'ordre chronologique et généalogique de ces faits
demanderait que je vous rende compte d'abord du
premier. Cependant, quoique le premier, et précisément parcequ'il est le premier, il est le plus difficile à comprendre; et comme il pourra nous engager dans quelques discussions, je le réserverai pour
le chapitre suivant, et traiterai d'abord des deux
autres, qui, pour ainsi dire, n'en font qu'un. Retenez que, pour être bien compris, il faut toujours
partir du point où sont les gens à qui l'on parle, et
des idées qui leur sont les plus familieres. Or il y a

long-temps que vous n'en êtes plus à vos premieres sensations, et qu'une longue habitude vous a fait perdre de vue les premiers jugements que vous en avez portés. Je ne dois donc pas me borner à vous tracer historiquement la filiation des idées d'un homme qui part de l'impression la plus simple et la plus particuliere pour arriver à l'idée la plus composée et la plus générale ; vous ne sauriez vous mettre à sa place ; vous ne pourriez reconnaître dans ce tableau le portrait de ce qui s'est passé en vous : au contraire vous avez déja une multitude d'idées qui sont compliquées, généralisées, combinées plus même que vous ne le croyez. C'est donc dans cet état qu'il faut vous prendre ; ce sont ces idées qu'il faut examiner ; et lorsque, toujours en remontant, nous serons arrivés jusqu'à la premiere, tout sera débrouillé pour vous, l'ordre et l'enchaînement de leur formation ne vous échappera plus.

J'ai déja fait, dans mon introduction, des réflexions à-peu-près semblables, dont celles-ci ne vous paraîtront peut-être qu'une répétition inutile : mais j'aime à y insister, parcequ'on en trouve l'application toutes les fois qu'on a une chose quelconque à expliquer, soit de vive voix, soit par écrit, et qu'elles sont la base de toute bonne méthode.

D'après ces principes, j'ai commencé par vous faire distinguer, dans cette foule d'idées que vous avez, des sensations, des souvenirs, des jugements, et des desirs. C'est déja une maniere de les classer et de s'y reconnaître : il ne s'agit plus que de trouver comment ces éléments se combinent.

Supposons d'abord que vous savez comment vous êtes parvenus à regarder vos sensations comme des effets des différents êtres qui existent dans la nature: cela nous est permis ; car il n'est pas douteux que vous le faites : et quand un fait est certain, on peut sans inconvénient en différer l'explication, et pourtant s'en servir comme d'une chose non contestée. Il ne nous reste donc plus qu'à voir comment, par le moyen de ces sensations , vous formez les idées individuelles des êtres qui les causent , et ensuite des idées plus générales, de classes , de genres , et d'es-peces ; et toutes celles qui dérivent de celles-là.

Rappelez-vous que dans le chapitre du jugement, lorsque je voulais vous prouver que dans tout jugement quelconque vous ne comparez jamais ensemble que deux idées , je vous citai cette proposition , *L'homme qui découvre une vérité est utile à l'humanité tout entiere* , et je vous montrai que le sujet et l'attribut , quoique composés tous deux de beaucoup d'idées différentes, n'en formaient pourtant chacun qu'une seule , qui était la résultante de toutes les autres. Si vous aviez donné un nom unique à chacune de ces deux idées , elles seraient restées fixées à jamais dans vos têtes , vous n'auriez plus besoin de les refaire; et toutes les fois que l'occasion d'employer l'idée *d'homme qui découvre une vérité*, ou celle *d'être utile à l'humanité tout entiere*, se représenterait à vous, vous vous serviriez de ces deux noms comme de tous les autres termes de la langue. Eh bien! c'est ainsi que de toutes les sensations que vous cause un objet, et de toutes les propriétés que vous lui découvrez, vous faites un seul grouppe, une idée unique, qui est l'idée de cet être, et que son nom vous rappelle. Reprenons l'exemple de la pêche; supposons que vous la voyez pour la premiere fois, et que vous n'en ayez pas vu d'autres; elle vous donne la sensation d'une certaine couleur, d'un certain goût; vous reconnaissez qu'elle a une certaine forme, qu'elle présente une certaine résistance molle quand on la presse, qu'elle est portée sur un arbre fait d'une certaine maniere, et situé dans tel endroit. De toutes ces idées, vous formez une idée unique qui est l'idée de cette pêche, et qui n'est d'abord que l'idée de celle-là, et non de toute autre pêche que vous ne connaissez pas encore. Dans cet état cette idée est individuelle et particuliere: si vous n'avez l'usage d'aucune langue, le signe de cette idée est l'individu lui-même. Si vous vous faites à vous-même un langage qui vous soit propre, vous donnez à votre idée le nom, ou le signe que vous voulez; mais ce nom ne représente que l'individu observé. Si vous êtes avec des gens qui parlent français, et c'est le cas où vous vous êtes trouvés dans votre enfance, ils vous disent que cela s'appelle *une pêche*: mais ce mot *pêche*, qu'ils ont déja généralisé, et qui est pour eux le nom commun à toutes les pêches imaginables, n'est encore pour vous que le nom de celle que vous voyez; il est purement individuel, comme le serait celui que vous auriez créé arbitrairement pour votre usage.

Cette opération de l'esprit, qui consiste à rassembler plusieurs idées pour n'en former qu'une seule, à laquelle on donne un nom qui les réunit, bien que très commune assurément, n'a point elle-même de nom dans la langue française : on peut l'appeler *concraire*, par opposition à *abstraire*, nom que l'on a donné à l'opération inverse dont nous allons parler. C'est ainsi que l'on appelle *termes concrets* les adjectifs, tels que pur, bon, etc., qui expriment une qualité considérée comme unie à son sujet; tandis que l'on appelle *termes abstraits*, les mots pureté, bonté, etc., qui expriment ces qualités séparées de tout sujet. De même on dit que trois metres est un nombre concret, et que trois tout court est un nombre abstrait. Nous verrons bientôt ce que nous devons penser de ces dénominations. Continuons.

Voilà donc l'opération par laquelle de plusieurs idées différentes nous formons un groupe, qui est l'idée propre et individuelle de l'être qui en est la cause. Voyons actuellement celle par laquelle ces idées particulieres, et propres à un individu seulement, deviennent générales et communes à plusieurs. Revenons à l'exemple de la pêche.

Après vous être formé l'idée de cette premiere pêche, vous voyez d'autres êtres qui ont à-peu-près les mêmes qualités qu'elle, qui ont avec elle beaucoup de caracteres communs, mais qui en different cependant à bien des égards, car il n'y a pas deux êtres absolument semblables dans la nature. Toutes les pêches n'ont pas exactement les mêmes couleurs, la même figure, la même grosseur, le même degré de maturité; elles different au moins par le lieu, par le temps où vous les voyez. Vous négligez ces différences, vous les écartez, ou, comme on dit, vous en faites abstraction; vous ne considérez ces dernieres pêches que par ce qu'elles ont de commun avec la premiere que vous avez observée; vous prononcez que ce sont encore des pêches : et voilà que l'idée de pêche est devenue générale, et n'est plus composée que des caracteres qui conviennent absolument à toutes les pêches. Cette opération s'appelle abstraire. Ce mot vient de l'ancien mot *traire*, qui n'est plus d'usage, et qui est synonyme de *tirer* : abstraire, c'est tirer de..... Effectivement vous tirez de deux ou plusieurs idées individuelles tout ce qui les confond, en rejetant tout ce qui les

6.

distingue , et vous en faites une idée commune.

Il n'est pas inutile d'observer ici que puisque l'on a tiré, asbtrait certaines parties de l'idée particuliere pour la généraliser , elle n'est plus exactement la même quand elle est devenue générale que quand elle était individuelle. C'est sur cette remarque qu'est fondé le grand axiôme de logique, qu'on ne peut pas conclure du particulier au général. En effet de ce qu'une pêche est gercée , de ce qu'un homme est malade, je ne peux pas conclure que toutes les pêches sont gercées , que tous les hommes sont malades ; car ce sont là des circonstances particulieres de l'idée individuelle qui n'ont pas été conservées dans l'idée généralisée ; au contraire , tout ce que je pourrai affirmer de l'idée générale je pourrai l'affirmer des individus : car toutes les idées qui ont été conservées dans cette idée générale doivent se retrouver dans toutes les idées particulieres dont elle est abstraite.

Cette opération d'abstraire ainsi que celle de concraire est d'un très fréquent usage : nous leur devons toutes nos idées composées ; mais remarquez bien la différence essentielle de leurs effets. L'opération de concraire nous sert à nous former l'idée des êtres qui existent, et celle d'abstraire à composer des grouppes d'idées dont le modele n'existe pas dans la nature , et qui néanmoins nous sont très commodes pour faire de nouvelles comparaisons et appercevoir de nouveaux rapports entre les résultats des rapports que nous connaissons déja. En effet une telle pêche existe réellement, telles et telles autres existent aussi; c'est par l'opération de conctraire les sensations qu'elles nous ont données que nous avons formé l'idée de chacune d'elles. Mais une pêche en général, abstraction faite des circonstances particulieres qui distinguent chacun de ces individus pêches, une telle pêche n'existe que dans notre esprit, et c'est par l'opération d'abstraire que nous en avons formé l'idée : néanmoins cette idée me sera très utile si je veux, par exemple, établir la différence entre les pêches et les abricots; car alors je n'ai pas besoin de faire attention à toutes les nuances qui différencient les pêches entre elles, et les abricots entre eux ; je n'ai à considérer que ce qui est commun à toutes les pêches, et ce qui est commun à tous les abricots. Je vois que ces deux grouppes d'idées sont différents en certains points, et que par conséquent ces deux classes d'êtres different constamment à certains égards. Nous traitons ces classes comme des individus, quoique dans le fait il n'existe réellement que des individus isolés, c'est-à-dire qu'il n'y a que des êtres individuels qui nous causent des sensations, et qu'il n'existe nulle part en réalité une telle chose, qu'une classe qui puisse agir directement et immédiatement sur nous.

Cette opération d'abstraire ne nous sert pas seule-

ment à groupper des individus réels pour les ranger
par classes, à généraliser leur idée particuliere pour
en faire une idée commune à plusieurs ; elle nous
sert à en faire de même de chacune de leurs qualités,
c'est-à-dire de chacune des impressions qu'ils nous
causent et de leurs circonstances. Ainsi nous sentons successivement que plusieurs choses nous font
du bien, nous disons qu'elles sont bonnes. C'est
déja une classification, une généralisation que ces
expressions *bien* et *bonnes;* car toutes ces choses ne
nous font pas le même bien, ne nous sont pas bonnes
de la même maniere. Ainsi ce sont des impressions
différentes entre elles que nous réunissons sous un
même point de vue par la ressemblance commune
qu'elles ont de nous faire chacune un bien, de nous
être chacune ce que nous appelons *bonne.* Mais nous
ne nous en tenons pas là : de toutes ces choses qui
sont bonnes, nous extrayons l'idée de *bonté*, et nous
employons cette idée comme si c'était une chose qui
existât indépendamment des êtres dans lesquels elle
se trouve ; de tout ce qui est utile, nous extrayons
de même l'idée *d'utilité;* de ce qui est beau, l'idée
de *beauté.* Ce sont ces termes et ces idées qu'on
appelle plus communément termes abstraits, idées
abstraites. Effectivement il y a une abstraction de
plus; mais, à parler rigoureusement, tout nom généralisé, toute idée d'un individu étendue à plusieurs
est déja un mot abstrait, une idée abstraite; car

dans l'usage qu'on en fait il y a déja des particularités de ses éléments qu'on a négligées, et d'autres
qu'on a séparées, tirées dehors pour ainsi dire, enfin
qu'on a *abstraites*.

Remarquez même que ces deux opérations opposées,
concraire et *abstraire*, se trouvent toujours réunies,
et sont nécessaires toutes deux dans la formation de
toute idée composée quelconque; car toutes les fois que
je forme une nouvelle idée avec divers éléments pris
çà et là, si je sépare chacun de ces éléments de circonstances que je néglige, parcequ'elles ne sont pas
nécessaires à mon objet, si je les en abstrais, en
même temps je les réunis, je les concrais pour en
former l'idée nouvelle. Ainsi j'abstrais et je concrais
en même temps, ou plutôt ce que j'abstrais d'un
côté je le concrais de l'autre; c'est pourquoi je n'aime
pas beaucoup ces mots abstraire et concraire. Mais
on fait tant d'abus des mots *abstrait* et *abstraction*,
que j'ai voulu vous faire comprendre ce que l'on
peut raisonnablement entendre par *abstraire* et par
son opposé *concraire*.

Ne nous servons plus ni de l'un ni de l'autre: ne
séparons plus deux opérations intellectuelles qui,
dans la pratique, n'ont jamais lieu l'une sans l'autre;
et, sans nous embarrasser de vaines dénominations,
rendons-nous compte tout simplement de ce que
nous faisons quand nous formons nos idées composées.

Je suppose que j'éprouve pour la premiere fois la sensation, que dans la suite j'appellerai *le rouge*. Si je ne sais ni d'où elle me vient ni par où elle me vient, si je ne fais que la sentir, sans y mêler aucun jugement, c'est une pure sensation que j'éprouve; c'est une idée simple que j'ai : nécessairement elle est individuelle et particuliere.

Si à cette sensation, à cette pure impression, à cette idée simple, je joins la sensation d'un rapport entre un être dont l'existence consiste à me causer cette sensation, et moi, dont l'existence consiste à la sentir, cette idée de *rouge* n'est déja plus une idée simple; elle est composée d'une sensation et d'un jugement : mais elle est encore individuelle, c'est-à-dire particuliere à ce seul fait. Je ne l'ai pas étendue à toutes les sensations à-peu-près pareilles que je puis recevoir de différents autres êtres que je ne connais pas encore.

Il en est de même de la saveur et de l'odeur que peut me faire sentir ce même corps. Si je ne fais que les sentir, ce sont des idées simples; si de plus je juge d'où elles me viennent, ce sont des idées composées, mais toujours particulieres et pas encore généralisées.

Maintenant, que je réunisse ces trois idées, d'une certaine couleur, d'une certaine saveur, d'une certaine odeur, j'en forme l'idée de l'être qui me les cause, idée déja plus composée, mais toujours individuelle et particuliere; car d'autres êtres peuvent être capables de me faire les mêmes impressions, mais je ne les connais pas encore : ainsi je n'ai pas étendu cette idée sur eux. Que je désigne cette idée ou l'être qui me la donne, ce qui est la même chose pour moi, par le mot *fraise;* ce nom est celui de cette fraise et non des fraises en général, car je ne l'ai pas encore généralisée.

Si je ne connais cette fraise que par ces trois effets, son existence à mon égard n'est composée que de ces trois idées; elle est pour moi un être capable de me faire sentir ces trois sensations, et rien de plus; car, remarquez-le bien, l'idée d'un être quelconque n'est jamais pour nous que l'assemblage des propriétés que nous lui connaissons : c'est ce qui fait que le même mot n'a presque jamais exactement la même signification pour aucun de ceux qui le prononcent; il exprime pour chacun d'eux plus ou moins d'idées, suivant le degré de connaissance qu'ils ont du sujet. Quand j'aurai observé que cette fraise est de forme conique, qu'elle vient à la suite d'une petite fleur blanche, qu'elle est portée sur une petite plante verte, qu'elle est destinée à reproduire cette plante, etc., je joindrai toutes ces propriétés aux premieres; le mot *fraise* les renfermera toutes, et mon idée de cette fraise sera plus composée : au reste elle ne cessera point encore d'être individuelle et particuliere; seulement elle sera plus complete.

Quand cette fraise serait le premier être existant qui eût frappé mes sens, quand par conséquent son idée serait la premiere idée d'un pareil être que je compose, elle me fournirait, sans cesser d'être individuelle et particuliere, l'occasion de créer plusieurs des idées que nous exprimons par les mots appelés adjectifs, et par les substantifs nommés abstraits.

Par exemple, si j'ai appelé *le rouge* une des sensations qu'elle m'a causée, je dirai que cette fraise est rouge, c'est-à-dire qu'elle est cause pour moi de l'impression appelée le rouge. Cet adjectif est l'expression abrégée d'un des jugements que j'ai portés de cette fraise, d'un des rapports que j'ai remarqués entre elle et moi; il me sert à exprimer que cette fraise a ce rapport avec moi. Si ensuite je fais attention que ce rapport a une cause dans la fraise, j'appelle cette cause *rougeur* de la fraise; c'est une de ses qualités, une des idées qui composent l'idée de cet être.

Si nous avions donné des noms particuliers aux saveurs et aux odeurs comme aux couleurs, je ferais de même à l'occasion des rapports que cette fraise a avec moi de me causer une certaine odeur et une certaine saveur; car tout rapport donne nécessairement lieu à trois idées, celle du rapport lui-même, celle de son effet, celle de sa cause: si le plus souvent nous ne formons pas ces idées, si nous ne les désignons pas distinctement par des noms particuliers, c'est que cela ne nous est pas utile, ou plutôt c'est que les noms particuliers que nous leur avons donnés d'abord, nous les avons étendus à d'autres à-peu-près semblables; qu'ainsi ils sont devenus communs et généraux, et que nous ne nous sommes pas embarrassés de les remplacer par d'autres qui soient restés particuliers et spéciaux. Mais il n'y a pas un des innombrables rapports que chacun des êtres existants ont avec nous, qui ne pût être la source de trois idées particulieres, de trois mots particuliers pour les exprimer.

Ainsi, par exemple, cette fraise a avec moi les rapports de me faire trois effets; l'un, que j'appelle me faire plaisir; l'autre, que j'appelle me faire du bien; le troisieme, que j'appelle me faire ou me rendre service : j'exprime ces trois rapports en disant qu'elle est belle, qu'elle est bonne, qu'elle est utile; et les causes de ces trois rapports, par les mots beauté, bonté, utilité, qui représentent trois propriétés de la fraise, trois des idées qui composent l'idée de cet être. Mais quand j'aurai généralisé les mots plaisir, bien, service, qui sont encore l'expression spéciale des effets particuliers de cette fraise sur moi; quand je les aurai étendus à d'autres effets produits par d'autres êtres, effets qui sont analogues à ceux-ci, mais qui ne sauraient être exactement les mêmes, il ne me reste plus de moyens d'exprimer privativement le plaisir que me fait cette fraise, le bien qu'elle me cause, le service qu'elle me rend; de dire la maniere particuliere dont elle est belle, bonne, et utile; de peindre le genre spécial de la beauté, de la bonté, de l'utilité, qui lui sont propres. Voilà à quoi nous sommes réduits actuellement que toutes nos idées sont si travaillées, que tous les mots qui les expriment sont si généralisés. Nous n'en avons plus pour exprimer particulièrement chaque chose; il n'y a plus que les noms propres qui désignent un être à l'exclusion de tout autre. Cependant vous devez sentir que tant que cette fraise, que j'ai prise pour exemple, est supposée le seul être que j'aie examiné, non seulement son nom est un nom propre dans la force du terme, mais toutes les idées qu'elle m'a donné occasion de former ont ce même caractere : elles sont uniques dans leur genre; les mots qui les expriment ne s'appliquent qu'à un seul fait; et en même temps vous voyez que sur ce seul être j'ai créé des idées de bien des especes. Nous trouverons facilement la maniere dont ces idées particulieres se généralisent.

J'ai beaucoup insisté sur ce premier pas de notre esprit, parceque si vous ne le compreniez pas bien, vous n'entendriez jamais l'artifice de la composition de nos idées, ni celui du langage qui en est l'expression. La plus grande difficulté que j'aie éprouvée pour vous l'expliquer, c'est que les mots manquent à tout moment : comme par un long usage nous les avons tous généralisés, on ne sait comment s'y prendre pour obliger l'auditeur à les prendre dans un sens restreint et individuel qu'ils n'ont plus; et, malgré tous mes soins, je ne serais pas étonné de n'y être pas complètement parvenu. Si à une première lecture il vous était resté quelque louche, je vous exhorterais à en faire une seconde, en tâchant de vous bien pénétrer de l'intention que j'ai eue, et en vous reportant sans cesse à la position où est un homme qui forme ces premières combinaisons ; car je ne puis pas faire que nous ayons, pour exprimer les idées de cet homme, d'autres mots que ceux dont nous avons fait depuis un tout autre usage que lui, et qui par conséquent ont une autre valeur pour nous que pour lui : et, encore une fois, la science des idées est bien intimement liée à celle des mots ; car nos idées composées n'ont pas d'autre soutien, d'autre lien qui unisse tous leurs éléments que les mots qui les expriment et qui les fixent dans notre mémoire. Nous examinerons quelque jour les causes et les conséquences de ce fait ; mais en attendant je puis parler d'une idée et du mot qui la représente comme d'une seule et même chose; car tout ce qui arrive à l'un arrive à l'autre.

Voilà donc qu'en conséquence de l'examen d'un seul être, j'ai formé et séparé les unes des autres l'idée de cet être, celles de ses rapports, celles de leurs effets, celles de leurs causes; et toutes ces idées sont encore particulieres. J'ai créé, pour les exprimer, des mots que nous appelons un nom de substance, des noms adjectifs, des noms substantifs abstraits; et tous ces mots sont encore rigoureusement des noms propres d'un tel être, d'un tel rapport, et d'un tel effet ou d'une telle qualité. Voyons comment ces idées et ces noms vont se généraliser.

Après avoir vu cette fraise, j'en vois d'autres; je les examine: elles lui ressemblent par des qualités constantes, communes à toutes; elles en different par des circonstances variables. Je retranche ces circonstances variables et de l'idée de la premiere fraise et de celles des fraises que je vois ensuite, je réunis les qualités constantes, et voilà que l'idée et le nom dè *fraise* sont devenus communs à bien des êtres, et sont généralisés autant qu'ils peuvent l'être.

Par la même raison les mots belle, bonne, utile, rouge; plaisir, bien, service, le rouge; beauté, bonté, utilité, rougeur, n'expriment plus les rapports de cette premiere fraise avec moi, leurs produits et leurs causes, mais les rapports, les effets et les qualités des fraises en général: ils sont déja généralisés aussi, mais pas à beaucoup près autant qu'ils peuvent l'être; car dans la suite je les étendrai à bien d'autres êtres, les uns plus, les autres moins, d'après mes observations.

En effet, après avoir vu ces fraises, je vois une

cerise ; je fais l'idée de cette cerise comme j'ai fait celle de la premiere fraise, et l'idée générale de cerise comme l'idée générale de fraise. Ces cerises sont aussi pour moi belles, bonnes, utiles, rouges d'une certaine maniere ; mais cette maniere n'est pas exactement la même que celle des fraises. Si, au lieu de donner aux rapports que je sens entre ces cerises et moi, des noms particuliers et qui leur soient propres, je leur applique ces noms-ci que j'ai déja donnés aux rapports des fraises avec moi, il est clair que je ne le puis qu'en écartant des uns et des autres les circonstances qui les différencient, et en ne conservant que celles qui leur sont communes. Par conséquent chaque fois que je généralise davantage un nom, que je l'étends à un plus grand nombre d'êtres, je retranche beaucoup des idées qu'il renfermait dans son sens plus restraint ; il en exprime réellement beaucoup moins. A proportion qu'une idée devient plus générale, elle fait partie d'un plus grand nombre d'êtres, mais elle est une plus faible partie de chacun d'eux.

C'est ce qui se voit bien clairement dans la formation des idées d'especes, de genres, de classes, qui se composent tout comme les précédentes : la seule différence est qu'un nom nouveau exprime chaque degré de généralisation, et les fait remarquer en les empêchant de se confondre. Je vois un individu, je reconnais toutes les qualités qui lui appartiennent, toutes les propriétés qui le caractérisent, en un mot toutes les impressions qu'il me fait ; je l'appelle *Jacques*. Il est clair que ce nom propre est l'expression de l'idée complete de cet individu, c'est-à-dire de toutes les idées qui la composent ; je le réunis avec un certain nombre d'autres individus, différents de lui à beaucoup d'égards, mais qui ont aussi beaucoup de choses communes ; j'en forme une classe d'individus, que je désigne par le nom de *Parisiens* ; je joins ces individus à d'autres qui ont moins de points de ressemblances, j'en forme une seconde classe plus étendue, que je désigne par le mot de *Français* : je forme ainsi successivement les mots et les idées *d'Européen*, *d'homme*, *d'animal*, et enfin *d'être*, qui est le terme le plus général dont on puisse s'aviser, puisqu'il s'étend à tout ce qui existe. Il est clair que ces idées très composées vont toujours renfermant un plus grand nombre d'individus, mais un moindre nombre de circonstances de chacun d'eux ; car quand je dis de Jacques qu'il est un être, je n'en dis qu'une seule chose, c'est qu'il est capable de m'affecter, sans désigner du tout comment, je dis qu'il existe et rien de plus ; quand je dis qu'il est un animal, je dis de plus que je lui connais *vie* et *mouvement*, qu'il se nourrit, qu'il se reproduit, en un mot qu'il existe de toutes les manieres qui caractérisent un animal ; quand je dis qu'il est homme, je dis de plus que je sais qu'il est fait de telle et telle maniere, qu'il a telle qualité qui m'a frappée ; quand je dis qu'il est Européen, Français, Parisien, j'ajoute toujours quelque chose à l'idée ; et enfin quand je dis qu'il est Jacques, je dis implicitement tout ce que je sais de lui, et même tout ce qui lui appartient, quand même je ne le connaîtrais pas encore ; car je puis fort bien ignorer qu'il est fort, qu'il est aimable, qu'il est malade : mais quand je le saurai, ce sera seulement de nouvelles idées que je devrai ajouter aux nombreuses idées qui composent pour moi celle de Jacques. Cela rentre dans ce que j'ai dit plus haut, qu'un nom signifie toujours plus ou moins de choses pour ceux qui le prononcent, à proportion qu'ils connaissent plus ou moins le sujet dont il s'agit ; mais cela ne change rien à la vérité que j'ai établie, que l'idée particuliere d'un individu renferme toutes les idées qui lui appartiennent, et que l'idée d'un nom de classe ne renferme que celles qui sont communes à tous les individus de la classe, et par conséquent un nombre d'idées d'autant moindre que les individus sont plus nombreux et la classe plus étendue.

C'est ainsi que des idées de cerise, de fraise, d'abricot, etc., on fait l'idée de fruit, qui ne renferme plus les propriétés particulieres à chacun de ces êtres, mais seulement la propriété qui leur est commune d'être produits d'une certaine maniere par des végétaux ; et si je généralise encore plus le mot *fruit*, comme on fait dans le sens métaphorique, en disant, par exemple, que la science est le fruit du travail, que les découvertes sont le fruit de la réflexion, ce mot fruit ne renferme plus que l'idée d'être produit par un être quelconque, sans aucune désignation de cause ni de maniere.

De même, des idées de verd, de jaune, de rouge, en faisant abstraction de leurs différences, je fais l'idée de couleur, qui n'exprime plus que la qualité commune à ces sensations d'être senties par l'œil comme les sons par l'oreille. Des idées de couleur et de son je fais l'idée plus générale de sensation, qui n'est que celle d'être sentie, n'importe par quelle voie.

De même encore, en revenant aux adjectifs cités ci-dessus, ce mot *rouge*, qui n'exprimait d'abord que la maniere d'être rouge de la fraise, ensuite des fraises en général, puis des fraises et des cerises, devient petit à petit l'expression de ce que tous les corps rouges ont de commun entre eux : la même chose arrive au mot *bon*. A chaque degré de généralisation il y a des différences négligées ; le mot change réellement de signification : cela est si vrai, qu'il est manifeste que la bonté d'un homme, la bonté d'un fruit, la bonté d'un cheval, la bonté en général ne sont pas la même chose. Dans ces quatre cas, les mots bon et bonté sont appliqués à trois idées individuelles différentes, et à une idée générale. Les idées changeant ; en rigueur les mots devraient changer aussi, comme les mots verd, jaune, rouge, et couleur ; mais aucune langue n'est assez riche pour cela, parceque les inconvénients d'une telle abondance surpasseraient ses avantages. Cependant cela était bon à remarquer pour que vous ne soyez pas dupes des mots, et qu'ils ne vous masquent pas la génération des idées lorsqu'ils ne la peignent pas fidèlement.

Quoi qu'il en soit, voilà que vous connaissez comment se forment toutes celles de nos idées que nous exprimons par des substantifs et des adjectifs. Je pourrais vous expliquer de même la formation de celles qui sont représentées par les autres éléments du discours, tels que les verbes, les prépositions, etc. ; mais ces détails seront mieux placés quand nous étudierons la grammaire, c'est-à-dire l'art d'exprimer nos idées : qu'il vous suffise pour le moment de savoir qu'elles dérivent toutes de celles que nous avons examinées, et qu'elles se forment par les mêmes moyens. Vous voyez donc qu'il ne s'agit jamais que de recevoir des impressions, d'observer des rapports, de les ajouter, de les retrancher, de les réunir, de les diviser, et d'en former de nouveaux groupes ; et vous ne devez plus être embarrassés de comprendre comment tant de combinaisons si différentes sont le produit du petit nombre de facultés que nous avons distingué dans notre faculté de penser : c'était le seul but que je me proposais dans ce chapitre. Nous pouvons actuellement passer à un autre objet.

Observons seulement, en finissant, que la marche que nous venons de tracer à l'esprit humain dans la formation de nos idées composées est celle que suivrait nécessairement un homme isolé et sans secours, qui formerait ces idées et leurs signes pour son usage à lui tout seul. Elle est méthodique, mais elle est pénible et lente : aussi certainement cet homme ne composerait guere d'idées, et son dictionnaire serait fort court. Toute langue un peu riche n'a pu être le résultat des efforts que de beaucoup d'hommes et de bien des générations successives. Mais ce n'est pas par ce chemin que tant d'idées sont entrées dans nos têtes, à nous, jetés dès notre enfance au milieu d'hommes parlant une langue perfectionnée : nous n'avons pas créé ces idées, nous les avons reçues ; leurs signes ont d'abord frappé notre oreille pêle-mêle et au hasard, suivant que l'occasion s'en est présentée ; nous n'avons eu qu'à en démêler les significations, et à les classer, en profitant bien ou mal d'expériences multipliées : c'est sur les mots et d'après les mots que nous avons appris les idées. Cette opération est souvent restée incomplete : de là bien des erreurs, bien des fausses liaisons, une grande ignorance de l'enchaînement de certains résultats. On n'en sera pas surpris si l'on songe que nous mettons dans nos têtes, dans un petit nombre d'années de notre premiere enfance, la plus grande partie des idées qui ont été créées depuis l'origine du genre humain. Quand on fait des provisions si précipitées, il est difficile de les bien connaître et de les bien ranger. Mais en voilà assez sur ce chapitre : relisez-le quelquefois pour vous familiariser avec ces combinaisons ; et cependant occupons-nous de chercher comment nous apprenons que les sensations qui nous affectent sont causées par un objet quelconque.

CHAPITRE VII.

De l'Existence.

Penser, c'est sentir ; et sentir, c'est s'appercevoir de son existence : nous n'avons pas d'autre moyen de connaître que nous existons. Aussi si nous ne sentions rien, ce serait bien pour nous l'équivalent de ne pas exister. Une sensation est donc une manière d'exister, une manière d'être, et rien de plus ; et toutes nos sensations diverses sont purement et simplement différentes modifications de notre être : une sensation est donc une chose qui se passe uniquement en nous. Il en est de même à plus forte raison des souvenirs de ces sensations, des rapports que nous appercevons entre elles, et des desirs qu'elles font naître.

Mais une pure sensation quelconque a-t-elle par elle-même la propriété de nous avertir qu'elle nous vient de quelque chose qui n'est pas nous ? C'est une question que nous avons déja traitée dans le chapitre de la Mémoire, page 5o et suivantes ; et nous nous sommes décidés pour la négative, par cette considération sans réplique que sentir une sensation, c'est sentir; et que sentir d'où elle nous vient, c'est sentir un rapport, c'est juger. Ainsi toute sensation que nous rapportons à un être quelconque, n'est déjà plus une pure sensation, elle est accompagnée d'un jugement.

Nous nous sommes demandé ensuite si ce jugement est inséparable de la sensation; et nous avons vu dans le chapitre du Jugement, page 59 et 60, qu'il en est si peu inséparable, qu'il est même impossible que la faculté de juger commence à agir aussitôt que la faculté de sentir.

Il nous reste donc à trouver comment nous avons été conduits à juger que nos sensations sont occasionnées par des êtres qui ne sont pas nous, et si nous avons raison de porter ce jugement. Nous appelons *corps* ces êtres auxquels nous attribuons nos sensations: pour que ce jugement soit juste, il faut premièrement que ces corps existent; secondement, qu'ils soient les causes des impressions que nous ressentons. La premiere chose à examiner est donc celle-ci, y a-t-il des corps? et la seconde, comment le savons-nous? C'est ce dont nous allons nous occuper.

Vous êtes certainement surpris d'une pareille question: il ne vous est jamais venu en tête qu'on imaginât de la proposer, et qu'il pût être incertain s'il y a des corps et si vous en avez un; ce doute vous paraît impertinent : cependant je suis bien assuré qu'il vous est impossible de le lever, et que, quelque inébranlable que soit votre opinion à cet égard, vous ne sauriez en démontrer la vérité. Cela seul doit vous prouver que le sujet mérite d'être approfondi ; de plus vous sentez que c'est la base fondamentale de l'édifice entier des connaissances humaines. Car si nous nous trompons sur ce point capital, si l'existence des corps est une illusion, nous vivons entourés de fantômes, et toutes nos connaissances ne sont que des chimeres. Or, en matiere si importante, il n'est pas permis de se contenter d'un sentiment confus et d'assertions sans preuves.

Je sais qu'un très grand préjugé en faveur de la réalité de l'existence des corps est la croyance générale de tous les hommes qui n'en doutent pas, et n'imaginent pas même qu'on puisse en douter. Mais, premièrement, cette croyance n'est pas sans exception ; car plusieurs hommes, et de grands hommes, ont pensé et ont soutenu qu'il n'existe réellement rien de semblable à ce que nous appelons des corps, et que quand les corps existeraient, nous n'avons en nous absolument aucuns moyens de les connaître : d'ailleurs, quand même une opinion serait parfaitement universelle, ce ne serait pas encore une preuve sans réplique de sa justesse, car le genre humain tout entier peut fort bien se tromper, et ce ne serait peut-être pas la première fois que cela lui fût arrivé. Il faut donc en revenir à examiner si l'existence des corps est réelle, et comment nous parvenons à la connaître.

Avec un moment d'attention vous pouvez vous appercevoir que non seulement la solution de cette question ne se présente pas d'elle-même à l'esprit avec évidence, mais encore qu'elle est assez difficile à trouver quand on y pense. En effet vous venez de voir que toutes nos idées composées ne sont autre chose que des combinaisons de nos sensations, de nos souvenirs, de nos jugemens, et de nos desirs. Il est bien évident que ces combinaisons se font en nous sans aucune intervention étrangere ; il ne l'est pas moins que nos sensations de souvenirs, de jugemens, et de desirs, sont aussi des choses qui se passent uniquement dans notre intérieur. Or qu'est-ce qui empêcherait qu'il n'en fût de même de nos sensations proprement dites ? et que, tandis que nous croyons voir, entendre, goûter, sentir, toucher des êtres réels et distincts de nous, ces impressions ne fussent que des modifications internes de notre faculté de sentir, des manieres d'être produites en elle par des raisons inconnues, mais sans aucune cause extérieure, comme celles que nous éprouvons dans certains rêves où nous nous croyons actuelle-ment frappés par des corps qui bien certainement sont alors fort éloignés de nous, ou comme celles que nous ressentons même éveillés dans certaines circonstances, ainsi que nous en avons fait la remarque aux chapitres de la Sensibilité et de la Mémoire.

Cette supposition n'est point absurde. Cependant, si elle était conforme à la vérité, cette plume que je crois tenir, ce papier sur lequel je crois en ce moment tracer ces mots, mon corps lui-même que je crois sentir et par lequel je crois sentir, ne seraient que de vaines apparences, résultantes de diverses modifications arrivées et combinées dans l'intérieur de ma faculté pensante, quelle qu'elle soit et quelque part qu'elle existe; et dans le fait, quand la chose serait ainsi, pourvu que ces modifications et leurs combinaisons suivent les mêmes lois, qu'elles soient internes ou externes, qu'elles viennent du dedans ou du dehors, tout va de même pour moi qui les éprouve. Que vous, à qui je parle, soyez des êtres existants ou idéals, si, dans les deux cas, il doit résulter des mots que je profere que vous me présentiez les mêmes aspects, si je dois suivre les mêmes regles pour produire sur vous les mêmes effets, rien n'est changé pour moi; et je n'ai par conséquent aucun moyen de démêler ce qui en est; je n'ai certitude de rien que des effets que j'éprouve.

A la vérité, actuellement que nous sommes parvenus (nous verrons quelque jour par quels moyens) à nous comprendre réciproquement, quand vous me dites que vous sentez comme moi, quand je vous vois agir spontanément comme moi, quand vous m'assurez que c'est en vertu d'impressions tout-à-fait semblables à celles que je vous dépeins comme existantes en moi, quand mille expériences continuellement répétées et toujours convaincantes me prouvent la vérité de ces assertions, il m'est bien difficile de vous refuser d'être des êtres sentants, et par conséquent existants comme moi. Mais si j'étais le seul être animé sur la terre, et qu'un génie d'une espèce supérieure, supposé doué du talent de se faire entendre à moi, vînt me dire que tout ce que je crois voir et entendre, et tout ce que je crois faire, n'est qu'une suite d'illusions ; que je suis purement et uniquement une vertu sentante, incapable de toute autre chose que d'être affecté successivement de mille manieres différentes ; que, quand je me meus, je crois me mouvoir ; que, quand je touche, je crois toucher : il est bien vraisemblable que ce génie me persuaderait ; il l'est sur-tout que, quand j'oserais douter de sa révélation, je ne saurais pas lui en démontrer la fausseté.

Cela est si vrai que, sans que ce génie ait jamais apparu à personne, et malgré toutes les lumieres que fournit l'état de société, des sectes entieres d'anciens philosophes, gens de beaucoup d'esprit, après y avoir mûrement réfléchi, ont prononcé qu'il nous était absolument et complètement impossible d'être jamais parfaitement sûrs de rien ; et, par parenthese, la démonstration tant vantée de Diogene, qui, lorsque les stoïciens niaient le mouvement, pour toute réponse, se promenait devant eux , ne me paraît pas du tout digne de sa réputation ; car ils ne niaient pas que nous vissions une apparence que nous appelons *mouvement*, mais ils niaient que nous puissions être sûrs que cette apparence ait quelque réalité ailleurs que dans notre pensée. Cette manière de résoudre la difficulté ressemble beaucoup à celle d'Alexandre qui coupe le nœud gordien qu'on lui propose de dénouer. Elle est bonne dans le conquérant , car elle remplit son objet ; mais je suis persuadé que le philosophe cinique ne s'en fût pas contenté s'il eût pu s'aviser d'une meilleure.

Aussi, parmi les modernes encore, Malebranche, un de nos plus beaux génies , a dit que les corps existoient réellement ; que nous n'en pouvions douter, puisque Moïse nous avait raconté les circonstances de leur création ; mais que nous n'avions pas d'autre moyen de le savoir, et qu'il était absolument impossible qu'aucune de nos facultés intellectuelles nous en procurât une connaissance directe : il a même ajouté que ces corps n'existaient que dans la pensée de Dieu, ce qui est bien toujours n'exister que dans une pensée. Et Barklei , autre excellent esprit, a soutenu que le récit de Moïse bien entendu ne prouvait pas l'existence des corps, et qu'ils n'existaient réellement pas.

Sans exagérer le nombre des sectateurs de cette singuliere opinion, je pourrais peut-être ranger encore parmi ceux qui ont nié l'existence des corps, ou qui en ont douté, tous les partisans des idées innées, quand même ils n'auraient pas tiré expressément cette conséquence de leur système : car quand on pense (et c'était l'opinion générale avant Locke) que toutes nos idées existent en nous au moment de notre naissance, et que quand nous les recevons ou les composons nous ne faisons que nous en ressouvenir, il ne paraît ni nécessaire ni même naturel de supposer que ces impressions soient causées en nous par des êtres réellement existants.

Quoi qu'il en soit, il est certain que beaucoup de philosophes, et nommément tous ceux qui ont reconnu que nos sensations sont la source de toutes nos idées, ont cru fermement, comme le vulgaire, que ces sensations étaient excitées en nous par l'action des corps sur nos organes, et que ces corps et ces organes étaient des êtres bien réels ; mais ils n'ont pas toujours été très heureux à expliquer comment nous apprenons à reconnaître cette existence, et pourquoi nous en sommes certains ; on peut même dire que cette question n'a encore jamais été parfaitement éclaircie.

Le plus souvent on s'est contenté de dire en général que nos sensations avaient la propriété de nous
apprendre d'où elles nous venaient , et que dans la
sensation la plus simple était renfermée cette connaissance ; ce qui est dire implicitement que l'action
de sentir, qui bien sûrement nous fait connaître notre
propre existence , nous révele aussi celle d'un autre
être et du rapport qu'il a avec nous , et que ce jugement ou le sentiment de ce rapport est inséparable
de la sensation simple. C'est là une assertion et non
pas une démonstration.

Aussi, quand on a voulu entrer dans les détails ,
on a été fort embarrassé de déterminer à quelles
sensations en particulier pouvait s'appliquer cette
maxime , et à quelles especes de sensations appar-
tenait réellement cette propriété de nous apprendre
l'existence des corps.

D'abord personne n'a songé à dire que cela con-
vînt à aucune des sensations que nous avons nommées
internes : elles n'ont paru que de simples affections
de plaisir ou de peine , qui à elles seules ne pouvaient nous apprendre que notre propre existence.

Ensuite, parmi nos sensations externes, on est
encore généralement convenu que celles de l'odorat ,
de l'ouïe, et du goût ne pouvaient nous faire connaître par elles-mêmes l'existence des corps extérieurs : il est trop visible que nous éprouvons sou-

vent des affections de ce genre sans l'intervention d'aucun corps étranger, et que même, lorsque ces corps en sont les causes, nous ne connaissons pas le plus souvent d'où elles nous viennent.

L'article de la vue a souffert plus de difficulté ; la plupart des idéologistes ont cru, il est vrai, que quand des rayons de lumiere frappaient notre œil, il nous était impossible de méconnaître que l'objet qui nous renvoyait ces rayons était la cause de cette impression, et que, puisque ces faisceaux de lumiere frappaient différents points de notre œil les uns à côté des autres, et occupaient ainsi une certaine étendue dans notre organe, nous étions forcés de les rapporter de même les uns à côté des autres dans une certaine portion de l'espace, et par conséquent de reconnaître que l'objet qui nous les envoyait était étendu, était un corps.

Je ne peux pas ici discuter à fond cette opinion, parcequ'il faudrait que vous connussiez bien ce que c'est que la propriété des corps appelée *l'étendue*, dont ces philosophes ne se faisaient pas une idée bien nette, et que vous ne pouvez le comprendre complètement qu'après les explications que je vais bientôt vous donner de la maniere dont nous la connaissons. Mais je puis dès ce moment vous faire part des deux objections générales que l'on fait à ceux qui prétendent que les impressions de la vue nous apprennent nécessairement l'existence des corps et leur étendue. Elles sont déja, suivant moi, une réfutation suffisante.

On leur a dit, premièrement, les corps ne frappent pas l'œil plus immédiatement que le nez et l'oreille ; les rayons lumineux nous arrivent au travers de l'air comme les ondulations sonores et les particules odorantes ; toute la différence, c'est que ceux-là ne nous arrivent qu'en ligne droite, tandis que celles-ci nous parviennent par toutes sortes de chemins. Or ces particules odorantes, ces ondulations sonores partent comme les rayons lumineux de différents points des corps ; elles frappent différents points de l'oreille et du nez, comme ceux-ci différents points de l'œil : or vous convenez que ces émanations odorantes et sonores ne sont pas capables de nous faire juger qu'il y a des corps, et des corps étendus. Il ne paraît pas vraisemblable que la particularité de venir à nous en ligne droite donne cette propriété aux rayons lumineux.

Secondement, on a ajouté, et ceci est péremptoire, quand on vous passerait ce premier point, vous n'en seriez pas plus avancé ; car il est bien manifeste que le même corps apparaît à notre œil de mille manieres différentes, suivant qu'il est éclairé d'une maniere ou d'une autre, vu de plus près ou de plus loin, ou de plus haut ou de plus bas, ou d'un côté ou d'un autre : or laquelle de toutes ces manieres d'être vu est la vraie maniere d'être de ce corps ? Il est clair que la sensation visuelle seule ne nous met pas à même de le décider : elle ne nous ferait donc jamais connaître l'existence réelle de ce corps, quand même on vous accorderait qu'elle nous apprend à elle seule d'où elle nous vient.

Il y a quelque chose de plus singulier encore dans le sens de la vue, c'est que nous avons l'expérience irrécusable que la sensation visuelle nous trompe quelquefois complètement ; elle nous fait voir des corps là où il n'y en a pas ; les effets de la réfraction des différents milieux et ceux de la réflexion des miroirs nous font voir réellement les objets où ils ne sont pas ; ce bâton à demi plongé dans l'eau n'est pas où je le vois ; ce beau paysage n'est pas dans ma glace. Dans les cabinets de physique, par l'arrangement de quelques miroirs concaves, on me fait voir un objet au milieu de la chambre ; je passe la main à l'endroit où cet objet paraît être avec toutes ses formes et toutes ses couleurs, et je m'assure qu'il n'y a rien du tout dans cet endroit. Ce n'est pas ici le moment d'expliquer ces effets ; mais ils suffisent pour prouver qu'un sens qui sur le même être nous fait continuellement des rapports différents, et qui crée souvent pour nous des êtres absolument imaginaires, n'est pas propre à nous assurer de la réalité de ceux qu'il nous montre.

Restent donc les sensations tactiles. Tout le monde

convient que ce sont celles-là qui nous donnent des connaissances vraies de l'existence réelle des corps, et que ce sont elles qui nous apprennent ensuite à rapporter à ces mêmes corps les impressions qu'ils font sur nos autres sens, et à nous faire des idées justes de ces rapports : je ne nie pas qu'il n'en soit ainsi ; mais comment cela se fait-il? c'est ce qui mérite explication.

En effet il ne paraît pas que les sensations tactiles aient par elles-mêmes aucune prérogative essentielle à leur nature qui les distingue de toutes les autres. Qu'un corps affecte les nerfs cachés sous la peau de ma main, ou qu'il produise certains ébranlements sur ceux répandus dans les membranes de mon palais, de mon nez, de mon œil, ou de mon oreille; dans les deux cas c'est une pure impression que je reçois, c'est une simple affection que j'éprouve ; et l'on ne voit point de raison de croire que l'une soit plus instructive que l'autre, que l'une soit plus propre que l'autre à me faire porter le jugement qu'elle me vient d'un être étranger à moi. Pourquoi le simple sentiment d'une piquure, d'une brûlure, d'un chatouillement, d'une pression quelconque me donnerait-il plus de connaissance de sa cause que celui d'une couleur, ou d'un son, ou d'une douleur interne? il n'y a nul motif de le penser. Tant que nous sommes immobiles, que nous n'agissons pas nous-mêmes, que nous ne faisons que recevoir passivement les impressions qui surviennent, celles qui affectent notre tact ne nous éclairent pas plus que les autres. Voilà donc encore le toucher passif reconnu aussi incapable que les autres sens de nous faire soupçonner l'existence des corps.

Au premier apperçu on sent confusément qu'il ne doit pas en être de même quand, au contraire, c'est nous qui agissons, qui nous mouvons, qui allons pour ainsi dire chercher les impressions ; mais on ne démêle pas toujours bien les raisons de la différence. En effet cette condition toute seule ne suffit pas encore pour nous éclairer : car supposons pour un moment que nous ayons la faculté de nous mouvoir comme nous l'avons, mais sans le sentir, sans en être avertis, sans en avoir la conscience ; dans cet état je remue mon bras, mais je l'ignore ; il va rencontrer un corps dur, mais je n'en sais rien ; j'éprouve de la part de ce corps la sensation que nous appelons résistance, mais je ne sais pas en quoi elle consiste, ni qu'elle est l'effet d'une opposition à mon mouvement, puisque je ne sais pas que je fais du mouvement. Cette sensation est donc encore une impression simple aussi peu instructive que les autres ; je n'en puis encore rien conclure.

Mais ajoutez à cette faculté de nous mouvoir la circonstance que, quand nous nous mouvons, nous en avons la conscience, vous verrez naître un nouvel ordre de choses ; car dès que j'éprouve une certaine maniere d'être pendant que je me meus, je suis nécessairement averti quand cette maniere d'être cesse.

Rentrons donc dans l'hypothese réelle; non seulement nous nous mouvons, mais nous sentons quand cela arrive : quand un de nos membres s'agite, nos nerfs sont ébranlés, nous recevons une sensation que nous avons nommée sensation de mouvement. Ici la scene est changée; car, puisque je sens quelque chose quand mon mouvement s'opere, je suis averti quand il s'arrête : c'est déja beaucoup; mais ce n'est pas encore tout pour l'objet qui nous occupe. En effet mon bras s'agite, je ne sais pas encore que c'est mon bras ni même que j'ai un bras; mais j'éprouve quelque chose qui est la sensation du mouvement : mon bras rencontre un corps qui l'arrête, je ne sais point qu'il y a des corps; ma sensation de mouvement cesse, je n'éprouve plus cette maniere d'être; j'en suis averti, il est vrai, mais je ne sais encore rien du tout de la cause de cet effet : ainsi me voilà, avec la faculté de me mouvoir, avec la sensation, la conscience que je me meus, tout aussi ignorant qu'avec les sensations tactiles passives; et toutes les autres que nous avons déclarées insuffisantes pour nous apprendre l'existence des corps; du moins il n'est pas prouvé que je sois nécessairement conduit par ce changement de sensation à reconnaître que ce qui cause la cessation de ma sensation de mouvement est un être étranger à mon *moi*. J'ai pensé jadis que cela était ainsi ; mais je crois que je m'étais trop avancé.

Il faut donc, pour rendre cette découverte inévitable, appeler encore à notre aide une autre de nos facultés, et c'est la faculté de vouloir ; avec celle-là il ne nous manquera plus rien : car quand je me meus et que je le sens, et que j'éprouve en même temps le desir de me mouvoir encore, si mon mouvement s'arrête, si ma sensation de mouvement cesse, mon desir subsistant toujours, je ne puis méconnaître que ce n'est pas là un effet de ma seule vertu sentante ; j'apprends nécessairement une autre existence que la mienne, celle qui s'oppose à l'accomplissement de mon desir ; ce desir est en moi, est *moi* : ce qui lui résiste, ce qui lui est contraire est hors de moi, en est distinct. Ainsi voilà manifestement un être qui sent, qui est moi, et un être qui est senti, qui n'est pas moi. Voilà deux existences différentes, bien séparées, bien avérées, et dont la seconde n'eut jamais été bien connue, si l'une des conditions intégrantes de la premiere n'eût pas été d'être susceptible de mouvements, et de mouvements sentis et operés en conséquence de desirs sentis aussi.

Il n'est pas nécessaire, pour la justesse de ce raisonnement et la vérité de sa conclusion, que nous puissions expliquer ce que c'est que *desirer*, et comment il se fait que nous soyons capables de desirer; il suffit que cela soit. *Desirer* est un résultat de notre organisation : notre organisation est encore un mystere impénétrable, nous l'avons déja déclaré, et ses premiers résultats sont tous inexplicables ; mais ils n'en sont pas moins certains, et nous devons nous en servir comme de faits constants; or, sans savoir le pourquoi et le comment, nous savons tous assez par expérience ce que c'est que desirer, pour être certains que quand nous desirons un effet, si cet effet n'a pas lieu, à coup sûr l'opposition ne vient pas de notre faculté sentante qui desire, car cela impliquerait contradiction. L'opposition vient donc d'ailleurs : il y a donc quelque chose qui s'oppose, et ce quelque chose est un être réel; car s'opposer, être opposant, c'est exister ; cela est indubitable.

Je ne prétends pas dire au reste qu'au commencement de notre existence, dès la premiere fois que nous éprouvons le desir de nous mouvoir, et que nous sentons que notre mouvement a lieu à un certain point et est arrêté à un autre, nous soyons pleinement instruits de ce qui se passe, ni que nous connaissions tout de suite et le corps qui nous appartient, puisqu'il obéit à nos volontés, et celui qui nous est étranger, puisqu'il s'y oppose ; mais je dis que c'est là la source de toutes nos découvertes. Nous détaillerons les expériences successives par lesquelles nous arrivons à nous faire des idées nettes et completes de tout cela, et à acquérir une multitude de connaissances diverses et certaines ; mais, afin de ne laisser en arriere aucune difficulté embarrassante, il est nécessaire de faire encore quelques réflexions sur ce qui précede.

Je viens de passer en revue les différents produits de notre faculté de sentir ; je me suis livré sur chacun d'eux à une discussion qui a pu paraître longue ; cependant je crains d'avoir affaibli mes preuves faute de les développer. J'avais un double objet ; je voulais faire voir, d'une part, que c'est à tort que l'on attribue à toutes nos sensations proprement dites, ou à quelques unes d'entre elles la propriété de nous faire connaître les êtres qui les causént ; de l'autre, que cependant nous avons un moyen certain de connaître ces êtres, et que leur existence n'est point une illusion. Il s'agissait de prouver aux hommes trop confiants que tant qu'on ne fait que sentir des sensations, on n'est assuré que de sa propre existence ; et aux hommes trop sceptiques, que, quand on sent des desirs et une résistance à ces desirs, on est certain non seulement de son existence, mais encore de l'existence de quelque chose qui n'est pas *soi*.

Le premier point sans doute n'est pas sans intérêt ; car de nous faire une idée fausse de la nature de nos sensations, nous ferait rencontrer beaucoup d'obstacles à bien connaître les propriétés des corps. Cependant, quand je serais dans l'erreur à cet égard, et quand nous aurions bien plus de moyens que je ne crois d'être assurés de l'existence des êtres qui ne sont pas nous, l'existence de ces êtres n'en serait que plus certaine, et le fondement de nos connaissances ne serait pas ébranlé.

Le second point, au contraire, est de toute autre importance : car s'il n'était pas vrai que quand je sens un desir, et que j'éprouve une résistance à ce desir, je suis certain d'une autre existence que de celle de ma faculté de sentir, plus j'aurais prouvé que nos sensations ne nous apprennent rien, plus j'aurais démontré que nous ne sommes sûrs de rien que de sentir : mais je n'ai pas cette inquiétude ; et je crois que personne ne sera tenté de nier que ce qui résiste à ma volonté est autre chose que moi. Toutefois l'on voit que, pour que cette résistance me soit connue, il ne suffit pas que je sente un desir ; il faut que tantôt ce desir soit suivi d'un effet, et que tantôt cet effet éprouve une opposition. Voilà pourquoi, pour avoir connaissance d'autre chose que de ma vertu sentante, que de mon moi, il fallait que j'eusse la faculté de faire des mouvements ; et pourquoi la premiere maniere dont les êtres m'apparaissent, c'est par la propriété qu'ils ont de résister aux mouvements que je fais. Cette propriété fondamentale des corps, que nous nommons force *d'inertie*, est donc nécessairement la premiere par laquelle nous les appercevons; elle est la base de toutes celles que nous leur connaissons, et que nous joignons ensuite à celle-là pour former l'idée complete de chacun de ces êtres. Sans elle nous n'aurions pas connu les corps étrangers à nous ni même le nôtre; nous ne nous serions pas seulement apperçu de nos mouvements; car c'est la résistance de la matiere de nos membres au mouvement qui nous occasionne cette sensation de mouvement : ainsi, si la matiere avait pu être non résistante; nous n'aurions jamais rien connu que nous, et nous n'aurions connu de nous que notre vertu sentante.

Autrefois j'ai été plus loin; j'ai soutenu que si nous ne connaissions d'existence que celle de notre vertu sentante, si nous ne connaissions pas les corps, nous ne ferions éternellement que sentir des impressions, et nous ne parviendrions jamais à sentir des rapports et des desirs : ainsi notre jugement et notre volonté n'auraient jamais commencé à agir. Je crois que j'avais tort : cependant cela mérite examen; non pas assurément que je pense que mes opinions aient assez d'autorité pour qu'une erreur de ma part vaille la peine d'une discussion solennelle; mais enfin ce qui m'a égaré pourrait en égarer d'autres. D'ailleurs, dans des matieres délicates et encore peu connues, il est très utile d'envisager son sujet sous toutes les faces; et de plus, dans le cas present, ceux qui adopteraient mon ancienne opinion, me diraient, On ne peut vouloir que quand on connaît les corps; vous dites qu'on ne peut connaître les corps qu'en vertu de mouvements volontaires; il s'en suit que nous ne pouvons pas les connaître, et que tout ce que vous avez dit là-dessus porte à faux. Aussi, quand j'ai dit que notre volonté ne pouvait naître tant que nous ne connaissions pas les corps, je soutenais en même temps que des mouvements involontaires suffisaient pour nous apprendre l'existence de ces corps; mais aujourd'hui que je conviens que cela n'est pas prouvé, je dois faire voir que nous avons des volontés avant d'avoir cette connaissance; ensuite je reviendrai à l'examen des propriétés des corps. Au reste, dans les deux hypotheses, la force d'inertie de la matiere, la résistance qu'elle produit est toujours la base de tout ce que nous connaissons; et la connaissance qu'elle nous donne est celle d'une existence réelle.

CHAPITRE VIII.

Comment nos Facultés intellectuelles com-mencent-elles à agir?

Après nous être fait une idée générale de la faculté de penser ou de sentir, et des facultés qui la composent, après avoir reconnu par quel emploi de ces facultés nous formons nos idées composées, et comment nous apprenons avec certitude qu'il existe autre chose que notre *moi*, il est temps d'examiner comment ces facultés commencent à agir. Je vais d'abord exposer comment je raisonnais quand je pensais que nous ne pouvions commencer à sentir des desirs qu'après avoir porté le jugement que nos sensations nous viennent des corps.

Je disais, il n'est pas douteux qu'on ne peut avoir des souvenirs et porter des jugements avant d'avoir reçu des impressions : ainsi la sensibilité proprement dite est nécessairement la premiere de nos facultés intellectuelles qui commence à agir. D'un autre côté, il n'est pas moins vrai qu'une sensation pure et

simple ne nous apprend rien que notre propre existence. Quand on ne fait uniquement que sentir,
sans mélange d'aucune connaissance, on reçoit une
impression quelconque, on éprouve une certaine
maniere d'être : la vertu sentante, l'existence personnelle est modifiée d'une telle façon ; et voilà tout.
Enfin il est encore vrai que pour porter un jugement
il faut avoir à la fois à comparer deux idées, et deux
idées différentes l'une de l'autre : ainsi une premiere
sensation ne peut donner lieu à aucun jugement.

Maintenant qu'à cette premiere sensation vienne
s'en joindre une autre, quelque différente de la premiere qu'on la suppose pour nous qui connaissons
leurs circonstances, leurs propriétés, les corps qui
les occasionnent, les organes qui les transmettent ;
quand on ignore tout cela, il est bien vraisemblable
qu'on n'est pas en état de séparer l'une de l'autre
ces deux sensations qu'on éprouve en même temps :
faute de moyens de les distinguer, elles doivent paraître à elles deux ne faire encore qu'une sensation.
Malgré tout ce que nous savons d'avance, quelque
chose d'analogue à cela nous arrive tous les jours
lorsque les données nous manquent pour juger :
ainsi, par exemple, quand j'éprouve le goût d'un
sel, je ne distingue pas ceux de l'acide et de l'alkali
qui le composent ; quand le noir et le blanc se
mêlent, j'ai la sensation de gris, et je ne distingue
pas les couleurs composantes ; quand je sens un pot-

pourri bien fait, je sens l'odeur du pot pourri, et
ne discerne pas celle de chaque fleur; quand j'entends un son, souvent je ne discerne pas chacun des
sons harmoniques qui le composent; quand je suis
poussé par une force, j'ignore si c'est une force
unique ou la résultante de plusieurs autres; quand
enfin je sens une douleur interne, il m'est impossible
de dire si elle est seule ou formée de plusieurs,
c'est-à-dire de la lésion de plusieurs points sentants; et
si elle change de nature, je ne saurais affirmer si ce
n'est pas plusieurs de ces douleurs composantes qui
disparaissent, ou d'autres qui s'y joignent.

Fondé sur ces motifs, on peut et on doit donc
croire qu'une seconde sensation venant se joindre à
la premiere, ne donnera pas plus de prise qu'elle à
l'action du jugement, et que toutes celles qui sur-
viendront se confondant de même ensemble, jamais,
par l'effet des sensations simultanées, le jugement
ne peut commencer à agir tant que ces sensations
sont de simples impressions dénuées de toute connaissance de leurs causes.

A la vérité ces sensations peuvent bien nous donner des souvenirs; mais il est manifeste que ces souvenirs sont aussi de simples impressions, et que, s'ils
viennent plusieurs ensemble, ils feront le même effet
que les sensations dont ils sont les images, ils se
confondront de même : ainsi point d'action encore
de la part du jugement.

A cette heure supposons qu'à une sensation simple, actuellement présente, vienne se joindre un souvenir d'une sensation passée, se confondra-t-il avec elle ou non ? Si l'on songe qu'il n'y a rien dans la nature de la mémoire qui nous avertisse qu'un souvenir est un souvenir, que nous-mêmes qui le savons bien, il nous arrive pourtant d'avoir des souvenirs sans savoir que ce sont des souvenirs, on n'hésitera pas à prononcer qu'un souvenir fera le même effet qu'une sensation actuelle, qu'il se confondra de même avec la première sensation, et qu'il n'y a encore rien à attendre de cette combinaison pour la naissance de l'action du jugement.

On doit donc conclure que tant qu'on ne connaît pas les circonstances, les causes, les moyens de ses sensations, tant qu'on ignore l'existence des corps et celles de ses propres organes, l'action du jugement ne saurait commencer.

Or on ne peut desirer qu'en conséquence d'un jugement; on ne peut donc former un desir que quand on a porté au moins un jugement : ainsi tant qu'on n'a pas eu la sensation de mouvement, on ne juge ni ne desire, on sent son existence, et voilà tout.

Mais qu'un hasard, quel qu'il soit, me fasse faire un mouvement, je le sens; qu'une douleur quelconque me fasse remuer le bras, j'ai le sentiment que je me meus, j'éprouve la sensation de mouvement ; mon bras rencontre un corps, il est arrêté : je ne sais encore ni ce que c'est que ce corps, ni ce que c'est que mon bras ; mais ma maniere d'être change : au lieu de la sensation de mouvement, j'éprouve celle de résistance : je ne puis les éprouver ensemble ; et elles sont trop opposées pour que, quand j'éprouve l'une et que je me rappelle l'autre, je puisse confondre cette sensation et ce souvenir. Je les distingue donc ; je sens entre eux un rapport de différence, je porte un jugement ; en conséquence de ce jugement j'en porte d'autres, je forme des desirs, etc. Ainsi c'est à cette époque que commence le développement de toutes nos facultés, et c'est à la seule sensation de mouvement que je le dois.

On ne saurait nier que ce raisonnement ne soit très conséquent ; mais il part d'un principe qu'on ne peut établir par aucunes preuves directes, et qui n'est qu'un emploi abusif de deux idées généralisées. On dit : *Une sensation pure et simple ne nous apprend rien que notre propre existence* (1). Sans doute

___

(1) Si je voulais stipuler les intérêts de mon amour-propre, je pourrais dire que ce principe hasardé n'est pas de moi ; qu'il se trouve dans le Traité des Sensations de Condillac, et que je n'ai fait que le pousser à l'extrême. Mais qu'importe à la science que le germe d'une erreur soit de moi ou d'un homme plus habile que moi ; ce qui est utile, c'est de voir ce qui a pu égarer cet homme habile. D'ailleurs, si je voulais rejeter sur lui une

cela est vrai de l'action de sentir en général, et de l'existence en général ; c'est-à-dire que quand on ne fait rien que sentir, on ne sent que sa propre existen e : c'est certain. Mais une sensation réelle n'est pas l'action de sentir en général ; elle est un fait particulier ; elle ne nous fait pas sentir notre existence en général, mais une maniere d'être déterminée ; elle est opérée par un certain mouvement de nos organes sentants, de nos nerfs. Or qui est-ce qui pourrait assurer que dans le mouvement de nos nerfs qui produit en nous l'effet appelé une telle sensation, il n'y a pas des cisconstances qui font que nous ne pouvons confondre ce mouvement avec un autre mouvement analogue, et qui produisent en nous la sensation d'un rapport de différence entre eux, c'est-à-dire ce que nous appelons un jugement? Assurément personne n'oserait prononcer que cela n'est pas. Au contraire, chacun sait que beaucoup de sensations ont par elles-mêmes la propriété de nous être agréables ou désagréables. Or qu'est-ce que trouver une sensation agréable ou désagréable si ce n'est pas en porter un jugement, sentir un rapport entre elle et notre faculté sentante? et sentir ce rapport entre une sensation et nous, n'est-ce pas

faute dans laquelle son autorité a pu m'entraîner, je devrais commencer par lui restituer tout ce que je lui dois, c'est-à-dire presque tout ce que je sais, et même ce qu'il ne m'a pas appris directement, puisqu'il m'a mis sur le chemin de le trouver.

sentir en même temps le desir d'éprouver cette sensation ou celui de l'éviter? Toutes ces opérations
peuvent donc se trouver et se trouvent réellement
réunies dans un seul fait, dans la perception d'une
seule sensation quelconque : j'ai donc eu tort de le
nier, et d'avancer que nos facultés de juger et de
vouloir ne peuvent commencer à agir que quand
nous avons éprouvé la sensation de mouvement et
celle de résistance. D'ailleurs, si on me l'accordait,
je me trouverais avoir prouvé une chose absurde,
c'est que jamais nous ne pouvons commencer à juger
ni à vouloir. Car aucun fait direct ne prouve que ces
deux sensations de mouvement et de résistance
doivent faire une exception à la loi générale. Il n'y
a même pas de sentiment de résistance proprement
dit, quand il n'y a pas auparavant sentiment de volonté. Dans cet état, il ne peut exister que la sensation du mouvement et celle de sa cessation; or ces
deux sensations, bien que très opposées, ne le sont
guere plus que celles de blanc et de noir, de chaud
et de froid; et on ne paraît pas suffisamment fondé
à affirmer des unes ce que l'on nie des autres.

Au contraire, un fait constant démontre que le
sentiment de vouloir, que la sensation d'un desir,
peut précéder en nous la sensation de mouvement;
car chacun de nous sait qu'un résultat constant de
notre organisation, et probablement de celle de tous
les êtres sentants; c'est qu'une douleur quelconque,

sur-tout si elle est vive, nous fait éprouver le besoin de nous remuer, de nous agiter, très indépendamment de toute connaissance de l'effet qui en arrivera, et même, malgré la certitude que l'effet sera nuisible. Or qu'est-ce que ce besoin si ce n'est un desir? il est irréfléchi sans doute, mais il n'en est pas moins un desir, et un desir très vif. Il n'y a donc pas à craindre que nous ne puissions pas desirer de nous mouvoir avant de savoir ce que c'est que le mouvement; et il est très possible que le premier de tous les mouvements faits par chacun de nous ait été accompagné de volonté.

Mille faits viennent à l'appui de ceux-là. Cette maniere d'envisager les objets nous met sur la voie de comprendre comment certaines circonstances de notre organisation, provenant de la différence des tempéraments, des âges, des maladies, ont tant d'influence sur nos jugements et nos penchants, et de concevoir ce que c'est que les déterminations instinctives (1), qui autrement sembleraient renverser toutes les idées que nous nous faisons de la maniere d'agir de notre faculté de penser. Mais nous en parlerons ailleurs.

A cette heure concluons que ma nouvelle théorie est fondée sur des faits positifs, et que la première ne portait que sur un rapport apperçu entre deux

____

(1) Ce sont des sensations qui renferment jugement et desir.

idées généralisées, dont je m'étais servi sans m'en douter, comme si elles étaient deux êtres réels. Cela doit vous montrer, jeunes gens, combien il est aisé et dangereux d'abuser de pareilles idées, quoiqu'il soit utile et nécessaire de s'en servir. Nous avons bien fait, sans doute, pour étudier notre faculté de sentir, de distinguer les différentes fonctions que nous avons pu reconnaître en elle, de considérer séparément la sensation, le souvenir, le jugement, le desir, en général; mais il ne faut jamais oublier que ce que nous avons ainsi séparé par la pensée se trouve souvent confondu et réuni dans le même fait, et que c'est toujours des faits réels dont il faut partir. Au reste tout ce que nous venons de dire ne détruit rien de ce que nous avions établi précédemment au sujet de la sensibilité, de la mémoire, du jugement, et de la volonté : cela nous montre seulement leurs effets sous leur vrai jour.

Il reste donc constant que nous ne voyons pas que les sensations sans action nous prouvent certainement une autre existence que la nôtre;

Que le mouvement sans volonté ne paraît pas suffisant non plus pour nous donner cette certitude;

Que la volonté peut précéder le mouvement;

Que le mouvement volontaire nous donne seul un vrai sentiment de résistance;

9.

Que le sentiment de quelque chose qui résiste à une action que nous voulons, nous prouve invinciblement la réalité d'une autre existence que celle de notre vertu sentante;

Que nous savons donc avec certitude qu'il y a des corps, et que la premiere propriété que nous leur connaissons est la force d'*inertie*.

Voyons actuellement comment celle-là nous fait découvrir toutes les autres, et nous fait composer certaines idées dont on ne s'est jamais bien rendu compte, faute de connaître la maniere dont nous les formons : ce sera la meilleure preuve que nous avons réellement trouvé la base de toute existence réelle, et l'origine de toute connaissance certaine.

Je dois convenir auparavant que j'aurais pu arriver plus promptement aux résultats que nous venons de trouver. Mais il s'agissait d'opinions fort contestées; j'avais à me réfuter moi-même sur deux points; j'ai cru devoir donner un peu d'étendue à leur examen, et je suis persuadé d'ailleurs que cette discussion n'est pas sans utilité à d'autres égards : au reste on peut la passer si l'on veut; mais alors il ne faut pas lire l'un sans l'autre les chapitres VII et VIII. Il faut s'en tenir à ce résultat, que quand un être organisé de maniere à vouloir et à agir sent une volonté et une résistance, il est assuré de son existence, et de l'existence de quelque chose qui n'est pas lui.

CHAPITRE IX.

Des propriétés des Corps, de leur relation,
et de leur mesure.

Il demeure donc convenu que tant que nous ne faisons que sentir, nous ressouvenir, juger, et vouloir, sans qu'aucune action s'en suive, nous n'avons connaissance que de notre existence, et nous ne nous connaissons nous-mêmes que comme un être sentant, comme une simple vertu sentante, sans étendue, sans forme, sans parties, sans aucune des qualités qui constituent les corps.

Il demeure encore constant que dès que notre volonté est réduite en acte, dès qu'elle nous fait mouvoir, la force d'inertie de la matiere de nos membres nous en avertit, nous donne la sensation de mouvement, ce qui peut-être ne nous apprend encore rien de nouveau ; mais lorsque ce mouvement, que nous sentons, que nous voudrions continuer, est arrêté, nous découvrons certainement qu'il existe autre chose que notre vertu sentante.

Ce quelque chose c'est notre corps, ce sont les corps environnants, c'est l'univers et tout ce qui le compose.

Sans doute nous ne savons pas d'abord ce que c'est : nous ne distinguons dans le principe ni les corps étrangers à nous, ni notre propre corps ; mais enfin nous sommes assurés que nous existons, et que quelque chose existe qui n'est pas nous. Cette certitude est comprise dans le sentiment même de résistance.

La propriété de résister à notre volonté est donc la base de tout ce que nous apprenons à connaître ; et nous ne la découvrons que par les effets qui suivent notre volonté, par nos mouvements. Cette propriété est la force d'inertie des corps, qui n'a lieu et ne se découvre que par leur mobilité.

Si la matiere avait pu exister parfaitement immobile, nous n'aurions rien senti ; et quand nous aurions senti, nous n'aurions pas agi, nous n'aurions connu que notre sentiment. Si la matiere avait pu être parfaitement mobile, absolument non résistante (1), nous n'aurions rien senti encore, puisque

____

(1) On peut regarder comme presque absolument non résistante la matiere de la lumiere, celle des queues des cometes, et celle de la lumiere zodiacale, puisqu'elles ne font aucun obstacle sensible au mouvement des corps célestes qui les traversent. Voyez l'*Exposition du Systéme du Monde*, du citoyen Laplace, page 286 de l'édition in-4°.

toutes nos sensations sont le produit de la résistance de nos organes à l'action des corps, et de la résistance de ces corps à leur action les uns sur les autres; et quand nous aurions pu sentir et agir, nous aurions agi sans en être avertis ; nous n'aurions jamais découvert l'existence des corps ni celle de nos organes.

Mais dès que nous pouvons agir et nous en appercevoir, le vouloir et éprouver résistance, l'univers va naître pour nous. Semblable à ce point animé qu'on observe dans l'œuf les premiers jours de l'incubation, et qui, imperceptible d'abord, se développe, s'accroît, et devient un animal parfait, nous allons voir notre sentiment s'étendre, se répandre dans tous nos membres, s'appercevoir de leurs formes, de leurs limites, de leurs fonctions, découvrir tout ce qui l'entoure, le juger, le connaître, le convertir à son usage, et le soumettre à sa volonté.

La *mobilité* et l'*inertie* sont donc à notre égard les deux premieres qualités des corps, celles sans lesquelles notre organisation ne saurait subsister, sans lesquelles nous ne pouvons rien sentir, nous ne pouvons rien connaître, sans lesquelles nous ne pouvons pas même concevoir ce que serait l'existence de l'univers.

Observez cependant que ces deux propriétés des corps en nécessitent une troisieme, c'est celle en vertu de laquelle ces corps en mouvement ont la

puissance d'agir sur les autres corps, de les déplacer; c'est, pour me servir des expressions de d'Alembert (1): *Cette force qu'ont tous les corps en mouvement de mettre aussi en mouvement les autres corps
qu'ils rencontrent.* D'Alembert reconnaît bien cette
force pour être une propriété des corps; mais il ne
lui donne point de nom : je l'appellerai *la force d'impulsion;* et, contre l'avis de d'Alembert, je la recon-
naîtrai pour une propriété du premier ordre, c'est-
à-dire générale et invariable, et toujours existante,
quoiqu'elle ne s'exerce pas toujours, parceque,
comme l'inertie, elle se retrouve toujours la même
dans tous les corps dans les mêmes circonstances.
Je dirai donc que l'*impulsion* (prise ainsi comme
puissance et non pas comme effet) est dans les corps
cette propriété par laquelle, lorsqu'ils sont en mouvement, ils communiquent de leur mouvement aux
autres corps qu'ils rencontrent; de même que l'*inertie* est cette propriété qui fait qu'un corps ne reçoit
jamais de mouvement d'un autre corps qu'en le
dépouillant d'une quantité de mouvement égale à
celle qu'il en reçoit: ce sont deux qualités correspondantes dont l'une ne peut exister sans l'autre;
et ni l'une ni l'autre n'aurait lieu sans le mouvement.

La mobilité, l'inertie, et l'impulsion, sont donc

____

(1) Art. Corps, ancienne Encyclopédie.

trois propriétés inséparables. Nous verrons bientôt comment nous apprenons à calculer leurs effets ; nous ne faisons d'abord que les sentir.

L'idée de mouvement n'est pas d'abord pour nous cette idée composée dont nous nous rendons compte, en disant que le mouvement est l'état d'un corps qui passe d'un lieu dans un autre : un lieu est une portion de l'espace ; l'idée de lieu dérive de celle d'étendue que nous n'avons pas encore. Le mouvement n'est donc d'abord pour nous qu'une sensation simple, une maniere d'être. Je me meus, je le sens, et voilà tout. Voyons ce qui en arrive.

Je m'agite en divers sens, je n'éprouve aucune opposition ; tout ce que je rencontre, fût-ce un fluide éthéré, de la lumiere, de l'air même, n'est rien pour moi, puisqu'il ne me donne pas le sentiment de résistance à ma volonté ; c'est le néant absolu ; je ne sais pas même que c'est là ce qu'à tort ou à raison j'appellerai le vuide quand je connaîtrai le plein ; je ne sais pas que je traverse ce vuide, puisque j'ignore qu'il est étendu, et qu'il y a au monde quelque chose qui soit étendu.

Bientôt le mouvement que je voudrais continuer, qui n'est qu'une maniere d'être que je voudrais prolonger, cesse malgré moi ; ce qui l'arrête n'est pas moi, mais c'est quelque chose, c'est un être, et cet être est un corps. J'ignore sans doute que ce corps est étendu, qu'il a des parties, une forme, une figure ; il ne me semble qu'un point , qu'une vertu résistante , comme je ne me parais à moi-même qu'une vertu sentante : je sais seulement de lui qu'il existe.

Je ne prétends pas même que ce soit dès la premiere expérience que je parvienne à ce faible résultat ; mais que ce soit après une ou après mille, peu importe : il suffit que j'aie trouvé la route.

Parmi ces nombreuses expériences il y en aura sûrement une où, pressant cet être et glissant sur sa surface, je sentirai que je me meus sans cesser de sentir cet être. Dès lors cet être cesse de n'être qu'un point ; je lui reconnais des parties les unes à côté des autres, je juge qu'il est *étendu* ; car la propriété d'être étendu est bien en elle-même la propriété d'avoir des parties distinctes , des parties situées les unes hors des autres ; mais c'est par notre mouvement que nous la connaissons ; elle est, par rapport à nous, la propriété d'être touché continuement pendant que nous faisons une certaine quantité de mouvement. Voilà donc l'*étendue* connue ; c'est une nouvelle propriété des corps, dépendante de leur résistance au mouvement, de leur existence par rapport à nous. Elle en est une conséquence si immédiate , que, quand une fois nous la connaissons , nous ne pouvons plus concevoir rien qui en soit totalement privé. Nous pouvons bien supposer qu'un corps est excessivement petit, admettre que son étendue est réduite autant que possible, même jusqu'au point d'être imperceptible à nos sens; mais nous ne pouvons l'imaginer absolument nulle sans anéantir le corps lui-même : jamais aucun être humain ne comprendra réellement comment existerait un être qui n'existerait nulle part et n'aurait point de parties; c'est s'abuser soi-même que se le persuader : j'en appelle à la conscience intime de tous ceux qui scruteront de bonne foi leur propre intelligence.

Aussi quand j'ai dit que tant que nous ne faisions que sentir sans agir, nous ne nous paraissions à nous-mêmes qu'un point, qu'une vertu sentante, et que, quand nous sentions résistance à notre volonté, l'être qui s'y opposait ne nous semblait d'abord qu'un point, qu'une vertu résistante; je me suis servi de deux mots abstraits, que nous sommes habitués à employer comme des êtres réels, afin de rendre ma pensée presque sensible. J'ai voulu rendre manifeste que nous sentions uniquement que nous avions une volonté, et que quelque chose lui résistait, et que nous ne savions rien de plus; mais je n'ai pas prétendu établir que nous crussions être un point mathématique, ni que nous nous fissions une idée d'une vertu quelconque existante sans appartenir à aucun être : cela est impossible. C'est pourquoi, en même temps que nous découvrons la propriété d'être étendu dans ce qui résiste à notre

volonté, nous la découvrons dans notre moi qui
sent; il s'étend et se répand pour ainsi dire dans
toutes les parties par lesquelles il sent et qui se
meuvent à son gré. Nous apprenons l'étendue de
notre corps comme celle des autres corps, et nous
la circonscrivons par les mêmes moyens. Il est même
vraisemblable que c'est la premiere dont nous nous
appercevons; car le corps qui nous appartient ne
differe des autres à notre égard qu'en ce que c'est
par lui que nous sentons: du reste il fait comme
eux résistance à nos mouvéments; et il paraît bien
que quand un de nos membres s'appuie et frotte
contre un autre, la double sensation que nous recevons dans la partie qui se meut et dans celle qui résiste doit nous donner plus d'avantage pour reconnaître ce qui arrive dans cette occasion, que quand
il s'agit d'un corps étranger qui ne nous rend rien.
Cette conjecture tirerait une nouvelle force de l'examen physiologique de la maniere dont s'operent nos
sensations, et de la correspondance qui existe entre
les divers organes de la sensibilité: mais ce n'est pas
ce dont il est question actuellement; nous y reviendrons quand il en sera temps. Pour le moment il
suffit d'avoir expliqué ce que c'est que l'étendue de
notre corps et des autres, et montré que nous ne la
connaissons que par l'effet combiné de la mobilité et
de l'inertie des corps.

L'étendue dans ce sens est une propriété des

corps. Mais nous donnons souvent une autre signification au mot *étendue*. Lorsque nous en faisons le
synonyme du mot *espace*, il exprime une autre idée.
Il semble alors que ces deux termes, *étendue*, *espace*,
représentent un être réellement existant ; ce n'est
cependant véritablement qu'une idée abstraite dont
nous sommes dupes. Voyons comment nous la composons, c'est le seul moyen de la connaître, et de
faire qu'elle ne nous égare plus ; car toute illusion
disparaît quand on se comprend.

Je fais une certaine quantité de mouvement pour
arriver d'un point d'un corps à d'autres points du
même corps, je dis que ce corps est étendu. Que
l'on ôte ce corps, il me faudra toujours la même
quantité de mouvement pour aller du lieu où était
un de ces points matériels à ceux où étaient les autres ; je dirai qu'il y a la même étendue, le même
espace entre eux : seulement, comme je puis me
mouvoir en tout sens dans cet espace, ce que je ne
pouvais faire avant, j'ajouterai que cet espace est
vuide, au lieu d'être plein, comme je dis d'un coffre
qu'il est plein ou vuide, suivant qu'il y a dedans
quelque chose ou rien. Mais un coffre consiste dans
les parois qui le composent, indépendamment de ce
qu'il renferme, et l'espace n'a point de parois ; or
qu'on me dise ce que c'est qu'un coffre vuide qui n'a
point de parois, si ce n'est le néant absolu : aussi
avons-nous vu que tant que nous nous mouvons sans

résistance, ce que nous rencontrons n'est absolument rien. L'espace est donc la propriété d'être
étendu, considérée séparément de tout corps à qui
elle puisse appartenir ; c'est une idée abstraite ; c'est
le néant personnifié par la faculté que nous avons
de nous mouvoir quand aucune chose ne nous en
empêche, quand le *rien* nous le permet : nouvelle
preuve que c'est en nous mouvant que nous découvrons s'il existe quelque chose ou rien autour de
notre faculté de vouloir.

En voilà assez sur l'étendue : passons à ses conséquences. Plusieurs propriétés générales et communes
à tous les corps ne sont que des dépendances nécessaires et immédiates de celle d'être étendu : il suffira
de les indiquer. Telles sont celles d'être divisible,
d'avoir une certaine forme, d'être impénétrable.

Dès qu'un être est étendu, il est nécessairement
divisible ; car, puisqu'être étendu c'est avoir des
parties telles qu'il faille faire un mouvement pour
aller de l'une à l'autre, on peut toujours s'arrêter au
milieu de ce mouvement, et par là se trouver entre
une de ces parties et l'autre, et par conséquent la
séparer, la diviser. La divisibilité, la possibilité
d'être divisé, résulte donc inévitablement de la propriété d'être étendu.

Il n'en résulte pas moins la nécessité d'avoir une
certaine forme, ce qu'on appelle être figuré. Aucun corps ne peut être étendu à l'infini ; car il

n'en existerait pas d'autres. D'ailleurs nous ne pouvons nous faire une idée réelle de l'infini dans aucun genre : c'est encore là une idée abstraite qui ne peut avoir aucune existence positive, c'est celle d'un bâton qui n'aurait qu'un bout, ou même qui n'aurait pas de bouts. Tout corps a donc des limites. Nous appelons surface de ce corps l'assemblage des points qui le terminent, c'est-à-dire passé lesquels il ne nous empêche plus de nous mouvoir. La disposition de cette surface constitue ce qu'on appelle la forme ou la figure de ce corps. On emploie ces deux mots indifféremment, et on a tort ; on devroit appeler exclusivement forme d'un corps la maniere d'être étendu que nous lui reconnoissons par le tact en nous mouvant autour de lui, et réserver le mot figure pour l'impression que cette forme fait sur notre œil. La même forme présente plusieurs figures, suivant qu'elle est vue d'un côté ou d'un autre ; mais elle fait toujours la même impression sur le tact : ce qui prouve encore que c'est là sa vraie maniere d'être, et que c'est la résistance à notre mouvement qui nous fait connaître la maniere d'être réelle des corps.

Puisqu'un corps est étendu ou n'est rien, il faut absolument qu'il soit impénétrable ; c'est-à-dire qu'un autre corps ne puisse pas occuper la portion d'espace qu'il remplit, à moins qu'il ne la lui cede ; car s'ils occupaient tous les deux en même temps le même lieu , ils ne seraient plus que comme un; l'un des deux serait anéanti , il n'y aurait pas co-existence.

Aussi lorsque nous voyons deux corps s'unir de manière qu'ils occupent moins d'espace que lorsqu'ils étaient séparés , nous en concluons que l'un des deux , ou tous deux sont poreux, c'est-à-dire qu'ils renferment entre leurs parties solides ou réelles des espaces vuides dans lesquels se sont logées les parties solides ou réelles de l'autre corps : c'est aussi ce que nous prouve directement l'augmentation de poids à volume égal, qui résulte toujours de pareille union. Mille expériences prouvent que tous les corps connus sont poreux : ainsi la porosité est encore une propriété générale des corps ; elle est une conséquence de l'étendue, mais elle n'en est pas une conséquence nécessaire ; car on peut très bien concevoir un corps dont les parties ne laisseraient aucun intervalle entre elles. Si cela n'arrive jamais, il faut sans doute qu'il y ait quelque raison ; mais elle nous est inconnue.

Les corps sont donc poreux ; mais ils pourraient ne pas l'être, au moins suivant nos moyens de les connaître ; au contraire il faut absolument qu'ils soient étendus pour que nous les connaissions, puisque nous ne les connaissons que par le mouvement. Dès qu'ils sont étendus, il est nécessaire qu'ils soient impénétrables ; et c'est cette impénétrabilité qui fait que l'un résiste au mouvement de l'autre, ce qui constitue l'inertie, et que l'autre communique de son mouvement à celui-là, ce qui constitue l'impulsion. Tel est l'enchaînement des propriétés principales que nous découvrons dans les corps, à partir du premier moment où nous sommes conduits nécessairement à juger qu'ils existent. Je vais maintenant expliquer comment nous apprécions et mesurons les uns par les autres les effets sensibles de ces propriétés ; et cette explication me fournira de nouvelles preuves que c'est bien ainsi que nous apprenons à les connaître, et que j'ai bien démêlé ce qu'elles sont pour nous.

Auparavant observons que ce que j'ai dit de l'inertie de la matiere ne signifie pas du tout qu'elle soit essentiellement passive, et qu'elle ait besoin pour être mue d'un principe d'action étranger à elle, ni même qu'elle ait plus de tendance au repos qu'au mouvement. Je trouve au contraire que les faits conduisent à une conclusion opposée ; car, quand même on ne regarderait pas la production des êtres animés comme une démonstration suffisante que l'activité est propre à la matiere, et inhérente à sa nature, et qu'elle ne fait que se manifester par l'organisation, on ne peut au moins nier que l'attraction ne soit une tendance au mouvement existante à tous les instants dans toutes les particules de la matiere. J'entends ici par le terme général d'attraction , non seulement la force de gravitation en vertu de laquelle tous les corps célestes pesent les uns sur les autres , et tous les corps terrestres pesent vers le centre du globe , mais encore toutes ces attractions particulieres qui produisent les combinaisons chymiques , l'adhésion , la cohésion , etc. Or toutes ces forces toujours agissantes , et les phénomenes qu'elles produisent, me montrent qu'il n'y a nullè part de repos absolu dans la nature , et qu'il n'y a même jamais de repos relatif que par l'effet de forces contraires qui se balancent. D'où je conclus que ce n'est pas le repos , mais le mouvement qui est l'état naturel de la matiere ; et si je n'avais craint de trop choquer les idées reçues , j'aurais mis l'activité à la tête des propriétés des corps , et je n'aurais regardé la mobilité que comme une conséquence de l'activité. Au reste ce ne sont pas les classifications que nous faisons qui sont importantes; ce qui est essentiel , est de bien voir les phénomenes, et dans le cas présent de ne pas se faire une idée fausse de l'inertie , laquelle ne consiste qu'en ceci ; c'est que quand un corps reçoit du mouvement, le corps qui lui en donne en perd une quantité égale à celle qu'il lui communique.

Passons à une autre observation.

La durée est encore une propriété commune à tout

ce qui existe, c'est-à-dire à tout ce qui sent ou est senti. Différente en cela de toutes les autres propriétés des corps, elle pourrait même appartenir à des êtres sans étendue, s'il en existait de tels, ou si nous pouvions en concevoir. Par cette raison nous n'avons pas besoin de connaître autre chose de nous-mêmes que notre propre sentiment pour nous faire l'idée de *durée :* notre seule existence suffit. Je sens une impression actuelle ; dès que je puis porter le jugement que je l'ai déjà sentie, je puis prononcer que j'existe actuellement, que j'existais alors, et que j'ai continué d'exister dans l'intervalle. Tout cela est compris dans l'acte de reconnaître cette impression. Dès ce moment j'ai donc l'idée de *durée*, qui n'est autre chose que celle d'une succession d'impressions. Lorsque je connais d'autres existences que la mienne, quand j'apperçois un objet et que je m'assure que c'est bien le même que j'ai déjà vu, je lui applique cette idée de durée ; je dis que cet objet a duré : cela ne souffre pas de difficulté. Mais si j'acquiers ainsi l'idée de durée, je n'acquiers pas de même la possibilité de mesurer cette durée ; car la succession de mes impressions n'est ni assez uniforme ni assez invariable pour me servir de mesure. D'ailleurs je n'ai aucun moyen pour constater les limites de la durée de chacune. Je n'ai donc pas l'idée de *temps*, qui n'est que celle d'une durée mesurée (1). Nous allons voir comment elle nous vient, en examinant comment nous mesurons les effets sensibles des propriétés des corps. Nous commencerons par l'étendue.

(1) Cette définition du temps qui m'a été contestée est celle de Locke. *Essai sur l'Entendement Humain*, liv. II, chapitre XIV.

CHAPITRE X.

Continuation du précédent.

Nous l'avons déja dit, la propriété d'être étendu consiste à pouvoir être touché continuement par notre main qui se meut : un corps n'est étendu que parcequ'il a des parties telles qu'il faut faire une certaine quantité de mouvement pour aller des unes aux autres. Mais comment évaluons-nous, mesurons-nous la quantité de son étendue ? La maniere en est simple et directe : nous comparons cette étendue à une portion fixe et déterminée d'étendue que nous prenons pour terme de comparaison, c'est-à-dire pour unité ; tels sont les pieds et les metres , et tous leurs analogues, ainsi que toutes les mesures de surface et de capacité ou solidité qui en dérivent. Car ce que nous appelons mesurer la longueur, la surface, ou la solidité d'un corps, n'est autre chose que reconnaître la quantité de metres ou de parties de metres linéaires, quarrés, ou cubes, que contient ce corps ; et le premier élément de toutes ces mesures est une quantité fixe d'étendue en longueur, telle qu'un pied ou un metre. Or qu'est-ce pour nous qu'un pied ou un metre? c'est la représentation constante de la quantité de mouvement que notre main a dû faire pour se porter depuis l'extrémité de ce metre, qui a commencé à lui faire éprouver le sentiment de résistance, jusqu'à l'autre extrémité où elle a cessé d'éprouver cette résistance. Concluons donc que nous mesurons l'étendue par l'étendue même; mais n'oublions pas que l'unité fondamentale de toutes ces mesures nous est donnée par le mouvement, et n'est autre chose que la représentation permanente d'une certaine quantité de mouvement. Passons à la durée.

La durée est, comme nous l'avons dit, une propriété commune à tout ce qui sent ou est senti, et qui appartient à tous les êtres, même indépendamment de l'étendue. Il s'agit maintenant de reconnaître comment nous la mesurons. Sans doute, nous ne la mesurons que par elle-même; car mesurer une chose quelconque, c'est la comparer à une quantité déterminée de cette même chose que l'on prend pour terme de comparaison, pour unité. Ainsi mesurer, évaluer une longueur, un poids, une valeur, c'est trouver combien elles contiennent de metres, de grammes, de francs, en un mot d'unités de même genre; et on ne peut pas évaluer une distance en grammes, ni un poids en francs, ni dire qu'une valeur est plus grande ou plus petite qu'un poids ou qu'une distance, et réciproquement : mesurer la durée, c'est donc l'évaluer en unités de durée. Mais nous avons déja remarqué que la propriété des êtres appelée durée, bien différente en cela de celle appelée étendue, ne nous donne par elle-même aucun moyen de constater d'une maniere exacte et durable les limites de chacune de ses parties. Ces parties sont fugitives et transitoires ; elles ne coexistent pas ensemble ; leurs divisions ne sont marquées par rien ; il n'y en a par conséquent aucune qui soit déterminée avec assez de précision pour servir d'unité. Que faisons nous donc pour partager la durée en temps, c'est-à-dire en quantités de durée mesurées avec justesse? nous avons recours au mouvement ; c'est lui et lui seul qui nous rend perceptibles les divisions de la durée : aussi, prenez-y garde, les temps sont toujours marqués par quelques mouvements opérés ; leurs subdivisions seraient arbitraires et incertaines, si elles ne se rapportaient au mouvement de quelques astres ou de quelques machines. Nous mesurons donc la durée par elle-même comme toutes choses ; mais c'est le mouvement qui nous la rend commensurable.

Maintenant il reste à voir comment le mouvement, qui est en lui-même aussi fugitif, aussi transitoire, aussi peu susceptible de divisions fixes et permanentes que la durée, peut devenir pour elle la base et le moyen d'une mesure exacte ; car le mouvement, sans doute, ainsi que toute autre chose, ne se mesure que par lui-même; et s'il n'est pas susceptible de divisions déterminées et invariables, comment peut-il servir d'échelle et de terme de comparaison pour évaluer des quantités d'une autre espece? c'est que le mouvement s'opere dans l'étendue, qu'il parcourt l'étendue, qu'elle le représente et le constate. En effet, comment voyons-nous qu'un jour, une heure, une minute, une seconde, sont écoulés? c'est parceque le soleil, une aiguille de montre, la verge d'un pendule, ont parcouru un certain espace; parceque l'eau d'un clepsydre, le sable d'une horloge, ont laissé vuide une certaine portion d'étendue. Ainsi, par l'intermede du mouvement, les parties de la durée se trouvent manifestées par les parties de l'étendue; et par là elles participent à l'avantage inestimable qu'ont celles-ci de pouvoir être divisées et mesurées de la maniere la plus rigoureuse et la plus invariable.

Mais, me direz-vous, nous voyons bien que c'est toujours un mouvement opéré qui nous rend sensible la quantité de durée écoulée, et toujours une étendue parcourue qui constate le mouvement opéré. Mais cela ne suffit pas encore pour que l'étendue soit la mesure fixe de la durée. Il faudroit pour cela que la même quantité d'étendue parcourue répondît toujours exactement à la même quantité de durée écoulée; et, pour que cela arrivât, il faudrait que nous n'eussions égard dans la mesure du temps qu'à un seul mouvement d'une vîtesse connue et uniforme.

Je réponds que c'est aussi ce que vous faites sans vous en appercevoir. En effet, prenez-y garde, dans la mesure de la durée, l'unité, c'est le jour; toutes les périodes plus longues sont des multiples de celle-là; toutes celles qui sont plus courtes en sont des fractions: toutes sont plus ou moins arbitraires, aussi toutes varient à notre gré. L'année même renferme plus ou moins de jours, suivant que nous préférons de la rapporter au soleil ou à la lune; le jour seul est un temps qu'on ne peut ni augmenter ni diminuer, parcequ'il est déterminé par la nature des choses, et ne dépend pas de nos conventions. Or, à parler rigoureusement, qu'est-ce qu'un jour? ce n'est pas le temps qui s'écoule entre deux levers du soleil, dans les climats ou ce lever avance ou retarde; c'est l'intervalle de deux levers du soleil dans les pays où cet intervalle est toujours le même; c'est le temps que la terre met à tourner sur son axe; c'est par conséquent le temps qu'un point de son équateur emploie à parcourir la totalité de ce grand cercle de la sphère. Ainsi voilà une durée, un mouvement, et une étendue, qui sont toujours les mêmes, et qui se correspondent toujours exactement; voilà la véritable unité qui peut servir et qui sert de terme commun de comparaison pour la mesure de ces trois especes de quantité. Il ne reste plus qu'à voir comment nous l'employons pour évaluer chacune d'elles.

Pour l'étendue, nulle difficulté, nous l'avons déja vu. Cette propriété des corps a exclusivement à toute autre le précieux avantage d'être susceptible de la division la plus commode, la plus durable, la plus précise, la plus distincte, la plus exacte, la plus constante, la plus inaltérable, en un mot, la plus inaccessible à toute cause d'erreur : aussi rien n'est-il plus aisé que de la mesurer ; on en prend une portion quelconque, et on y rapporte toutes les autres. Il est avantageux et satisfaisant que cette portion soit une fraction connue de la circonférence du globe terrestre ; cela sert à pouvoir la retrouver toujours, si l'étalon en était perdu : mais quand elle serait de pure convention, elle pourrait toujours servir de mesure.

Pour la durée, c'est, comme nous l'avons dit, par l'intermédiaire du mouvement qu'on rapporte ses parties aux parties de l'étendue ; et, dans tous les mouvements possibles, c'est celui de la terre sur son axe qui sert de type : ainsi une heure, un siecle, une minute, ne sont autre chose que tant de milliers de lieues parcourues par un point de l'équateur de la terre dans sa révolution diurne. Que les mouvements plus ou moins accélérés de toutes nos machines à mesurer le temps ne vous fassent donc pas illusion ; l'étendue qu'ils parcourent sert, comme nous l'avons dit , à constater qu'ils sont faits : mais qu'elle soit plus ou moins grande, cela est fort indifférent , parcequ'elle ne sert pas directement de mesure , mais seulement à rapporter le mouvement qu'elle constate à la mesure commune de toute durée, le mouvement de la terre sur son axe. C'est pour cela qu'une heure est également représentée et mesurée et par l'aiguille qui fait le tour du cadran pendant ce temps, et par celle qui n'en fait que la douzieme partie , et par celle qui le parcourt soixante fois tout entier : car qu'est-ce qu'une heure ? c'est la vingt-quatrieme partie de la révolution de la terre, c'est la vingt-quatrieme partie de sa circonférence parcourue par un des points de sa surface ; ainsi tout mouvement qui s'opere vingt-quatre fois pendant la durée d'un jour marque exactement une heure, quel que soit l'espace qu'il parcoure. Peu importe la grandeur du cadran de ma montre ; elle n'est destinée qu'à m'apprendre que chaque fois que telle aiguille en a fait le tour, la terre a effectué la vingt-quatrieme partie de sa révolution, un point de l'équateur a parcouru tant de millions de metres. Nous voyons donc comment la durée est mesurée par le mouvement, et comment il la rend appréciable avec exactitude, parcequ'il rapporte à une quantité invariable d'étendue, le temps qui sert de terme de comparaison à tous les autres. Cela nous fait déja appercevoir aussi comment nous mesurons parfaitement le mouvement lui-même, malgré ses innombrables variétés. C'est ce qui nous reste à développer.

La mobilité est une propriété des êtres qui diffère essentiellement de la durée, en ce point que, parmi les êtres possibles, elle ne peut appartenir qu'à ceux que nous appelons corps, c'est-à-dire à ceux qui sont étendus ; car des êtres qui n'auraient aucune étendue, s'il nous était possible d'en concevoir de tels, n'occupant aucun lieu, ne pourraient en changer.

Le mouvement est l'exercice de la propriété appelée mobilité ; c'est un effet des corps, comme la couleur ou la saveur : je ne dis pas comme l'attraction (1), l'inertie, ou l'impulsion ; car de ces trois choses, les deux premieres ne consistent qu'en tendance ou en résistance au mouvement, et la troisieme n'est que sa communication ; ainsi elles ne sont que des dépendances du mouvement, et leur intensité ne s'évalue que par le moyen du mouvement qu'elles produisent ou empêchent ; ce sont donc des sujets de considérations secondaires. Mais ici c'est le mouvement lui - même qui nous occupe.

(1) Je comprends toujours sous ce mot générique non seulement la gravitation céleste et la pesanteur terrestre, mais encore toutes les attractions et affinités particulieres, en un mot, toutes les tendances quelconques d'un corps vers un autre.

Comment se mesure-t-il ? voilà la question qu'il s'agit de résoudre.

On voit d'abord que cet effet des corps appelé mouvement est parfaitement représenté par cet autre effet des corps appelé étendue ; car, puisque la propriété d'être étendu n'est pour nous que la propriété d'être parcouru par le mouvement, les parties de l'étendue répondent très bien et très exactement aux parties du mouvement fait pour les parcourir. Ainsi la quantité d'étendue parcourue constate rigoureusement la quantité de mouvement fait.

Je dis que l'étendue constate et représente très bien les mouvements faits, mais non pas qu'elle mesure le mouvement ; car, il ne faut jamais l'oublier, mesurer une chose quelconque, c'est la rapporter à une quantité de cette même chose qui est connue et déterminée, et qui sert de terme de comparaison, de mesure. Le mouvement ne saurait être excepté de cette regle générale ; on ne peut pas plus, quoi qu'on en dise, mesurer du mouvement avec de l'étendue ou de la durée, que celles-ci avec des valeurs ou des poids. Mesurer le mouvement, évaluer son intensité, n'est et ne peut être que le rapporter à un mouvement dont l'énergie soit connue ; c'est ce qu'on appelle déterminer sa vitesse.

Les mathématiciens disent cependant que la vitesse d'un mouvement est le rapport entre l'espace parcouru et le temps employé : mais on devrait leur demander d'expliquer quel rapport ils peuvent découvrir entre deux choses d'une nature aussi différente, et par conséquent aussi incommensurables que l'étendue et la durée, et comment il se fait que ce rapport soit l'expression exacte de la mesure d'une troisieme chose totalement différente des deux premieres : ils prétendent qu'ils trouvent l'expression de cette vitesse en divisant l'espace par le temps ; mais je leur demanderai comment ils s'y prennent pour diviser l'une par l'autre deux quantités concretes d'especes différentes , et trouver au quotient une quantité d'une troisieme espece ; car ils savent bien qu'on ne peut diviser une quantité concrete quelconque que de deux manieres , ou par une quantité de même espece , ce qui donne pour quotient un nombre abstrait qui exprime combien de fois le diviseur est contenu dans le dividende , ou par un nombre abstrait, auquel cas le quotient est un nombre concret de l'espece du dividende , et qui y est renfermé autant de fois que le diviseur contient l'unité : or ils savent aussi que de l'étendue ne peut pas renfermer de la durée , et que le nombre qui exprimerait un rapport si extraordinaire ne peut pas être une quantité de mouvement. Je n'ai pas connaissance qu'aucun d'eux nous ait donné la solution de cette difficulté , qui cependant n'a pu manquer de les frapper. Nous allons facilement suppléer à leur silence au moyen des observations que nous avons déja faites sur l'étendue et la durée.

En effet nous avons vu, d'une part, que le temps qui sert de mesure commune à toute durée, et dont tous les temps possibles ne sont que des multiples ou sous-multiples, est celui de la révolution diurne de la terre sur son axe, et que les limites et les divisions de ce temps appelé jour ne deviennent perceptibles que par le mouvement que fait un point de l'équateur pendant ce temps; d'une autre part, que tout mouvement est très bien représenté par l'espace parcouru. Rapporter l'espace parcouru par un mouvement à la portion de durée qu'il a employée, c'est donc réellement comparer ce mouvement au mouvement connu d'un point de l'équateur pendant la révolution diurne de la terre : or c'est là véritablement le mesurer ; car mesurer une quantité quelle qu'elle soit, c'est toujours la comparer à une quantité connue de même espece qui sert de mesure commune. Voilà pourquoi on peut dire sans erreur, quoi que ce soit une très mauvaise maniere de s'énoncer, que l'on a la vîtesse d'un mouvement en divisant l'espace par le temps, locution vicieuse que l'on exprime par ces caracteres ($V = \frac{E}{T}$), qui, en l'abrégeant, déguisent encore davantage le fond de la pensée.

Voulez-vous la preuve que cette formule a réellement le sens que je lui donne, quoiqu'elle ne le fasse pas appercevoir d'abord ? appliquons - la à un cas particulier : supposons qu'il s'agisse d'un mouvement qui parcourt dix mille metres en six heures, vous aurez pour expression de sa vîtesse cette fraction $\frac{\text{10.000 met.}}{\text{6 heur.}}$, laquelle ne signifie absolument rien ; ou, si vous faites la division, vous aurez le nombre 1666, 66, qui n'est ni des metres, ni des heures, ni du mouvement, et qui ne saurait exprimer que des heures soient comprises dans des metres, car cela est impossible. Ainsi il n'a réellement aucun sens ; ainsi vous ne pouvez rien conclure du tout de ces deux expressions vagues, si ce n'est que ce mouvement est double d'un autre qui serait exprimé par cette fraction $\frac{\text{10.000 met.}}{\text{12 heur.}}$, ou par ce nombre 833, 33 qui en est le quotient. Vous aurez donc par cette maniere d'opérer le rapport de ces deux mouvements ; mais vous n'aurez jamais l'expression de la valeur ni de l'un ni de l'autre, quoique la formule vous annonce qu'on trouve la vîtesse d'un mouvement en divisant l'espace par le temps.

Au contraire, au lieu d'évaluer le temps en heures, exprimez-le par l'espace que parcourt pendant ces heures un point de l'équateur terrestre, vous aurez ces deux fractions $\frac{\text{10.000 met.}}{\text{10.000.000 met.}}$ et $\frac{\text{10.000 met.}}{\text{20.000.000 met.}}$ (1); et en

(1) J'observe que les dénominateurs de ces deux fractions ne sont exacts qu'en supposant l'équateur égal au méridien, ce qui n'est pas exactement vrai : mais je n'ai pas tenu compte

faisant les divisions, vous trouverez ces deux nombres abstraits 0,001 et 0,0005, qui non seulement vous donnent le rapport de ces deux mouvements entre eux, mais encore vous apprennent la valeur réelle de chacun d'eux, en vous montrant que l'un est le millième, et l'autre les cinq dix-millièmes du mouvement d'un point de l'équateur, qui est la mesure commune ou l'unité (1).

de cette différence, parcequ'elle ne fait rien à mon raisonnement, et que je voulais avoir des nombres ronds.

(1) Ne pouvant attaquer directement la preuve que je donne du peu d'exactitude qu'il y a à dire qu'en divisant l'espace par le temps on trouve la vîtesse, on essaiera peut-être de l'atténuer en disant qu'un effet semblable a lieu lorsqu'on trouve la densité d'un corps en divisant son poids par son volume.

Je réponds que ce second exemple confirme encore mon assertion. En effet dans celui-ci on suppose que, la pesanteur étant la même dans toutes les parties de la matiere, le poids d'un corps est proportionnel au nombre de ses parties matérielles. Considérant le volume comme un nombre abstrait, on divise par lui le poids de ce corps, et on trouve combien il peserait sous une quantité de volume prise pour unité, et par conséquent qu'il est deux ou trois fois plus dense qu'un autre corps qui pese deux ou trois fois moins sous le même volume. Ainsi on a le rapport de densité de ces deux corps; mais on n'a la mesure réelle de la densité d'aucun des deux. Pour cela il faudrait connaître un corps parfaitement dense, savoir ce qu'il peserait sous pareil volume, prendre ce poids pour unité, et y rapporter le poids des deux autres corps, comme nous rapportons les divers mouvements au mouvement d'un point de l'équa-

Je ne prétends pas dire au reste que pour les objets qu'on se propose dans la pratique cette manière fût aussi commode que celle dont on se sert: mais je l'ai exposée avec détail, afin de bien développer le sens de l'expression usitée, et pour achever de prouver ma these, savoir, qu'on ne peut évaluer un mouvement, c'est-à-dire déterminer sa vitesse qu'en le comparant à un mouvement connu, et que c'est véritablement ce qu'on fait en rapportant l'espace parcouru au temps employé; car c'est réellement comparer ce mouvement au mouvement de rotation de la terre, qui, par cette opération, se trouve devenir la mesure commune de tous les autres, ou l'unité de mouvement, comme le temps qu'il emploie, le jour, est l'unité de durée.

Concluons de tout ceci que c'est par sentiment que nous connaissons le mouvement;

Que c'est lui qui nous fait connaître l'étendue;

Que l'étendue se mesure par elle-même, sans intermédiaire, avec une commodité extrême, à cause de la netteté et de la permanence de ses divisions;

Que l'étendue représente parfaitement le mouvement opéré, puisque cette propriété des corps ne

teur, quand nous croyons ne les rapporter qu'à une quantité de durée. On trouve la même chose dans tous les exemples analogues; car il sera toujours et éternellement vrai qu'on ne peut mesurer des quantités quelconques que par une quantité de même nature qu'elles, prise pour unité.

consiste qu'en ce qu'ils peuvent être parcourus par le mouvement ;

Qu'en conséquence de cette circonstance le mouvement rend la durée mesurable en rapportant ses divisions à celles de l'étendue ;

Que par la même raison le mouvement lui-même devient mesurable ; mais que quand on croit rapporter l'espace qu'il parcourt à la durée, on le rapporte réellement à l'espace parcouru par un mouvement pris pour unité ;

Que l'unité d'étendue peut être choisie arbitrairement, quoiqu'il soit très avantageux qu'elle soit une portion connue de la circonférence de la terre ;

Mais que l'unité de temps est nécessairement le temps de la révolution diurne de la terre, et l'unité de mouvement, le mouvement d'un point de l'équateur pendant cette révolution.

Concluons enfin que si nous sommes parvenus à bien démêler l'artifice de la mesure des effets sensibles de ces trois propriétés des corps, l'étendue, la durée et la mobilité, il faut que nous ayons bien reconnu ce qu'elles sont pour nous, et comment nous les découvrons.

Jeunes gens, pour qui j'écris, vous trouverez peut-être que voilà un bien faible résultat pour une si longue discussion, et qu'il n'était pas besoin d'un si grand appareil pour établir un petit nombre de vérités si simples, fondées sur des faits si constants et si connus : cependant si vous saviez combien on a divagué sur ces notions d'espace , de temps , de mouvement, d'existence, sur la matiere et ses propriétés , et combien les meilleurs esprits et les plus grands philosophes ont accumulé de raisonnements inintelligibles et d'hypotheses absurdes sur de pareils sujets , vous vous feriez une autre idée de la facilité avec laquelle nous nous y retrouvons , et vous sentiriez vivement quel jour jetterait sur les premiers principes de toutes les sciences une analyse complete de nos facultés intellectuelles , si elle pouvait être une fois parfaitement bien faite , puisque la simple ébauche que j'ai essayé d'en tracer dans cet ouvrage écarte déja tant de difficultés et dissipe tant d'obscurités.

Au reste on peut tirer beaucoup de conséquences précieuses du petit nombre de vérités que nous venons d'établir.

La premiere qui se présente , et qui est principalement relative à la pratique , c'est qu'il serait très utile que toutes les mesures de l'étendue fussent des portions décimales de l'équateur terrestre , et qu'il serait aussi très commode que l'unité de temps , le jour , fût de même divisée en parties décimales. Par là ces trois especes de quantités , si différentes entre elles , mais qui ont des relations si multipliées , l'étendue , le mouvement, et la durée , seraient toujours exprimées par des quantités décuples ou sous-décuples les unes des autres ; et toutes les comparaisons que l'on est perpétuellement obligé d'en faire se réduiraient presque à ajouter ou à retrancher quelques zéro ; cela aurait d'ailleurs le très grand avantage de rappeler bien mieux les rapports que nous avons reconnus entre elles , et la nature de chacune.

Mais un autre sujet de réflexions bien plus importantes , c'est cette admirable propriété qu'a l'étendue de pouvoir être partagée en parties distinctes avec une précision, une netteté, et une permanence qui ne laissent rien à desirer. C'est à cette circonstance que doivent leur certitude les sciences qui traitent de l'étendue et de ses effets ; car d'abord il en résulte qu'on peut la mesurer avec la plus grande sûreté et la plus extrême justesse : et de cette perfection de mesure il arrive qu'on peut la représenter sans altération et sans confusion, en en diminuant prodigieusement toutes les proportions. C'est là l'effet de l'art de lever les plans. L'étendue est la seule propriété des corps que l'on puisse exprimer ainsi sur une échelle de convention plus petite que la réalité.

De la perfection de ses mesures il arrive encore que l'on peut en évaluer rigoureusement et commodément toutes les circonstances ; c'est-à-dire les rapports et les propriétés des angles , des figures , et des lignes qui les coupent ou les terminent : c'est l'objet de la géométrie pure. Aussi voyons-nous que seule entre toutes les sciences elle est d'une certitude absolue ;

et que toutes les autres participent plus ou moins à ce précieux avantage, à proportion qu'elles peuvent ramener une plus ou moins grande partie des sujets qu'elles traitent à être appréciables en parties de l'étendue.

Ainsi le mouvement étant, comme nous l'avons vu, très bien représenté par l'étendue, tout ce qui concerne sa force, sa direction, les lois de sa communication, est parfaitement démontré, et la science qui en traite est encore d'une certitude géométrique.

Par la même raison nous connaissons et mesurons la durée avec exactitude et sans crainte d'erreur, et tout ce qui dans les corps et leurs propriétés peut s'évaluer en durée, en mouvement, en étendue, est parfaitement mesuré et démontré, tandis que tout ce qui n'en est pas susceptible reste toujours dans une sorte de vague et d'incertitude faute de mesures précises.

Dans un être quelconque nous pouvons déterminer avec justesse et sûreté son âge, qui est la quantité de sa durée, sa figure et sa position, qui sont des circonstances de son étendue, son volume, qui est la quantité de cette étendue, son poids, qui est une tendance au mouvement, sa densité relative, qui est le rapport entre son poids et son volume, et tous les effets analogues à ceux-là ; nous avons pour tout cela des mesures précises qui toutes en der-

nicre analyse se rapportent à l'étendue, et tous les
raisonnements que nous ferons sur l'accroissement,
la diminution, ou les combinaisons de ces propriétés,
auront facilement le caractere de la certitude, parcequ'ils porteront sur des bases fixes : mais il n'en est
pas de même de certaines autres propriétés, comme
la couleur, la saveur, la beauté, la bonté, et mille
autres pareilles ; comment en fixer la quantité avec
précision ? cela est impossible ; il y aura donc toujours un certain vague dans la détermination de
leurs éléments et de leurs rapports, et tous les raisonnements que nous ferons sur les conséquences
à en tirer demanderont de grands ménagements,
et ne seront susceptibles de certitude qu'en les res-
treignant dans certaines limites, et en ayant égard à
une foule de considérations.

Prenons pour exemple la lumiere. Sa vîtesse, sa
direction, ses réfractions, ses réflexions, la diver-
gence et la coïncidence de ses rayons, tout cela
peut se mesurer rigoureusement ; et l'on en peut
conclure avec certitude les points où ces rayons
doivent se rencontrer, les effets qu'ils doivent
produire, la grandeur et la position des images
qu'ils doivent former, etc. : mais on ne peut pas de
même apprécier les rapports des couleurs entre
elles. On peut bien dire que l'une est plus vive que
l'autre ; que le bleu et le jaune réunis font du verd ;
mais comment apprécier leurs nuances ? comment

évaluer la quantité qu'il faut de deux d'entre elles pour en faire une troisieme? les mesures manquent, il y a du vague.

Il en est de même des sons; la vîtesse de leur propagation, leur direction, leur réflexion, la dispersion ou la concentration de leur force qui en résulte, se déterminent avec facilité et sûreté; cela se rapporte aux propriétés de l'étendue: mais les rapports harmoniques de ces sons entre eux, nous ne pourrions pas plus les préciser que ceux des couleurs, si nous n'avions pas découvert qu'ils sont proportionnels à la longueur des cordes qui les produisent, à la durée de leurs vibrations. Par là les voilà ramenés à des mesures d'étendue, et ils se calculent rigouseusement.

La même chose se remarque dans toutes les parties de la physique. Toutes les fois que nous pouvons peser ou mesurer, estimer en poids ou en volume un être ou un effet quelconque, nous avons l'expression précise de leur quantité, parcequ'elle est rapportée à l'étendue : quand nous ne le pouvons pas directement, nous y arrivons encore si, par un artifice quelconque, nous faisons que leur existence se manifeste par quelques mouvements opérés dans l'étendue. C'est ainsi que nous évaluons l'électricité d'un corps par les degrés de l'électrometre; sa chaleur, par ceux du thermometre ou du pyrometre; son humidité, par ceux de l'hygrometre. En effet les parties des mouvements de ces machines sont bien comparables entre elles, il n'y a pas là d'ambiguité : la seule incertitude qui nous reste est de savoir si ces portions de mouvements sont bien proportionnelles à la quantité des matieres mesurées (l'électricité, le calorique, et l'eau), et à leurs autres effets. Prenons un autre exemple, qui rendra ceci encore plus clair.

L'activité d'un médicament ne se manifeste que par des mouvements opérés dans l'individu vivant qui l'a pris ; mais personne n'a de mesure juste pour apprécier la vertu purgative de ce médicament, ni son rapport avec celle d'un autre médicament ; cependant nous avons une échelle approximative pour y parvenir, c'est la quantité de volume ou de poids de chacun d'eux nécessaire pour produire les mêmes effets ; et cette mesure serait complètement satisfaisante, si les effets purgatifs, bienfaisants, malfaisants, etc. étaient constamment proportionnels aux quantités relatives à l'étendue auxquelles on les compare ; alors il en arriverait comme des valeurs des différentes marchandises, qui par elles-mêmes ne sont pas susceptibles de mesure précise, mais qui, étant toutes réduites en poids d'un même métal, sont appréciées avec la plus grande justesse.

Il en est de même dans les objets dont traitent les sciences morales et politiques. Nous n'avons point de mesures précises pour évaluer directement les degrés de l'énergie des sentiments et des inclinations des hommes , de leur bonté ou de leur dépravation , ceux de l'utilité ou du danger de leurs actions , de l'enchaînement ou de l'inconséquence de leurs opinions : c'est ce qui fait que les recherches dans ces sciences sont plus difficiles , et leurs résultats moins rigoureux. Cependant les opinions , les actions , les sentiments des hommes sont suivis d'effets dont un grand nombre , tels que les valeurs que nous venons de prendre pour exemple , sont appréciables d'après des mesures parfaitement exactes; et la juste mesure des effets sert à estimer les causes. D'ailleurs , dans tous les cas où on n'arrive pas à une évaluation qui ne laisse rien à desirer , et où par conséquent il existe une latitude plus ou moins grande où regne l'incertitude , il y a aussi de certaines limites en-deçà desquelles on est sûr qu'est la vérité , et au-delà desquelles on est certain de tomber dans l'erreur. Ainsi, par exemple , il peut être impossible de déterminer de combien tel sentiment individuel ou telle organisation sociale est préférable à tel ou telle autre; mais il est impossible de méconnaître que l'une conduit à des résultats absolument mauvais , et l'autre à des résultats absolument bons : or cela suffit pour qu'on ne puisse pas dire que ces sciences sont complètement incertaines , sans déclarer que l'on en est soi-même complètement ignorant. Au demeurant, sans entamer la question du degré de certitude des différentes sciences , question qui est du nombre de celles pour la solution desquelles nous manquons de mesures précises, l'on voit que toutes ces sciences sont plus ou moins certaines, à proportion que les objets dont elles s'occupent sont plus ou moins réductibles à des quantités appréciables par des mesures parfaitement exactes; et que, de toutes les espèces de quantités, l'étendue est celle qui possede le plus éminemment ce précieux caractere (1).

(1) Observez encore, je vous prie, que la possibilité d'appliquer le calcul aux objets des différentes sciences est aussi proportionnelle à la propriété qu'ont ces objets d'être plus ou moins appréciables en mesures exactes; car, pour calculer un effet quelconque, il faut l'exprimer en nombres; et pour pouvoir l'exprimer en nombres, il faut qu'il soit comparable à une mesure, à une unité fixe, et que ses différents degrés soient bien déterminés, sans quoi tous les nombres qu'on y appliquerait ne signifieraient réellement rien; et on ne peut se servir pour l'évaluer que des mots *plus*, *moins*, *peu*, *beaucoup*, et autres adverbes de quantité qui n'ont qu'une valeur indéterminée. C'est ce qui se remarque d'une maniere bien pénible dans la conversation des gens qui ont l'habitude de s'exprimer d'une façon inexacte: ils vous disent qu'un homme a cent fois plus de talent qu'un autre; c'est comme s'ils vous disaient seulement qu'il en a beaucoup plus; et, le moment d'après, ils vous diront qu'un lieu est prodigieusement plus éloigné qu'un autre: ils devraient vous dire qu'il est deux, trois, quatre fois plus loin.

On me dira que dans les nombres abstraits l'unité n'a aucune valeur déterminée; d'accord. Aussi aucun nombre abstrait n'a-t-il jamais une valeur déterminée; seulement les rapports

J'ai lu, il n'y a pas long-temps, dans un ouvrage de métaphysique, estimable à beaucoup d'égards, cette phrase singuliere : *Le toucher , ce sens vraiment géométrique , etc.* On voit que l'auteur a voulu dire que

de chacun d'eux avec le nombre *un* sont fixés de la maniere la plus précise et la plus invariable, et cela suffit pour les calculer, c'est-à-dire pour les comparer ; car tous les calculs que l'on fait sur les nombres abstraits ne sont jamais que des comparaisons établies entre eux , et ces nombres ne prennent une valeur réelle que quand on en donne une au nombre *un :* mais pour adapter ces nombres à un effet quelconque, il faut que les parties de cet effet soient aussi nettement distinctes entre elles que ces nombres le sont entre eux.

Il demeure donc vrai que la possibilité d'appliquer le calcul aux objets d'une science est proportionnelle à la propriété qu'ont ces objets d'être plus ou moins appréciables en mesures exactes : voilà pourquoi la géométrie jouit éminemment de cet avantage, et après elle graduellement celles qui traitent plus ou moins de sujets réductibles en mesures de l'étendue.

Cette remarque nous montre combien est grande l'erreur de certains écrivains qui croient donner une grande force à leurs raisonnements, et augmenter beaucoup la certitude d'une science, en introduisant une multitude de chiffres et de calculs dans des sujets qui n'en sont pas susceptibles. S'ils avaient commencé par trouver le secret de ramener le sujet qu'ils traitent à des mesures précises, d'étendue par exemple, sans doute ils auraient fait un pas immense ; mais sans celui-là tout ce vain appareil mathématique est charlatanerie pure.

Nous avons un exemple d'un genre bien différent, mais qui confirme mon dire, dans les efforts qu'ont fait nos grands chymistes modernes pour exprimer en nombres l'intensité de l'affile toucher est le sens qui nous procure les mesures les plus exactes, et les rapports les plus précis : mais il aurait dû ajouter que cela n'est vrai que lorsqu'il est employé à la connaissance de l'étendue ; car les sensations des piquures, des brûlures, du froid, du chaud, des frottements, des chatouillements, et bien d'autres, sont aussi des perceptions que nous devons au sens du toucher, et il n'est pas plus aisé d'évaluer l'intensité de ces sensations, et d'établir des rapports exacts entre elles, que lorsqu'il est

nité de certains acides pour certaines bases, afin de nous rendre sensible le jeu des affinités doubles. Ils ont usé des ménagements les plus adroits dans la détermination des nombres par lesquels ils ont exprimé les affinités des différents acides, afin qu'il arrivât toujours que les sommes représentant les affinités victorieuses fussent supérieures à celles des affinités vaincues ; et à force de tâtonnements ils sont parvenus à ce que les nombres assignés aux différents acides ne représentassent pas mal, au moins dans beaucoup de cas, les degrés de puissance de ces acides. Mais dans le fait, faute de trouver des mesures exactes de ces degrés de puissance, ils ne peuvent pas se servir de ces nombres pour les calculer rigoureusement ; et ils sont trop éclairés pour l'entreprendre, et pour croire que l'emploi de ces chiffres donne un nouveau degré de justesse à leurs belles observations, et de sûreté à leurs excellents raisonnements.

Une quantité quelconque est donc calculable à proportion qu'elle est réductible directement ou indirectement en mesures de l'étendue ; car c'est là la propriété des êtres, la plus éminemment mesurable.

question des sensations de couleurs, de saveurs, ou d'odeurs que nous devons à d'autres sens. Ce métaphysicien aurait donc bien fait de remarquer, si toutefois il s'en est apperçu, que ce n'est pas le toucher qui est un sens vraiment géométrique, mais bien l'étendue qui est une propriété éminemment métrique, c'est-à-dire mesurable : cela aurait eu un sens plus clair et plus instructif. J'observerai à cette occasion que si les mots étaient bien faits, la science de l'étendue ne s'appellerait pas *géométrie*, qui veut dire mesure de la terre, ce qui ne convient qu'à l'arpentage, mais bien *cosmométrie*, puisqu'elle sert à mesurer le monde entier, ou mieux encore *métrie* tout simplement, puisque, de toutes les sciences, c'est celle qui jouit le plus complètement de l'avantage de posséder des mesures parfaites, et d'en fournir aux autres.

J'ai beaucoup insisté sur cette propriété de l'étendue, parcequ'elle n'a pas été assez remarquée jusqu'à présent ; qu'on n'a pas encore fait voir nettement en quoi elle consiste ; qu'on n'a pas imaginé d'en déduire la cause du degré de certitude des diverses sciences ; et qu'en général on a été porté à attribuer ce plus ou moins de certitude, à la manière de procéder de ces sciences que l'on croyait fort différente, tandis que nous verrons à l'article de la logique que la marche de l'esprit humain est toujours la même dans toutes les branches de ses connaissances, et que la certitude de ses jugements est toujours de la même nature et a toujours des causes semblables.

Après cette longue digression sur la mesure des propriétés des corps, je reviens à ce que j'ai dit de l'enchaînement de ces propriétés. Je pense que, pour les ranger dans un ordre réellement méthodique, il faudrait mettre au premier rang la *mobilité*, non seulement parcequ'elle est la source de tous les effets que les corps produisent les uns sur les autres, et que, nommément dans les êtres animés, elle est la cause de la faculté de sentir et de se mouvoir, mais encore parceque toutes les autres propriétés des corps sont nécessairement dépendantes de celle-là, puisqu'elles n'auraient pas lieu sans elle, ou y sont essentiellement relatives, puisqu'elles ne nous sont connues que par le mouvement.

On doit placer ensuite *l'inertie* et *l'impulsion*, qui n'auraient pas lieu sans la mobilité, et ne sont que des circonstances de son existence.

Après, vient *l'attraction* qui n'aurait pas lieu non plus sans la mobilité, mais n'en est pas une conséquence nécessaire.

Je comprends sous ce nom général d'attraction la gravitation céleste, la pesanteur terrestre, et les affinités chymiques avec leurs dépendances, l'adhésion, la cohésion, etc. : ces forces internes existantes dans chaque particule des corps me prouvent que la matiere est essentiellement active ; et, si elle ne l'était pas, je ne comprends pas comment elle serait mobile, car je ne puis concevoir d'où viendrait le commencement d'un mouvement quelconque.

Vient ensuite *l'étendue*, qui n'est ni une circonstance ni un effet de la mobilité, mais qui ne nous est connue que par elle, et n'existe pour nous que par sa relation avec le mouvement.

De l'étendue dérivent nécessairement la *divisibilité*, *la forme ou figure*, et *l'impénétrabilité*, comme aussi la *porosité*, qui en est une conséquence générale, mais non pas nécessaire.

Enfin vient la *durée*, propriété qui est commune à tout ce qui existe, qui est indépendante de la mobilité, dont la seule succession de nos sensations nous donne l'idée, mais que nous ne pouvons mesurer que par le mouvement, lequel n'est lui-même constaté que par l'étendue qu'il nous a fait connaître ; ensorte que l'étendue, la durée, et le mouvement, se servent réciproquement de mesure, ou plutôt que la mesure de tous trois s'exprime en parties d'étendue.

Tel est l'enchaînement que j'apperçois entre les propriétés que nous reconnaissons dans les corps. Je suis persuadé que si les physiciens, au lieu de les ranger à-peu-près indifféremment, comme ils ont toujours fait, s'étaient occupés de les classer ainsi dans un ordre bien systématisé, ils nous auraient donné dés idées plus nettes de ce que les corps sont pour nous ; mais pour cela il aurait fallu remonter, comme nous venons de le faire, à l'origine de nos connaissances. Aussi l'enseignement de toute science devrait-il réellement commencer par nous expliquer comment nous connaissons les objets dont elle traite, ce qui prouve que l'examen de nos opérations intellectuelles est l'introduction naturelle à tous les genres d'études. On me dira peut-être qu'il n'est pas nécessaire de remonter si haut pour donner des notions exactes des phénomènes particuliers ; cela se peut. Cependant si je voulais citer de nombreuses erreurs en physique provenant de fausses idées métaphysiques, les exemples ne me manqueraient pas ; et, même en géométrie, je pourrais dire que si les géomètres sont mécontents avec raison de la plupart des définitions de la ligne droite, et des démonstrations des propriétés des parallèles, et du peu de liaison qu'ont entre elles plusieurs des premières vérités de la géométrie, la cause en est qu'ils ne se sont pas fait une idée nette de la nature de l'étendue, et de la maniere dont nous la connaissons. S'ils étaient remontés jusque-là, ils auraient vu tout dériver de l'idée premiere de la ligne physique tracée sur un corps par un autre corps qui se meut d'un des points de ce corps à un autre ; et toutes leurs propositions élémentaires sur les lignes droites, les lignes brisées, les lignes courbes, les angles et leur mesure, les paralleles et leurs secantes, les intersections des cercles et des spheres, etc., se seraient enchaînées d'elles-mêmes et liées très étroitement. A la vérité je ne puis qu'indiquer ce que j'avance ici : pour le démontrer il me faudrait faire un petit traité de géométrie élémentaire, et cela m'éloignerait du sujet que je traite ; mais je suis persuadé que les personnes éclairées qui ont réfléchi sur ces matieres ne me dédiront pas. D'ailleurs il n'est pas nécessaire de démonstrations bien détaillées pour prouver que quand à l'origine d'une recherche quelconque on laisse un point obscur quel qu'il soit, il n'est pas possible qu'il n'en résulte quelque inconvénient dans un moment ou dans un autre : or c'est à cette assertion que je me borne, et elle me suffit pour établir la nécessité d'étudier nos facultés intellectuelles. Revenons donc à cette étude, qui est notre objet principal, et dont les autres ne sont que des applications ; et commençons par nous assurer que nous ne nous sommes pas égarés jusqu'à présent dans l'analyse que nous avons faite de ces facultés. Pour cela, comparons-la avec celle qui est la plus généralement approuvée.

CHAPITRE XI.

Réflexions sur ce qui précede, et sur la maniere dont Condillac a analysé la pensée.

MES jeunes amis, pour avancer avec sûreté dans une recherche quelconque, rien n'est plus utile que de jeter de temps en temps un coup-d'œil en arriere sur le chemin que l'on a parcouru ; cela est d'autant plus à propos en ce moment que nous sommes déja plus avancés dans notre carriere que peut-être vous ne le croyez vous-mêmes.

En effet, après vous avoir donné une idée générale de la faculté de penser ou sentir, et du but que je me propose en l'examinant, je vous ai fait remarquer qu'elle consiste à sentir des sensations, des souvenirs, des rapports, et des desirs.

Vous avez vu que ces impressions premieres suffisent à former toutes nos idées les plus compliquées et les plus abstraites, et à nous assurer de la réalité de notre existence et de celle de tout ce qui nous entoure.

Je vous ai même expliqué comment ces facultés élémentaires naissent les unes des autres, ou plutôt qu'elles ne sont que des modifications d'une faculté unique, celle de sentir. C'est ainsi, je crois, qu'il faut entendre le principe de Condillac, *que toutes les opérations, ou*, comme il dit souvent, *toutes les facultés de l'ame ne sont toujours que la sensation transformée;* principe profond et fécond, qui jusqu'à présent donnait lieu à beaucoup de discussions, parceque cette maniere de l'énoncer laisse peut-être quelque chose à desirer.

Je vous ai montré de plus en quoi consiste tout ce que nous savons des propriétés des corps, et que la maniere dont je les considere explique très facilement la génération et la nature de plusieurs idées qui ont toujours beaucoup embarrassé les métaphysiciens, et qui n'embarrassent si peu les autres hommes que parcequ'ils ne se mettent pas en peine de savoir ce qu'ils font quand ils pensent et qu'ils raisonnent; chose cependant assez nécessaire pour bien penser et bien raisonner, quelque sujet que l'on traite.

Quoi qu'il en soit, il résulte de ce petit nombre d'observations que, si nous ne nous sommes pas égarés, nous avons déja une idée nette de l'instrument universel de toutes nos découvertes, de ses procédés, de ses effets, de ses résultats, et du principe de toutes nos connaissances; ce qui n'était peut-être pas encore arrivé, et ce qui ne peut être inutile aux progrès ultérieurs de l'esprit humain.

Sans doute nous sommes loin d'avoir fait une histoire complete de l'intelligence humaine ; il faudrait des milliers de volumes pour épuiser un sujet si vaste, mais du moins nous en avons fait une analyse exacte ; et le peu de vérités que nous en avons recueillies est, si je ne me trompe, dégagé de toute obscurité, de toute incertitude, et de toute supposition hasardée, en sorte que nous pouvons y prendre une entiere assurance : d'où il arrive qu'étant certains de la formation et de la filiation de nos idées, tout ce que nous dirons par la suite de la maniere d'exprimer ces idées, de les combiner, de les enseigner, de régler nos sentiments et nos actions, et de diriger celles des autres, ne sera que des conséquences de ces préliminaires, et reposera sur une base constante et invariable, étant prise dans la nature même de notre être. Or ces préliminaires constituent ce que l'on appelle spécialement l'idéologie ; et toutes les conséquences qui en dérivent sont l'objet de la grammaire, de la logique, de l'enseignement, de la morale privée, de la morale publique (ou l'art social), de l'éducation, et de la législation, qui n'est autre chose que l'éducation des hommes faits. Nous ne pourrons donc nous égarer dans toutes ces sciences qu'autant que nous perdrions de vue les observations fondamentales sur lesquelles elles reposent.

Il paraîtrait par ce résumé que nous n'avons plus rien à dire sur l'idéologie proprement dite : et effectivement, si je n'avais égard qu'à ma façon de voir, j'aurais bien peu de choses à ajouter à ce qui précede. Je me contenterais de vous rappeler que ma maniere de décomposer la pensée satisfaisant à l'explication de tous les phénomenes qui sont explicables, vous ne pouvez plus vous refuser à convenir qu'il n'y a dans toutes nos idées que des sensations, des souvenirs, des jugements, et des desirs ; et après quelques observations générales sur les rapports de l'idéologie et de la physiologie je vous proposerais de passer à l'art d'exprimer nos idées.

Mais vous avez pu remarquer que dans l'établissement de ma théorie idéologique je ne me suis occupé que des faits sur lesquels elle est fondée, sans m'embarrasser des systêmes des auteurs qui ont écrit sur ces matieres, et sans me mettre en peine d'en discuter presque aucuns. Or, avant d'aller plus loin, il est bon que vous ayez une idée des opinions les plus accréditées : pour cela il suffira que nous examinions ceile de Condillac, parcequ'elle est le fond commun de toutes les autres, qui n'en sont guere que des variantes.

Vous saurez donc que ce philosophe justement célebre, que l'on peut regarder comme le fondateur de la science que nous étudions, et qui jusqu'à présent en tient le sceptre (1), a jugé à propos, d'après Locke, de partager l'intelligence de l'homme ou sa faculté de sentir, en entendement et en volonté; puis il reconnaît comme parties intégrantes de l'entendement l'attention, la comparaison, le jugement, la réflexion, l'imagination, et le raisonnement, auquel il joint ensuite la mémoire, qu'il partage même quelquefois en réminiscence, mémoire proprement dite, et imagination (dans ce cas le mot imagination n'a pas le même sens que ci-dessus); enfin il distingue dans la volonté le besoin, le mal-aise, l'inquiétude, le désir, les passions, l'espérance, et la volonté proprement dite. On peut voir cette division dans sa Logique, part. première, chap. 7; dans les leçons préliminaires de son Cours d'Etudes, art. 2; dans son Essai sur l'Origine des connaissances humaines,

(1) Avant Condillac nous n'avions guere sur les opérations de l'esprit humain que des observations éparses plus ou moins fautives. Le premier il les a réunies, et en a fait un corps de doctrine : ainsi ce n'est que depuis lui que l'idéologie est vraiment une science. Il l'aurait encore bien plus avancée si, au lieu de disséminer ses principes dans plusieurs ouvrages, il les avait rassemblés dans un traité unique qui contînt son système tout entier : mais, quoiqu'une mort prématurée l'ait empêché de rendre cet important service à la raison humaine, il n'en est pas moins le guide le plus généralement suivi par tous les bons esprits de nos jours, et il a la gloire d'avoir puissamment contribué à les former.

part. premiere, section 2; dans son traité des Sensations, part. premiere, chap. 2 et 3, et dans plusieurs
autres endroits de ses ouvrages : elle n'est pas par-
tout exactement la même.

Voilà bien des parties distinctes dans cette seule
chose que nous appelons la pensée. Les disciples
de Condillac et Condillac lui-même y en ont quelquefois ajouté d'autres, et souvent en ont retran-
ché : ces variations indiquent déja qu'il y a de l'arbitraire dans ces divisions, et qu'elles ne sont pas
manifestement commandées par les faits; mais pour
en être tout-à-fait certains, il nous suffit de nous rendre
un compte exact de la signification de tous ces termes.

Je vois d'abord comme en parallele et presque
en opposition l'entendement et la volonté. Je comprends bien que l'on exprime par le mot *volonté*
cette faculté, ce pouvoir que nous avons de ressen-
tir des desirs, des penchants pour certaines manieres d'être, et de l'éloignement pour d'autres :
c'est aussi l'usage que nous avons fait de ce terme,
et je le crois fondé; mais je ne vois pas de même
pourquoi on groupperait sous le seul mot *entendement* des choses aussi distinctes que sentir, se ressouvenir, et juger.

En effet on peut dire que nos connaissances ne
consistent proprement que dans les jugements que
nous portons des impressions que nous recevons;
qu'ainsi, rigoureusement parlant, il n'y a de tout

cela que le jugement qui appartienne à l'entendement ; et qu'il faudrait ne placer que lui sous ce titre ,
tandis que la sensibilité , et même la mémoire ,
iraient très bien se ranger avec le desir , qui est un
effet immédiat et nécessaire de l'impression reçue.

D'un autre côté, si on considere que sentir et
vouloir sont des modifications soudaines et pour
ainsi dire forcées , et que se ressouvenir et juger
portent un caractère de plus de réflexion , on pourrait ranger la volonté avec la sensibilité comme en
étant une dépendance , et laisser ensemble sous un
autre nom la mémoire et le jugement , et tout ce qui
y tient ; ce qui produirait encore une autre distri-
bution. Peut-être pourrait-on encore avec plus de
raison observer que la sensibilité et la mémoire sont
les facultés qui fournissent au jugement et à la volonté les sujets sur lesquels ils s'exercent ; qu'elles
sont intimement liées ; et que sous ce point de vue il
convient de les réunir comme étant le principe de
tout , et de laisser ensemble le jugement et la volonté , les regardant comme des conséquences.

Enfin , si l'on fait attention que tout desir quelconque est le produit d'une sorte de discernement
des qualités d'une chose , on trouvera que la volonté
elle-même appartient à l'entendement plus que la
sensibilité et la mémoire ; et cela produira un nouvel
arrangement, ou détruira toute division. Il y a donc,
je le répete, bien de l'arbitraire dans celle adoptée.

Le vrai est qu'il vaut mieux ne pas réunir forcément sous des titres fantastiques des choses aussi différentes entre elles que la sensibilité, la mémoire, le jugement, et la volonté, et que nous devons les laisser aussi distinctes et séparées dans nos nomenclatures qu'elles le sont dans le fait.

Si de cette division générale nous passons aux détails, je vois d'abord l'*attention* à la tête des facultés qui composent l'*entendement*: mais l'attention est-elle donc une faculté particuliere? consiste-t-elle dans une opération de l'esprit distincte de toutes les autres? je ne le crois pas. Être attentif à quoi que ce soit, c'est apporter à une chose quelconque le soin nécessaire au succès. L'attention est l'état de l'homme qui veut surmonter une difficulté ; c'est une maniere d'être, produite par l'énergie de la volonté; c'est un effet, et non pas une cause ; et je ne vois là aucune action spéciale : j'aimerais autant faire une faculté de la tristesse ou de la fatigue. Mais, dit-on, quand je fais *attention* à une sensation, j'en ai la conscience, et toutes les autres disparaissent. Hé bien ! les autres sont nulles ; et vous avez une sensation : voilà tout. Vous auriez de même la perception d'un souvenir, d'un rapport, ou d'un desir. Aussi, dit-on, l'attention devient successivement tout cela. Dans ce cas-là elle n'est rien par elle-même, et il est inutile d'en parler ; c'est aussi à quoi je conclus.

Vient ensuite la comparaison : c'est, nous dit-on,

une double attention, une attention qui se porte sur deux objets à la fois. Soit ; j'ai déja dit ce que je pense de l'attention. Mais comment comprendre la comparaison séparée du jugement? Juger n'est-ce pas sentir un rapport entre deux objets? et sentir un rapport entre eux n'est-ce pas les comparer? aussi ajoute-t-on que nous ne pouvons comparer deux objets sans les juger. Pourquoi donc séparer deux choses inséparables? Je ne vois toujours là que deux actions, sentir et juger. La comparaison est jugement, ou n'est que sensation ; elle n'est donc rien en elle-même. Passons à la réflexion.

Nous avons déja vu, chapitre VI, p. 76, ce que c'est que réfléchir ; il est inutile de le répéter ici : il suffit de remarquer que la réflexion n'étant qu'un certain usage que nous faisons de nos facultés intellectuelles, elle n'est point elle-même une faculté particuliere.

J'en dirai autant de l'imagination, qu'on fait consister à rassembler dans un seul objet fantastique les qualités de plusieurs objets réels. Cela n'a pas besoin de preuves.

Quant à cette autre imagination qui consiste à avoir des souvenirs si vifs que les objets semblent actuellement présents, nous avons déja observé, au chapitre III, qu'elle n'est que la mémoire, ou l'effet de la mémoire, qui va jusqu'à réveiller la sensation même. Elle n'a donc pas besoin d'un nom particulier, non plus que la réminiscence, que l'on fait consister à avoir des souvenirs et à sentir que ce sont des souvenirs. Celle-là est la mémoire unie à un jugement.

Reste donc le raisonnement, qui est, dit-on, une suite de jugements implicitement renfermés les uns dans les autres. J'en conviens; et j'en conclus que ce n'est là qu'une répétition de l'action de juger, et non une faculté particuliere.

Voilà pourtant à quoi se réduisent toutes ces subdivisions si multipliées de ce qu'on appelle entendement. Je n'y retrouve jamais, en les analysant, que des sensations, des souvenirs, et des jugements; et je suis toujours plus convaincu qu'elles ne sont propres qu'à embrouiller la matiere, en créant des êtres imaginaires, et en en confondant de très réels. Voyons s'il en sera de même de la volonté.

On place à la tête des opérations intellectuelles que l'on rapporte à la volonté une affection nommée *le besoin*, que l'on nous dit être une souffrance. Quand cette souffrance est faible, on l'appelle *malaise*; et quand elle nous prive du repos, on lui donne le nom d'*inquiétude*. On nous présente cela comme trois opérations distinctes; et l'on fait intervenir la réflexion et l'imagination pour transformer ces opérations en une quatrieme, que l'on appelle le *desir*. J'avoue que je ne comprends rien à cette explication; je ne vois encore là que deux choses, souffrir, et desirer; et ces deux choses je les connais bien par expérience. Souffrir, est une maniere d'être, un produit de la sensibilité ; c'est l'effet d'une impression reçue : et cette impression est telle qu'elle me fait porter le jugement distinct ou implicite que je dois l'éviter , d'où il suit que j'en conçois le desir. Dans la puissance de concevoir des desirs consiste uniquement ce que j'appelle *volonté*.

Notre auteur , au contraire , comprend encore parmi les opérations dépendantes de la volonté les passions , l'espérance , la volonté proprement dite, et jusqu'à la crainte , la confiance , la présomption.

Il est vrai qu'il nous explique que les passions sont des desirs devenus habituels , que l'espérance est le desir joint à un jugement , et que la volonté , dans le sens restreint , est encore le desir joint à un autre jugement. Ainsi ce ne sont pas là des impressions élémentaires , mais des affections composées , dans lesquelles il n'y a que le desir qui appartienne à la faculté appelée *volonté*.

Pour la crainte, la confiance, la présomption, etc. ce n'est pas la peine de nous y arrêter : il est trop manifeste que ce sont des manieres d'être , des états de l'homme résultants de l'emploi bon ou mauvais de toutes ses facultés ; et que des résultats si compliqués ne peuvent jamais être regardés comme des éléments.

Je persiste donc à penser que la maniere dont Condillac a décomposé notre intelligence est vicieuse;

et que plus on y réfléchira, plus on se convaincra que la pensée de l'homme ne consiste jamais qu'à sentir des sensations, des souvenirs, des jugements, et des desirs (1).

Au reste l'examen auquel nous venons de nous livrer peut nous fournir des réflexions importantes. La premiere qui se présente, c'est que le grand métaphysicien dont j'ose ici combattre quelques idées, a le mérite éminent d'avoir le premier bien reconnu ce que c'est que penser.

Il dit dans vingt endroits, et nommément dans ceux que je viens de citer : *Les facultés de l'ame naissent successivement de la sensation. Elles ne sont que la sensation qui se transforme pour devenir chacune d'elles. Toutes les opérations de l'ame ne sont que la sensation même qui se transforme différemment, etc...* Et, ce qui est plus précis encore, il dit, dans sa Logique, chapitre 7 : *Toutes les facultés que nous venons d'observer sont renfermées dans la faculté de sentir.* Assurément c'est bien dire, non seulement comme Locke, que toutes nos idées viennent des sens, mais encore qu'elles ne sont que

---

(1) Pour l'intelligence complete de cette discussion, que j'ai tâché de resserrer, j'invite le lecteur à relire l'Analyse de la Pensée, par Condillac, dans un des endroits cités ci-dessus, et sur-tout dans le chap. 7 de la premiere partie de sa Logique, où elle est le plus détaillée, et que j'ai eu principalement en vue.

des sensations de différentes especes. Cependant cela
n'est pas complètement net, et souvent les explications subséquentes obscurcissent encore ces traits
de lumiere. J'aurais donc mieux aimé qu'il dît,
Sentir est un phénomene de notre organisation,
quelle qu'en soit la cause ; et penser n'est rien que
sentir. Ce que nous appelons la faculté de penser,
la pensée, n'est autre chose que la faculté de sentir,
la sensibilité prise dans le sens le plus étendu. Toutes
nos idées, toutes nos perceptions sont des choses
que nous sentons, c'est-à-dire des sensations, auxquelles nous donnons différents noms, suivant leurs
différents effets et leurs différents caracteres.

Alors, au lieu d'expliquer péniblement comment
la sensation devient mémoire, jugement, volonté,
et mille autres choses, il aurait dit tout simplement, comme nous, que notre faculté de sentir
ou penser consiste à sentir des sensations proprement dites, des souvenirs, des rapports, des
desirs, et tout ce qu'il aurait jugé à propos d'y
distinguer.

Je crois ces deux manieres de s'exprimer bien
identiques. Cependant telle est la conséquence de
présenter la même idée sous un aspect ou sous un
autre, que quand, par la suite de mes observations
et de mes réflexions, j'ai été conduit à conclure que
toutes nos idées ne sont que des sensations diverses,
et que penser, sentir, et exister, ne sont pour nous

qu'une seule et même chose, j'ai cru fermement ne
l'avoir pas appris de Condillac ; et peut-être beaucoup de ses sectateurs ne conviendront pas que je
dise la même chose que lui, ni par conséquent que
j'aie raison.

Il y a plus, je suis persuadé que s'il avait rédigé
son propre principe sous la forme que je lui donne,
cet excellent esprit, qui lui a fait éliminer tant d'idées
fausses et vagues, l'aurait amené nécessairement à
ne plus reconnaître dans la pensée toutes ces opérations parasites qu'il y admet encore, et qui ne
font qu'embrouiller l'analyse qu'il en a faite, ce
qui a été un vrai malheur pour la science: au reste
peut-être a-t-il cru s'être fait entendre suffisamment;
peut-être n'a-t-il pas voulu s'expliquer davantage.
Quoi qu'il en soit, je persiste à soutenir qu'à lui seul
appartient l'honneur d'avoir découvert *que penser
n'est rien que sentir, et que toutes nos idées ne sont
que des sensations diverses dont il ne s'agit que de démêler les combinaisons.* J'ai débarrassé cette grande
vérité de quelques nuages qui l'obscurcissaient encore un peu ; j'en ai tiré quelques conséquences de
plus, et voilà tout.

La réflexion que nous venons de faire sur Condillac en amène naturellement une autre plus directement relative à la science ; c'est qu'il est bien
extraordinaire que depuis le temps que les hommes
pensent et cherchent à se rendre compte de leurs

idées, ce soit une découverte nouvelle de savoir que penser est la même chose que sentir ; et qu'il est encore plus surprenant que le même homme qui a été capable de sentir cette vérité, ait pu ensuite se tromper sur le nombre et l'espece des opérations distinctes qui composent cette faculté de sentir, et des sortes de sensations réellement différentes entre elles que nous lui devons.

Il semble en effet, au premier apperçu, que rien au monde ne devrait être plus aisé, sinon de connaître les causes de la pensée, du moins d'en observer les effets ; il paraît que là il n'y a pas même possibilité à l'erreur : car de quoi s'agit-il pour chacun de nous ? de se rendre compte de ce qu'il fait tous les jours, à tous les moments ; d'en examiner les détails ; de s'en tracer un tableau fidele. Il n'est question de rien combiner, de rien inventer, encore moins de rien supposer. Il n'y a que des faits à recueillir, et ces faits se passent en nous ; chacun est pour lui-même le champ le plus riche en observations, et le sujet de ses expériences les plus instructives : enfin tout consiste à savoir ce que l'on sent. Qui pourrait jamais croire, s'il n'y était forcé par l'expérience de tous les siecles et par la sienne propre, que ce soit là une entreprise dans laquelle aient échoué les meilleurs esprits ? cependant non seulement la difficulté d'y réussir n'est que trop certaine, mais même elle est telle qu'il faut déja être fort avancé pour voir nettement en quoi elle consiste. Tout ce que nous avons dit jusqu'à présent a pu nous mettre sur la voie, mais ne suffit pas pour bien éclaircir l'état de la question : il faut donc que nous considérions encore notre pensée sous d'autres aspects, et que nous examinions quelques uns des principaux phénomenes qu'elle présente. C'est ce que nous allons faire dans le chapitre suivant.

CHAPITRE XII.

De la faculté de nous mouvoir, et de ses rapports avec la faculté de sentir.

MES jeunes amis, je vous ai montré quels sont les éléments de nos idées ; je vous ai expliqué comment ces éléments forment toutes nos idées composées ; et je vous ai fait voir en quoi consiste la réalité de l'existence des êtres que ces perceptions nous font connaître ; j'ai ajouté à ces explications quelques applications et quelques discussions qui me paraissent satisfaisantes : ainsi je crois avoir rempli la tâche que je m'étais imposée, de vous apprendre ce que vous faites quand vous pensez. Cependant, avant de quitter ce sujet, je crois devoir encore examiner avec vous quatre objets importants ; savoir, 1°. jusqu'à quel point notre faculté de penser est dépendante de notre volonté ; 2°. quelles modifications apporte dans notre pensée la fréquente répétition de ses actes ; 3°. ce que, dans l'état actuel de la raison humaine, la faculté de penser des hommes en société doit au perfectionnement graduel de l'individu et à celui de l'espece; 4°. l'influence de l'usage des signes sur ces deux especes de perfectionnement. Ces quatre nouvelles manieres de considérer nos facultés intellectuelles nous apprendront à les mieux connaître, et nous donneront la solution de plusieurs questions, et entre autres de celle que nous nous sommes proposé dans le chapitre précédent, savoir en quoi consiste la difficulté que tout homme éprouve à se rendre compte de ce qui se passe en lui quand il pense.

Pour réussir dans ces recherches, il faut agrandir le champ de nos observations. Nous ne devons plus nous borner à examiner notre faculté de penser, isolée et abstraite des autres circonstances de notre existence, il faut considérer notre individu tout entier et dans son ensemble. Deux phénomenes principaux s'y font remarquer; l'un est cette capacité, ce pouvoir que nous avons de recevoir des impressions, d'avoir des perceptions, en un mot, d'éprouver des modifications dont nous avons la conscience: c'est ce que nous appelons la faculté de penser ou de *sentir*, en prenant ce mot dans le sens le plus étendu.

L'autre est cette capacité ou ce pouvoir que nous avons de remuer et de déplacer les différentes parties de notre corps, et d'exécuter une infinité de mou-

vements tant internes qu'externes , le tout en vertu
de forces existantes au-dedans de nous , et sans y
être contraints par l'action immédiate d'aucun corps
étranger à nous : c'est ce que nous appelons la faculté
de nous *mouvoir*.

Ces deux phénomenes sont également le résultat
de notre organisation : nous pouvons bien les diviser
par la pensée pour examiner séparément et successivement les effets de l'un et de l'autre , mais dans
la réalité ils sont inséparables ; le premier au moins
ne peut exister sans le second : car, quoiqu'il soit
vrai qu'il s'opere beaucoup de mouvements en nous
sans que nous en ayons la conscience , sans qu'ils
nous causent la moindre perception , il est certain
que nous ne pouvons concevoir aucune perception
produite en nous , même la plus purement intellectuelle , sans un mouvement quelconque opéré dans
quelqu'un de nos organes. Ainsi , à prendre les choses
telles qu'elles sont , nous ne devons regarder l'action
de penser ou sentir que comme un effet particulier
de l'action de nous mouvoir , et la faculté de penser
que comme une dépendance de la faculté de nous
mouvoir. Celle-ci mérite donc bien de fixer notre
attention.

J'ai dit que nous avons le pouvoir de faire des
mouvements en vertu de forces existantes au-dedans
de nous et sans y être contraints par l'action immédiate d'aucun corps étranger. Je ne prétends pas

pour cela qu'il existe en nous un principe essentiellement actif et vraiment créateur d'une force absolument nouvelle , indépendante de toutes celles qui
existent dans le monde; en sorte qu'en vertu de notre énergie propre la quantité du mouvement se
trouve augmentée d'un moment à l'autre dans l'u-
nivers par notre action. Au contraire , et cela est
essentiel à remarquer , des expériences rigoureuses
prouvent que quand un homme se suspend à la corde
d'une poulie , il n'agit sur elle qu'en vertu de son
poids , et ne peut rien au-delà ; que quand il pousse
contre un mur ou contre un fardeau , il réagit contre le terrain sur lequel il s'appuie avec une force
égale à celle qu'il applique à la résistance ; qu'il en
est de même quand il souleve un poids ; qu'enfin il
n'agit jamais que comme poids , ou comme ressort, ou
comme levier, à la maniere des êtres inanimés , et qu'il
ne crée proprement aucune force nouvelle. Cependant il n'est pas moins certain qu'un corps vivant
n'a pas besoin de l'application immédiate d'un corps
étranger pour être mu , et que bien qu'il lui faille
un point d'appui pour opérer un effet quelconque ,
et qu'ainsi son action ne soit qu'une réaction , il a
au-dedans de lui le principe de cette action.

Il y a plus, l'expérience prouve aussi que nos muscles dans l'état de vie soulevent des poids de beaucoup supérieurs à ceux qui seraient capables de les
déchirer dans l'état de mort. C'est donc quelque

chose que la vie ; c'est elle qui fait aussi que tant qu'un corps en est doué, il a la force d'assimiler à sa substance les corps avec lesquels il est en contact d'une maniere convenable, tandis que dès qu'il est mort, ce sont tous les éléments qui le composent qui se dissolvent, se séparent, et vont former de nouveaux mixtes avec les êtres environnants suivant de nouvelles lois d'affinités. Cette force vitale, nous ne savons pas en quoi elle consiste ; nous ne pouvons nous la représenter que comme le résultat d'attractions et de combinaisons chymiques qui pendant un temps donnent naissance à un ordre de faits particuliers, et bientôt, par des circonstances inconnues, rentrent sous l'empire de lois plus générales, qui sont celles de la matiere inorganisée. Tant qu'elle subsiste *nous vivons*, c'est-à-dire que *nous nous mouvons et que nous sentons*.

Cette force vitale produit donc la faculté de faire des mouvements ; mais comment s'exécutent ces mouvements ? c'est ce que nous ignorons. Nous savons bien que les muscles sont ceux de nos organes qui en sont les instruments immédiats, et que quand une partie quelconque de notre corps se meut, c'est par l'effet de la contraction du muscle qui l'attire de ce côté. Nous savons encore que si ce muscle se raccourcit, c'est par l'affluence des liqueurs dans les nombreux vaisseaux qui l'arrosent, lesquels se dilatent, et obligent la fibre à se raccourcir. Mais qu'est-ce qui imprime cette direction à ces fluides ? nous l'ignorons, comme nous ignorons leur nature, leur origine, et le principe de la circulation par laquelle ils entretiennent notre vie. Toutefois il reste certain que, tant que nous sommes vivants, notre organisation, au moyen de combinaisons la plupart inconnues, produit beaucoup de mouvements apparents, et un bien plus grand nombre de mouvements internes, qui n'ont pour cause immédiate aucun corps étranger au nôtre ; et que plusieurs de ces mouvements produisent en nous le phénomene que nous appelons *sentir*, tandis que d'autres ont lieu sans que nous en soyons avertis, sans que nous en ayons la moindre conscience.

Si de ces premieres observations sur la faculté de nous mouvoir nous passons à l'examen de ses rapports avec celle de penser ou sentir, nous voyons bien que c'est par nos nerfs que nous sentons ; et que toutes les fois que nous avons une perception quelle qu'elle soit, ce ne peut être qu'en vertu d'un mouvement quelconque opéré dans l'intérieur de ces nerfs, ou de quelqu'un des principaux points dans lesquels ils se réunissent. Mais qui nous dira quelle est la nature de ce mouvement et en quoi précisément il consiste ? c'est assurément une connaissance à laquelle nul homme n'est encore parvenu. Tout ce que nous avons pu faire jusqu'à présent a été de remarquer quelques circonstances et quelques effets de ces mouvements.

A plus forte raison ne pouvons-nous pas déterminer la différence du mouvement qui s'opere dans les nerfs de notre œil, lorsque nous voyons du bleu ou du rouge ; ni dans ceux de notre oreille, quand nous entendons un son grave ou aigu ; ni dans ceux de notre nez, quand nous sentons une odeur ou une autre ; ni dans ceux de la peau de notre main ou d'une autre partie de notre corps, quand nous sentons une piquure ou une brûlure, une douce chaleur ou un chatouillement agréable. Mais nous devons croire que toutes les fois que le même nerf nous procure une sensation différente, il faut qu'il ait éprouvé un ébranlement différent, et qu'il se passe en lui et dans l'organe cérébral un mouvement particulier ; et aussi que chacun de ces nerfs a une maniere d'être mu et d'agir sur le cerveau qui lui est propre, puisque toutes ou presque toutes les impressions produites par chacun d'eux different entre elles plus ou moins : en sorte qu'aucune ou presque aucune des perceptions qui nous viennent par un nerf n'est exactement la même que celle que nous devons à un autre nerf. La preuve en est qu'aucunes de nos différentes sensations, même de celles qui ont le plus d'analogie entre elles, ne sont complètement semblables.

Malgré ces différences vraisemblables entre les divers mouvements nerveux qui produisent chacune de nos sensations proprement dites, ils ont ensemble un point de ressemblance ; c'est de partir tous de l'extrémité de nos nerfs la plus éloignée du centre commun, et de se diriger vers ce centre ; tandis que ceux qui nous occasionnent les perceptions que nous nommons souvenirs, jugements, desirs, sont purement internes, et peut-être même se portent du centre vers la circonférence.

Raisonnant sur ceux-ci comme j'ai fait sur les premiers, je suis conduit à croire que le mouvement quelconque en vertu duquel j'ai le sentiment d'un souvenir, ne saurait être le même que celui par lequel je perçois un jugement; ni celui-ci, le même que celui qui me donne le sentiment d'un desir. Et en outre chaque perception de chacune de ces classes doit être produite par un mouvement particulier. Elles sont trop différentes entre elles pour être les effets de causes identiques. Je conçois donc que toutes ces affections sont les résultats d'autant de mouvements divers qui se passent en moi, et qui sont si fugitifs et si fins, que je ne puis les appercevoir que par leurs produits, mes perceptions. On voit par ces réflexions quelle prodigieuse quantité de mouvements différents s'operent en nous, sans compter même tous ceux, peut-être très nombreux aussi, qui ne sont la source d'aucune perception.

Je ne pousserai pas plus loin ces observations sur la faculté de nous mouvoir ; elles sont suffisantes pour l'objet que je me propose. Il s'agit maintenant de voir quelle est l'influence de notre volonté sur tous ces mouvements , et sur les effets qu'ils produisent.

CHAPITRE XIII.

De l'influence de notre faculté de Vouloir sur celle de nous Mouvoir, et sur chacune de celles qui composent la faculté de penser.

Vous avez vu, chapitre V, combien elle est importante pour nous cette faculté de former des desirs, puisqu'elle est la cause de tous nos plaisirs et de toutes nos peines, suivant que ces desirs sont ou ne sont pas accomplis. Elle n'est pas moins remarquable par cette heureuse circonstance, que nos desirs exercent souvent un grand pouvoir sur nos actions et sur nos pensées. Il est donc intéressant d'examiner la nature et les limites de ce pouvoir, et jusqu'à quel point il s'étend sur nos différentes facultés. Les réflexions contenues dans le chapitre précédent nous permettant de ne regarder dorénavant l'action de penser que comme une circonstance qui accompagne souvent celle de nous mouvoir, nous allons d'abord parler du pouvoir de notre volonté sur celle-ci ; et ensuite nous dirons en peu de mots quelle est son influence sur chacune de nos facultés intellectuelles.

On peut distribuer tous nos mouvements en plusieurs classes, eu égard aux degrés de dépendance où ils sont de notre volonté. Ces especes de tableaux détaillés des phénomenes de notre existence sont d'une grande utilité pour nous en faire prendre des idées justes, en nous accoutumant à y remarquer des circonstances auxquelles le plus souvent on ne fait aucune attention.

Beaucoup de nos mouvements s'exécutent en nous sans que nous en ayons jamais la moindre connaissance. De ce nombre sont presque tous les mouvements qui entretiennent et renouvellent à chaque instant notre vie ; et ce sont par conséquent les plus nécessaires à notre existence. Nous étant complètement inconnus, il n'y a pas de doute que notre volonté n'a sur eux aucun empire.

Il en existe d'autres dont quelquefois nous avons la conscience, et qui quelquefois aussi s'exécutent à notre insu. Dans ce dernier cas ils rentrent dans la premiere classe : mais lors même qu'ils nous sont connus, tantôt ils sont absolument volontaires, tantôt ils s'exécutent sans que nous nous en mêlions ; souvent même ils ont lieu malgré notre volonté expresse de les empêcher.

Il en est encore que nous faisons toujours volontairement, et d'autres toujours malgré nous. Enfin

il en est que notre organisation nous rend constamment impossibles , même lorsque nous desirons le
plus de les faire.

L'empire de notre volonté sur notre faculté de
nous mouvoir est donc très différent dans les différents cas , et souvent resserré dans des bornes très
étroites. Remarquons encore, en terminant cette énumération de nos mouvements , que ceux qui sont le
plus soumis à notre volonté, tels que ceux qui consistent dans l'usage ordinaire de nos membres ,
sont eux-mêmes le produit d'une foule d'autres mouvements internes, qui ont lieu sans notre volonté expresse, ou même sans que nous le sachions; en sorte
que ce n'est proprement que les résultats qui s'operent parceque nous le voulons, mais que les mouvements qui y préparent s'exécutent d'eux-mêmes, à
quelques nuances près suivant les cas.

Si de la faculté de nous mouvoir nous passons à
nos facultés intellectuelles , la réflexion précédente
y trouve encore bien plus d'applications. Sans doute ,
comme nous l'avons déja dit, toutes nos perceptions
sont des produits de mouvements opérés au-dedans
de nous ; mais aucuns d'eux ne se laissent appercevoir : et quand nous desirons réveiller en nous telle
ou telle perception , nous sommes assurément bien
incapables de faire avec intention aucuns des mouvements internes nécessaires pour la produire. Ils
nous sont même si complètement inconnus que nous

n'en ferons aucune mention ici. Nous allons seulement indiquer en peu de mots jusqu'à quel point et dans quel sens on peut dire qu'il dépend de nous d'éprouver telle ou telle impression, d'exercer telle ou telle de nos facultés intellectuelles. Commençons par la sensibilité proprement dite.

Il ne dépend pas de nous de ne pas percevoir les sensations, c'est-à-dire de ne pas sentir les ébranlements que les corps extérieurs causent dans les organes de nos sens, ou ceux que les parties mêmes de notre corps excitent les unes dans les autres par leur action mutuelle; il ne dépend pas de nous davantage de modifier ces impressions qu'elles nous font, c'est-à-dire de trouver agréables ou désagréables celles qui ne le sont pas; mais il dépend de nous jusqu'à un certain point d'appliquer tellement notre attention à quelques unes de nos perceptions, que les autres deviennent comme nulles pour nous. Cela arrive souvent à tous les hommes: il y en a même chez qui ce pouvoir est porté à un grand degré; ce sont ceux qui sont occupés de passions violentes, ou de méditations profondes. C'est à quoi se réduit l'influence de la volonté sur la sensibilité proprement dite.

Quant à la mémoire, nous éprouvons que le souvenir de certaines perceptions nous vient souvent, non seulement sans que nous le voulions, mais même quoique nous desirions l'écarter; mais nous éprouvons aussi qu'il nous revient lorsque nous cherchons à nous le procurer : ainsi la mémoire est tantôt indépendante, tantôt dépendante de la volonté. Nous verrons dans la suite quels sont les moyens d'augmenter le pouvoir de la volonté sur cette faculté : pour le moment nous nous bornons à l'énoncé des faits. Usons-en de même à l'égard du jugement.

Le jugement est indépendant de la volonté en ce sens, qu'il ne nous est pas libre, quand nous percevons un rapport réel entre deux de nos perceptions, de ne pas le sentir tel qu'il est, c'est-à-dire tel qu'il doit nous paraître en vertu de notre organisation, et tel qu'il paraîtrait à tous les êtres organisés comme nous, s'ils étaient exactement dans la même position. C'est cette nécessité qui constitue la certitude et la réalité de tout ce que nous connaissons. Car s'il ne dépendait que de notre fantaisie d'être affectés d'une chose grande comme si elle était petite, d'une chose bonne comme si elle était mauvaise, d'une chose vraie comme si elle était fausse, il n'existerait plus rien de réel dans le monde, du moins pour nous. Il n'y aurait ni grandeur ni petitesse, ni bien ni mal, ni faux ni vrai; notre seule fantaisie serait tout. Un tel ordre de choses ne peut pas même se concevoir, il implique contradiction. Notre jugement est donc bien indépendant de notre volonté en ce sens. Mais il en dépend en ce que, comme nous l'avons vu, nous sommes maîtres jusqu'à un

certain point de considérer telle perception et de
rappeler tel souvenir plutôt que d'autres, et de donner notre attention plutôt à un de leurs rapports
qu'à un autre. Ainsi c'est à proportion que nous soumettons notre sensibilité et notre mémoire à l'action
de notre volonté que celle-ci devient maîtresse des
opérations de notre jugement.

Enfin on peut demander, et on demande souvent,
si notre volonté elle-même est libre, si elle dépend
de nous, c'est-à-dire, à parler exactement, si elle
dépend uniquement d'elle-même. Il est bon de commencer par éclaircir cette expression, et par voir
pourquoi nous mettons ainsi notre *moi* à la place
de notre *volonté*, et pourquoi nous nous identifions
davantage avec cette faculté qu'avec toute autre,
comme si celles de percevoir des sensations, des souvenirs, des rapports, celle de faire des mouvements,
n'étaient pas nous, ne nous appartenaient pas, ne
faisaient pas partie de notre moi, comme celle de
former des desirs. La raison en est simple. Jouir et
souffrir est tout pour nous; c'est notre existence
tout entiere; et nous ne jouissons et souffrons jamais qu'autant que nous avons des desirs, et qu'ils
sont accomplis ou non. Nous n'existons donc que
par eux et par la faculté d'en former. Quand quelque chose se fait contre notre desir, nous voyons
bien que ce n'est pas nous qui l'opérons. Nos desirs
et toutes les actions qui en sont les conséquences

sont donc toujours la même chose que nous ; et tout ce qui n'est pas eux ou n'en dérive pas, est étranger à nous, ne fait pas partie de notre *moi*. La question proposée se réduit donc à celle-ci : Notre volonté dépend-elle uniquement d'elle-même ? ce qui est la même chose que de demander, pouvons-nous vouloir sans cause, et uniquement parceque nous voulons vouloir ? Ainsi présentée, cette question n'est pas difficile à résoudre ; comme il arrive toujours quand les questions sont bien posées, c'est-à-dire que leurs vrais éléments sont bien énoncés. Car, pour résoudre une question, il ne s'agit jamais que de porter un jugement ; et quand les deux idées à comparer sont connues et présentes, le jugement est tout de suite porté. Dans le cas actuel il ne s'agit que de voir s'il est dans la nature de notre volonté d'entrer en action sans être mue par rien, si un desir peut naître en nous sans cause : il est bien clair que non. En effet, si nous considérons le desir abstraitement, si nous n'y voyons qu'une perception, nous ne pouvons le concevoir, que comme une conséquence nécessaire du jugement qu'une perception précédente est pour nous bonne ou mauvaise à éprouver, desirable ou non ; et ce jugement, que comme la suite inévitable de la maniere dont nous a affecté cette perception quand nous l'avons éprouvée. Si au contraire nous regardons nos desirs, ainsi qu'ils sont en effet, comme les résultats de certains mouvements inconnus qui se passent dans les organes de l'être animé, et qui lui font éprouver une maniere d'être qu'il appelle desirer, il est certain que tout desir suit nécessairement du mouvement des organes qui a la propriété de le produire; et que ce mouvement des organes n'est pas un acte de la volonté, mais est lui-même occasionné par d'autres mouvements antérieurs. Ainsi, ni sous le rapport idéologique, ni sous le rapport physiologique, il n'est possible de concevoir le desir autrement que comme une suite nécessaire de faits antérieurs; et en général il ne nous est pas possible de comprendre un acte quelconque qui soit son principe et sa cause à lui-même. Ainsi ceux de notre volonté sont forcés et nécessaires comme ceux de toutes nos autres facultés, et comme ceux de tous les autres êtres animés ou inanimés qui existent dans la nature.

Cette vérité, au reste, ne fait pas que nous ayons tort d'attribuer à la faculté de vouloir l'extrême importance que nous y attachons dans nous et dans les autres, d'en porter les jugements que nous en portons, et de nous conduire comme nous le faisons à son égard.

Nous n'avons pas tort de nous identifier à notre propre volonté, et de dire indifféremment, il dépend de moi, ou il dépend de ma volonté de faire telle ou telle chose, je ne suis pas le maître de cela, ou cela ne dépend pas de ma volonté: car comme souffrir et jouir est tout pour nous, et que nous ne souffrons et jouissons jamais qu'autant que notre volonté est accomplie ou contrariée, elle est bien un être identique avec notre *moi*.

Nous n'avons pas tort d'attacher une extrême importance à la volonté dans les autres êtres sentants et voulants, et de l'identifier avec leur *moi*; et eux, à leur tour, n'ont pas tort d'y attacher une extrême importance en nous, et de l'identifier avec notre *moi*; car notre volonté a la puissance de diriger presque toutes nos actions, et sur-tout toutes celles par lesquelles nous influons sur eux. Ainsi pour eux notre volonté ou nous c'est bien exactement la même chose, excepté dans certains cas qui forment des exceptions assez rares.

Ils n'ont pas tort non plus d'attacher une idée de mérite ou de démérite, un sentiment d'amour ou de haine à notre volonté éclairée ou stupide, bienveillante ou malveillante à leur égard : car si nous n'avons pas le pouvoir de vouloir uniquement parceque nous voulons vouloir, nous avons jusqu'à un certain point, comme nous l'avons dit, celui d'attacher notre attention à telle ou telle perception, de multiplier et de rectifier les jugements que nous en portons, et en vertu desquels nous avons des volontés. Or, que nous soyons portés à ces recherches par le ridicule pouvoir de les desirer sans motifs, ou par des circonstances inconnues, peu importe à ceux qui ne sont affectés que des résultats, et qui ne peuvent accorder leur estime qu'à la justesse qui y brille, et leur amour qu'au bien qui en résulte pour eux. En effet une chose quelconque n'est ni estimable ni aimable par la cause qui la produit, mais par l'effet qui en résulte ; et si nous disons communément que c'est l'intention seule (c'est-à-dire la volonté) qui fait tout le mérite d'une action, et que c'est l'intention seule dont on peut savoir bon ou mauvais gré, c'est uniquement parceque, comme nous l'avons déja remarqué, nous identifions avec raison les autres avec leur volonté, comme nous nous identifions nous-mêmes avec la nôtre : et cette expression ne signifie autre chose si ce n'est qu'un individu n'est estimable et aimable qu'à proportion que sa volonté est éclairée et bienveillante. Or cela est tout aussi vrai dans l'hypothese que sa volonté est l'effet nécessaire de causes inapperçues, que dans la supposition absurde qu'elle est un effet sans cause.

Par la même raison notre principe ne détruit point la justice des punitions et des récompenses ; au contraire il l'établit plus solidement : car si notre volonté est déterminée nécessairement par des jugements antécédents, il est juste et raisonnable de lui fournir des motifs de se porter au bien ; au lieu que si elle naissait sans cause, les punitions et les récompenses n'auraient aucune influence sur ses déterminations futures, et les unes ne seraient qu'une vengeance puérile, et les autres que l'expression d'une reconnaissance inutile.

Ce sont sans doute les motifs que je viens de développer qui, apperçus confusément par tous les hommes, les ont conduits à porter tous, sur leur volonté et celle de leurs semblables, des jugements qui sont très justes au fond ; quoiqu'ensuite l'ignorance des causes qui déterminent invinciblement cette volonté, et l'envie de ne pas se croire les instruments passifs des circonstances environnantes, les ait portés à imaginer que leur volonté est une création qui se produit spontanément en eux, et à ne jamais remonter à une cause antérieure de leurs actions que quand celle-là n'a pas lieu. Concluons donc que notre volonté n'a pas le pouvoir de former tel ou tel desir, sans motif et par un acte purement émané d'elle ; mais qu'ayant jusqu'à un certain point (quelle que soit la cause qui la mette en action) le pouvoir d'appliquer notre attention à une perception plutôt qu'à une autre, de nous faire retrouver un souvenir plutôt qu'un autre, de nous faire examiner tel rapport d'une chose plutôt que tel autre, tous actes qui sont les éléments de ses déterminations, elle influe, non immédiatement, mais médiatement sur sa direction ultérieure.

Je ne traiterai point ici à la maniere des scholastiques la question tant débattue de la nécessité et de la liberté : je pense, avec Locke, qu'être libre c'est avoir le pouvoir d'exécuter sa volonté, et que, toutes les fois qu'on donne un autre sens à ce mot, on ne s'entend plus. Il ne peut donc pas y avoir de liberté avant la naissance de la volonté ; et il ne pouvait être question que d'examiner ce qui fait naître notre volonté : je pense que c'est ce que nous avons fait suffisamment.

Je terminerai là ce chapitre, dans lequel, comme dans le précédent, je me suis borné à recueillir des faits, sans me permettre de remonter à leurs causes qui me sont inconnues, ni d'en tirer des conséquences qui auraient été prématurées.

Je sens qu'à la suite de ces observations je devrais indiquer les moyens de perfectionner notre faculté de nous mouvoir, et ceux de bien diriger notre faculté de vouloir et d'augmenter son influence sur toutes les autres : mais il faut auparavant nous être munis des observations dont nous allons nous occuper dans le chapitre suivant.

CHAPITRE XIV.

Des Effets que produit en nous la fréquente répétition des mêmes actes.

Nous venons de passer en revue plusieurs circonstances importantes de nos différentes opérations physiques et intellectuelles ; mais il en est encore une qui mérite de fixer toute notre attention, c'est l'effet que produit sur chacune de ces opérations sa fréquente répétition. On appelle habitude la disposition, la maniere d'être permanente qui naît de cette fréquente répétition ; c'est là le vrai sens du mot habitude. Il est vrai que dans l'usage ordinaire on confond souvent la cause et l'effet ; et quand on dit j'ai une telle habitude, j'ai l'habitude de telle chose, je suis habitué à telle chose, cela veut dire également ou que l'on fait souvent cette chose quelconque, ou que l'on éprouve la disposition qui résulte de la fréquente répétition de cette action. Ce manque de précision dans le langage vient sans doute de ce que peu de gens ont réfléchi avec attention sur les habitudes et sur leurs causes ; car l'inexactitude des expressions naît toujours de la confusion des idées : voilà pourquoi les langues se perfectionnent à mesure que les connaissances se débrouillent. Conformons-nous cependant à l'usage ; mais occupons-nous de nous faire des idées nettes de nos habitudes, et de démêler les effets qu'elles produisent sur nos différentes facultés ; et commençons par la faculté de nous mouvoir, qui, prise dans son sens le plus étendu, renferme toutes les autres.

Personne n'ignore que plus nous répétons souvent le même mouvement, quel qu'il soit, plus nous l'exécutons avec facilité et rapidité. C'est d'après cette observation constante et générale que, lorsque nous voulons réussir à faire une action quelconque, nous nous y exerçons le plus possible ; et que, quand on veut qu'un ouvrage se fasse très vîte, on a soin de partager le travail de maniere que chaque ouvrier n'ait qu'un petit nombre de mouvements et toujours les mêmes à exécuter ; c'est là le grand avantage de la division du travail dans les manufactures. Ce principe est donc connu de tout le monde.

Mais tout le monde ne remarque pas de même que plus un mouvement est facile et rapide, moins il est senti ; en sorte que souvent il finit par ne plus donner lieu à aucune sensation, par être tout-à-fait inapperçu : cela est pourtant très vrai.

Une observation non moins juste, à laquelle on fait encore plus rarement attention, c'est que lorsqu'il s'agit d'un mouvement volontaire, pour parvenir à le faire avec rapidité, il ne suffit pas que l'organe moteur immédiat contracte la souplesse nécessaire pour l'exécuter sans peine, il faut encore que nous apprenions à former promptement et sans désordre les différents desirs successifs en vertu desquels le mouvement doit s'effectuer. C'est une chose qui s'observe d'une maniere très marquée les premieres fois que l'on s'étudie à produire quelque mouvement un peu compliqué. Lorsque je commence à prendre des leçons de danse ou de clavecin, par exemple, il faut que mon maître me fasse connaître en détail les différents mouvements partiels que mes jambes ou mes doigts doivent exécuter, et dans quel ordre je dois les vouloir; il faut qu'il me les décompose, c'est-à-dire qu'il m'enseigne chaque jugement et chaque desir particulier que je dois former, et dans quel ordre ils doivent se succéder; il faut que l'opération intellectuelle devienne aussi facile que l'opération mécanique : la preuve en est que ce n'est que quand la premiere s'exécute avec régularité et sans peine, que j'ai ce qu'on appelle mon pas de danse dans la jambe, ou ma piece de clavecin dans la main; et que si elle éprouve dérangement, confusion, ou hésitation, l'opération mécanique se fera irrégulièrement et mal. C'est pour

cela que presque toutes nos actions, même celles
où nous paraissons le plus purement machines,
portent jusqu'à un certain point l'empreinte de l'état
où sont nos facultés intellectuelles.

Ajoutons encore une réflexion à celle-ci ; c'est
qu'il arrive à ces jugements et à ces desirs que nous
sommes obligés de former pour faire certains mouvements, precisément la même chose qu'à ces mouvements eux-mêmes ; c'est-à-dire que tant qu'ils sont
pénibles et lents, nous les distinguons tous et nous
en avons une conscience détaillée ; et dès qu'ils ont
été répétés assez souvent pour naître avec facilité
et rapidité, ils ont lieu presque sans que nous nous
en appercevions, ou même totalement à notre insu.
C'est ce que nous allons voir plus en détail en parlant des effets de la fréquente répétition de nos opérations intellectuelles.

Puisque toutes nos opérations intellectuelles, nos
perceptions sont des effets de mouvements qui s'o-
perent dans nos organes, il est nécessaire qu'elles
participent aux modifications qu'apporte dans tout
mouvement la circonstance d'être fréquemment répété ; mais comme les conséquences n'en sont pas
exactement les mêmes pour nos différentes especes
de perceptions, il faut les considérer séparément :
commençons par les sensations proprement dites.

Le mouvement qui a lieu lorsque nous percevons
une sensation devient plus rapide et plus facile quand

il a été fréquemment répété; il doit donc se faire qu'une sensation souvent éprouvée soit moins vive pour nous : c'est aussi ce qui s'observe. Elle ne produit plus en nous ce sentiment de surprise (1) qui nous excite si vivement les premieres fois ; plus elle se renouvelle souvent, moins elle attire notre attention; et si enfin elle est trop fréquente ou trop prolongée, elle finit par n'être plus apperçue, comme lorsque nous sentons trop long-temps la même odeur, ou le même goût, ou le même degré de lumiere ou de température (2). Quand l'effet contraire arrive,

(1) N'entendez ici par ce mot que la surprise pour ainsi dire mécanique, et non pas cette espece de surprise réfléchie ou d'admiration qui est l'ouvrage du jugement, et qui par conséquent augmente avec les connaissances. Nous en parlerons en son lieu.

(2) Je ne serais pas surpris du tout que ce fût là une des raisons, et peut-être la principale pour laquelle nous n'avons aucune conscience des mouvements qui sont nécessaires à l'entretien de notre organisation, et qui s'operent continuellement pendant tout le temps de notre existence ; et je suis très tenté de croire que, dans les premiers moments où nous commençons à sentir, nous avons un sentiment très marqué, et peut-être assez distinct de chacun de ces mouvements qui deviennent insensibles dans la suite. Beaucoup de faits observés dans les enfants autorisent cette conjecture qui ne répugne pas à la raison : au reste je dis un sentiment assez distinct, et non pas très distinct, parcequ'à cette époque l'action du jugement étant encore nouvelle et rare, et par conséquent lente et pénible,

comme lorsqu'une douleur nous devient plus insupportable à mesure qu'elle se renouvelle ou se prolonge, c'est toujours parcequ'elle finit par déranger ou détruire l'organe qu'elle affecte, ou parceque le mouvement organique qui la produit, en se répétant et se prolongeant, met en jeu d'autres organes sensitifs, et y excite des mouvements qui n'avaient pas eu lieu d'abord; ce qui dans les deux cas rend le mal réellement plus grave, ou plutôt multiplie réellement les causes de douleur. Il est même à remarquer que si nos douleurs deviennent plus poignantes à la longue, il n'en est jamais de même de nos plaisirs; ce qui pourrait tenir non seulement à ce que tout plaisir disparaît, dès que le sentiment de fatigue survient, mais encore à ce que, dans l'accroissement de la douleur par la fréquence ou la durée, il y entre de l'action de notre jugement qui nous irrite contre cet état pénible, et nous le fait trouver plus insupportable.

Il est donc vrai en général que nos sensations trop répétées deviennent moins senties, comme le mouvement sensitif qui les produit devient plus facile : mais

elle doit laisser dans la confusion beaucoup d'impressions que dans la suite elle démêlerait aisément si on les sentait encore.

Peut-être aussi, dans le cas de la prolongation continue, y a-t-il presque cessation du mouvement organique, l'organe restant dans l'état où l'a mis le commencement de l'impression sensible.

puisque ce mouvement de l'organe lui devient plus facile , la sensation doit donc devenir plus facile aussi , c'est-à-dire n'avoir pas besoin d'un stimulant aussi fort pour être excitée : c'est aussi ce qui arrive. Il est d'observation constante que la délicatesse de nos sens s'accroît par l'exercice , même indépendamment de la part qui doit être attribuée à l'action du jugement dans ce progrès ; et quand le contraire a lieu , c'est qu'il y a eu lésion dans l'organe par le trop grand usage qu'on en a fait.

Maintenant , de même que l'observation attentive de ce qui arrive à nos mouvements en vertu de leur fréquente répétition nous a conduits à trouver quel devait être l'effet de la même cause sur nos sensations , et à reconnaître que les phénomenes sont tels que nous avions jugé d'avance qu'ils devaient être ; de même aussi l'examen que nous venons de faire de la sensation nous fait déja prévoir ce qui arrive à la mémoire.

En effet , quand nous percevons une sensation , le mouvement quelconque opéré dans l'organe affecté en produit un autre dans le centre nerveux , que nous concevons comme le siege de la perception , et qui en est l'organe propre. Quand nous percevons un souvenir , ce n'est pas ce premier mouvement qui recommence ; aussi le souvenir d'une sensation n'est pas la sensation elle-même. C'est le mouvement de l'organe propre de la perception qui se renouvelle. Or ce mouvement est comme tous les autres; plus il a eu lieu souvent, plus il se renouvelle avec facilité et promptitude; et moins est vive la perception qu'il nous cause; tel est aussi ce que nous éprouvons. Plus nous avons eu souvent une perception quelconque, plus nous en avons aisément le souvenir; mais aussi moins ce souvenir nous frappe et nous émeut. S'il est plus vif quand la sensation a été longue et profonde, c'est uniquement parceque son impression sur les organes a été plus forte; mais cela ne tient pas à ce sentiment d'*étrangeté* (qu'on me passe ce terme presque synonyme de celui de *nouveauté*) qui naît de la difficulté qu'éprouve l'organe à se plier à un mouvement qu'il n'a pas encore exécuté.

Mais nul de nos mouvements internes n'est isolé; ils se tiennent et s'enchaînent, comme tous les mouvements de la nature, par une multitude de rapports et de combinaisons; et plus ils se répetent, plus ils mettent en jeu tous les mouvements adjacents, et les rendent faciles, quoique moins sensibles. Ainsi plus un souvenir se renouvelle, plus il réveille aisément tous les souvenirs collatéraux, quoiqu'ils deviennent moins frappants. C'est ainsi que s'établit cette liaison des idées, phénomene idéologique si important, dont l'observation a été si justement vantée puisqu'elle jette le plus grand jour sur nos opérations intellectuelles, et qui n'est lui-même que la liaison mécanique ou chymique des mouvements organiques qui produisent nos idées.

Ce que nous avons dit des sensations et des souvenirs s'applique complètement et parfaitement à nos jugemens, non seulement parceque l'on ne peut juger que ce que l'on sent, et que tout ce qui arrive aux matériaux, aux sujets de nos jugements, influe nécessairement sur eux, mais encore parceque nos perceptions de rapports elles-mêmes ne sont, comme nos autres perceptions, que des effets de certains mouvements dans nos organes ; aussi participent-elles à toutes les modifications qu'éprouve tout mouvement par l'effet de sa fréquente répétition. Il est manifeste que plus nous avons porté souvent le même jugement ; plus nous le portons facilement, rapidement, moins il nous frappe, et plus il réveille aisément et sans que nous nous en appercevions tous ceux qui y tiennent de près. Cela va même jusqu'à faire toutes, ou presque toutes ces opérations à notre insu, ou du moins sans que nous en ayons une conscience distincte.

Il doit en être et il en est de nos desirs absolument comme de nos jugements, puisqu'ils ne sont comme ceux-ci que des effets de mouvements organiques. Plus nous avons formé un desir ; plus nous sommes disposés à le former, plus la moindre chose l'excite, plus il réveille de sentiments environnants.

Mais en général il s'alanguit après la premiere explosion. Si cela n'arrive pas toujours, c'est parceque les opérations qui l'occasionnent, étant devenues plus faciles par leur fréquence, ou ayant laissé des traces plus profondes par leur durée, sont répétées plus souvent et à l'occasion de plus de circonstances diverses. Si enfin, au lieu de diminuer, il augmente, on peut et on doit en dire ce que nous avons dit des sensations, dont tout desir émane, et dans lesquelles il est implicitement renfermé : c'est que, par sa fréquence et sa durée, il met en jeu d'autres organes sensitifs qui n'agissaient pas d'abord, ce qui augmente le besoin primitif ; ou il rend plus fréquent le jugement que son accomplissement nous est nécessaire, ce qui rend plus énergique la souffrance de n'y pas parvenir.

Telle est, je crois, l'histoire exacte et scrupuleuse des effets qu'une fréquente répétition ou une durée prolongée produit sur nos mouvements, tant ceux qui ne consistent que dans le déplacement de quelque partie de notre corps, que ceux qui produisent nos diverses especes de perceptions ou opérations intellectuelles. Elle est fondée sur des observations faites avec soin ; et parceque du développement délicat de leurs circonstances les moins apperçues on tire des raisons diverses, dont les unes sont propres à expliquer un résultat, et les autres un résultat fort différent, ne vous persuadez pas, jeunes gens, que cette analyse soit fantastique et inventée seulement pour s'accommoder aux faits : avec cette prévention on trouverait très mauvaise l'explication du physicien qui dit, Si la fumée tombe dans le vuide et s'élève dans l'air, c'est toujours la pesanteur qui en est cause ; et pourtant il a parfaitement raison. Sans doute il vaudrait mieux qu'il pût vous dire *à priori* pourquoi la pesanteur fait tomber un corps grave, et que je pusse vous montrer les raisons mécaniques et chymiques qui font que nos mouvements tant sensibles qu'insensibles s'operent de telle ou telle façon, et produisent telle ou telle nuance de perception ; mais c'est ce que ni lui ni moi ne saurions faire : tout ce que nous pouvons, c'est d'examiner les différentes façons dont les choses se passent, et d'y découvrir quelques lois générales, c'est-à-dire quelques manieres constantes d'agir. Si après cela les faits se trouvent toujours tels qu'ils devraient être, en supposant ces lois réelles, cela prouve qu'on ne s'est pas trompé en les remarquant, et non pas qu'on les a imaginées à plaisir, pour ensuite forcer les faits à s'y accommoder ; et moins ces lois sont multipliées, et plus les faits qu'elles expliquent, c'est-à-dire qui ne les contredisent pas, sont nombreux, plus on est près du but ; car la perfection de la science serait de voir tous les faits possibles naître d'une seule cause.

Je crois donc que c'est une loi générale de tous nos mouvements, *que plus ils sont répétés, plus ils*

deviennent faciles et rapides, et que plus ils sont fa-
ciles et rapides, moins ils sont perceptibles, c'est-à-
dire, plus la perception qu'ils nous causent diminue,
jusqu'au point même de s'anéantir, quoique le mou-
vement ait toujours lieu. Je crois en outre que cette
seule observation, en ayant égard à la maniere particuliere dont elle s'applique à chacune de nos facultés, suffit pour nous rendre raison de tous les
effets de la fréquente répétition de nos perceptions.
Nous venons déja de l'appliquer avec succès à nos
perceptions élémentaires; essayons actuellement de la
rapprocher de perceptions qui soient plus composées,
et par conséquent d'habitudes qui seront plus compliquées : ce vous sera une nouvelle occasion de remarquer combien il nous est utile et commode d'a-
voir su ranger la foule immense de nos idées sous un
petit nombre de classes, ou plutôt d'avoir pu les
décomposer en un petit nombre d'éléments toujours
les mêmes ; car nous allons reconnaître dans les modifications apportées à ces idées par leur fréquente
répétition, le produit des changements particuliers
qu'elle apporte à ce petit nombre de perceptions élémentaires.

Ne craignons pas de prodiguer les exemples. Un
homme vous paraît dans une situation fâcheuse, et
il a l'air content ; il vous dit qu'on s'habitue à la
peine : le guerrier vous dira de même qu'on se fait
au danger.

15.

Demandez à cet autre, qui montre tant de répugnance à avaler un breuvage désagréable, s'il a eu autant de peine à s'y résoudre les jours précédents ; il vous dira que non, mais que chaque jour il lui devient plus insupportable : cependant s'il est peu sensible à un spectacle agréable, c'est qu'il l'a beaucoup vu.

S'il ne se rappelle pas qu'on s'est servi d'une expression singuliere, c'est qu'il l'a déja beaucoup entendue, il n'en est plus frappé ; pourtant il vous récitera un long passage d'une langue qu'il ne comprend pas, et ne s'y trompera pas, uniquement parcequ'il l'a entendu et répété mille fois.

Si dans la conversation il place à tout moment le même mot, quoiqu'il ne soit pas toujours à propos, c'est encore par la même raison.

Si vous êtes surpris de la vîtesse et de la justesse avec laquelle vous calculez des chiffres sans presque y penser, vous vous dites, c'est l'habitude : si vous êtes frappé de la facilité avec laquelle vous combinez des notes de musique, ou des caracteres, et en trouvez l'expression sans songer à la valeur de chacun d'eux en particulier, sans réfléchir sur leurs différents rapports, en pensant même à autre chose ; vous dites encore, c'est l'habitude.

Si un homme voit tout de suite dans un parti qu'on lui propose de prendre, un grand nombre de conséquences qui ne vous frappent pas, et qu'il sent déja, quoiqu'il ne puisse encore ni les démêler ni en rendre compte, il vous dira que c'est l'effet de l'habitude qu'il a de pareilles affaires : s'il est à l'instant saisi d'une multitude de beautés ou de défauts d'un morceau de poésie, ou de musique, ou d'un tableau, il vous en donnera la même raison.

Si vous le voyez vivement touché d'une marque d'attachement, soyez sûr qu'il a l'habitude des affections tendres ; tandis que s'il est peu sensible à une prévenance à laquelle il n'a pas droit de s'attendre, c'est qu'il est trop habitué à en recevoir qui ne l'ont pas ému.

Au contraire s'il se montre profondément révolté d'une légere injustice, ou presque insensible à une noire trahison ; c'est peut-être dans les deux cas qu'il a déja beaucoup souffert des vices des hommes, l'habitude qu'il en a, l'a cabré ou blasé.

Prenons encore des exemples d'un autre genre : regardez ce claveciniste, ce danseur, cet écuyer, ce maître d'escrime ; ils exécutent des mouvements très difficiles, ils les font non seulement avec facilité, mais très précisément selon leur volonté, et sans s'appercevoir de toutes les volontés partielles qu'ils sont cependant obligés d'avoir pour arriver aux résultats : les deux derniers de plus jugent avec une promptitude et une sagacité extrêmes des mouvements imperceptibles de leur cheval ou de leur adversaire, ils les prévoient même, et en tirent d'a-

vance des conséquences très éloignées et très fines,
dont ils n'ont pas même la conscience, et contre
lesquelles ils se défendent avec une justesse admirable ; autant d'effets de l'habitude.

Cependant si un homme répete continuellement
un geste sans expression et sans effet, s'il a un mouvement en apparence absolument involontaire, uniquement convulsif, en un mot ce que l'on appelle
un *tic* ; c'est encore le plus souvent un effet de l'habitude.

Enfin si un homme se dégoûte d'une liaison qui
faisait son bonheur, c'est l'habitude qui en a flétri
les charmes ; et en même temps si un attachement,
un goût l'a entièrement subjugué, si pour le satisfaire il agit contre les lumieres mêmes de sa raison,
voyant clairement qu'il a tort, c'est que l'habitude
lui a fait un besoin de ce sentiment ou de ce plaisir.

Voilà un bien grand nombre d'exemples d'habitudes : j'en pourrais citer mille autres ; mais je n'ai
pas réuni ceux-ci sans choix et au hasard : il y en a à-
peu-près de toutes les especes, ils sont tous différents, et plusieurs même paraissent diamétralement
opposés. Vous y voyez tous les genres de sensibilité
attiédis ou exaltés ; la mémoire engourdie ou rendue très vive ; les mouvements devenus toujours très
faciles, mais tantôt dépendants de la volonté à un
point extrême, tantôt absolument involontaires ; des
jugements d'une finesse singuliere, mais si peu distincts

qu'on n'en a pas même la conscience ; la volonté prendre tantôt une direction , tantôt une autre tout opposée , et sa détermination paraître même quelquefois sans motifs , ou, ce qui est plus fort , contraire à des motifs évidents.

Cependant on a raison de dire que ce sont autant d'habitudes diverses, c'est-à-dire autant de manieres d'être , produites par la répétition fréquente de certains actes : mais il faut convenir que quand on n'entre point dans plus de détails et quand on se borne à cette explication sommaire, elle n'est pas très satisfaisante , et elle n'apprend pas du tout comment cette fréquente répétition a pu produire des résultats si opposés. Si, au contraire, vous rapprochez de ces effets compliqués nos observations sur les propriétés de nos mouvements tant internes qu'externes , tant moteurs que sensitifs , et sur les conséquences de ces propriétés dans l'exercice de chacune de nos facultés intellectuelles élémentaires , vous démêlerez facilement les causes prochaines de tous ces effets ; et vous reconnaîtrez qu'il suffit de faire attention que nos mouvements fréquemment répétés deviennent *faciles* , *rapides* , et *peu sentis* , pour trouver la raison très plausible de la production de tous ces phénomenes.

Citons-en pour preuve un de ceux qui paraissent les plus incompréhensibles. Un homme, emporté par une passion violente qui le domine , agit pour la satisfaire contre les lumieres les plus évidentes de sa raison : nous contenterons-nous, comme le vulgaire, de dire vaguement que c'est l'effet de la force de l'habitude ? cela est vrai, mais cela n'apprend rien : irons-nous supposer, avec tant de philosophes, que l'homme est sous le joug de deux principes qui se font une éternelle guerre, d'Oromaze et d'Arimane? ou qu'il a une ame livrée à la concupiscence, et une autre plus intellectuelle et plus pure? ou, comme on dit, qu'il obéit tantôt aux appétits de la chair, tantôt aux lumieres de l'esprit? Vous sentez le vuide et le néant de toutes ces prétendues explications qui ne consistent qu'à redire d'une maniere inintelligible la chose observée. Nous irons donc plus droit au fait; nous remarquerons que pendant que cet homme porte avec réflexion quelques jugements sensés qu'il perçoit nettement, précisément parcequ'il les porte avec peine, il en porte en même temps un grand nombre d'autres dont il s'apperçoit à peine, justement parcequ'ils lui sont extrêmement familiers, et qui, par cette raison-là même, réveillant une foule d'autres impressions, l'entraînent en sens contraire.

C'est ce qui faisait dire à une femme de beaucoup d'esprit : *La raison éclaire et ne conduit pas* : ajoutez, *quand les décisions contraires aux siennes sont devenues habituelles.* Avec cette addition, cette maxime, qui n'est que trop souvent vraie, mais qui paraît épi-

grammatique et paradoxale , se trouve expliquée ;
et elle nous apprend combien il est important de
rendre habituels les jugements justes. C'est là l'éducation morale tout entiere , tant celle des hommes
que celle des enfants.

Voici encore un phénomene qui vient bien à
l'appui de cette explication, car il en développe toutes
les circonstances et les justifie. La lune nous paraît
plus grande à l'horizon qu'au zénith , quoique par
la réfraction et la distance elle fasse réellement dans
nôtre œil un angle un peu plus petit : la cause de
cela est que les objets terrestres, interposés entre
elle et nous , nous la font juger plus loin , et que nous
pensons , sans nous en appercevoir , qu'un tel angle
visuel, produit de si loin , doit être causé par un plus
grand corps. Lorsque nous nous sommes bien démontré que la lune n'est pas plus grande dans un
cas que dans l'autre , l'apparence fausse subsiste
toujours : c'est que le jugement de la grandeur par
la distance présumée , et de la distance par le nombre des objets interposés , est profondément habituel ; et il l'emporte sur le jugement produit par la
démonstration. La preuve que c'est bien là ce qui
se passe , c'est que regardez tout de suite cette lune
à l'horizon , au travers d'un tube qui supprime les
objets interposés , vous la voyez sur-le-champ plus
petite ; tandis que le moment d'avant , si vous l'avez
prise pour la flamme d'un incendie , comme il arrive

quelquefois à son lever, elle vous a paru plus grande encore qu'à l'ordinaire.

Au contraire je vois de loin sur un toit une statue immobile; d'après la distance présumée je la juge de deux pieds de haut, et je me trompe: elle se meut, je reconnais que c'est un homme; à l'instant l'apparence fausse s'évanouit, et je vois réellement cet homme haut d'environ cinq pieds, tout comme, en dépit de la diminution des angles, je lui vois toujours environ ses cinq pieds de hauteur, qu'il soit à dix pieds de distance de moi ou à vingt. C'est que le jugement qu'un homme a environ cinq pieds de haut est plus habituel encore et plus frappant que celui qui déduit telle grandeur de telle distance dans un cas particulier.

Si nous avions touché et toisé maintes fois la lune comme un homme, si sa grandeur réelle nous était manifestement connue, je ne doute pas que nous nous conduirions de même à son égard, et qu'au lieu de lui voir, comme nous le faisons, des grandeurs différentes sous le même angle (ou même plus de grandeur sous un angle plus petit), nous tomberions dans l'excès contraire, et, comme à l'homme, nous lui verrions souvent la même grandeur malgré des angles visuels considérablement différents.

Dans tous ces cas il est manifeste qu'il y a simultanéité et conflict de jugements, les uns apperçus, les autres inapperçus, et que ce sont toujours les plus habituels qui l'emportent souvent à tort. C'est bien là , je crois , l'image des combats de nos passions contre notre raison, et la preuve que nous avons saisi tous ces phénomenes sous leur vrai point de vue.

Il est vrai que, pour goûter cette maniere de voir , il faut consentir à admettre qu'il se passe en nous continuellement un nombre prodigieux de mouvements , et qu'à chaque instant il s'y exécute presque simultanément une quantité incroyable d'opérations intellectuelles dont nous n'avons pas même la conscience. Cette supposition effraie l'imagination : cependant, jeunes gens, il faut y accoutumer votre raison, puisque les faits prouvent que c'est la vérité. En effet vous ne pouvez pas douter de la célérité et de la complication vraiment merveilleuse de tous les mouvements qui servent à l'entretien de votre vie , et de tous ceux que vous faites lorsque vous vous livrez à certains exercices. D'un autre côté , si vous réfléchissez à ce qui se passe en vous quand vous lisez un livre , il n'est pas douteux que quand vous avez appris à lire, il a fallu que vous ayez une connaissance distincte et sentie de la figure de chaque lettre, du son qui la réprésente isolément , de la maniere de la lier et de la fondre avec les autres pour former les syllabes et les mots ; quand vous avez appris la langue dans laquelle est écrit ce livre, il a fallu de même que vous sentiez fortement et péniblement la valeur de chaque mot et de tous les signes grammaticaux et orthographiques qui expriment leurs rapports ; et quand ensuite vous lisez ce livre avec rapidité et facilité, en croyant ne vous occuper que du sens, il est pourtant impossible que tous ces innombrables jugements ne se fassent pas dans votre tête à votre insu ; il est impossible encore que chaque mot exprime pour vous une idée, sans réveiller en vous une foule d'idées composantes de chacune de ces idées composées. Enfin, vous ne sauriez avoir aucune opinion ni sur la maniere dont le sujet est traité, ni sur la difficulté de la composition, ni sur le mérite du style, sans qu'un nombre vraiment prodigieux d'autres systêmes d'idées ne soit ressuscité en vous successivement et presque simultanément : sans doute vous ne vous en appercevez pas ; mais puisque la chose est indispensable, elle existe quoiqu'à votre insu. Tous ces mouvemens, toutes ces opérations dépendant nécessairement les unes des autres, si une seule avait manqué, la chaîne eût été rompue ; il faut donc absolument qu'elles se soient effectuées toutes : seulement elles se sont opérées d'une maniere imperceptible dans la stricte signification du mot.

Il en est de même de l'homme qui écrit ses idées à course de plume ; et il faut en outre que toutes les opérations intellectuelles nécessaires pour conduire ses doigts aient lieu aussi ; sans ces deux condi-

tions il n'exprimerait aucun sens suivi, et ne tra-
cerait aucuns caracteres distincts.

Nous ne saurions trop nous familiariser avec ces
merveilles de la nature : ce n'est point du tout le
merveilleux qui doit nous révolter, c'est l'absurde.
Qui de nous pourra jamais comprendre la prodigieuse petitesse des globules du fluide qui circule
dans les nerfs d'un insecte, ou l'excessive ténuité
des particules odorantes d'un corps qui en remplit
continuellement un grand espace pendant des années sans perdre une quantité appréciable de son
poids ? qui se fera jamais une idée de l'effrayante
multitude des rayons lumineux qui partent d'un
corps éclairé dont chaque point en renvoie un
faisceau tout entier à chacun des points de l'espace ?
et qui pourra jamais concevoir l'inappréciable subtilité des molécules de cette matiere qui se croise et
se pénetre, pour ainsi dire, dans tant de milliards
de sens différents, sans se causer le moindre obstacle ni le plus petit dérangement ? personne cependant
n'est tenté de nier ces faits, parcequ'ils sont
avérés, et parcequ'encore une fois, qu'une chose soit
incompréhensible, n'est point du tout une raison de
lui refuser notre assentiment quand son existence
est prouvée. Nous ne sommes fondés à nier constamment que ce qui est démontré impossible, et il
n'y a de démontré impossible que ce qui implique
contradiction ; du reste tout est miracle dans ce

monde pour nos faibles moyens de connaître (1).

N'ayons donc aucune peine à convenir avec nous-mêmes que l'homme est encore mille fois plus admirable que nous ne nous en étions doutés après un examen superficiel ; qu'il s'opere en lui mille et mille fois plus de choses que nous n'en avions découvert à un premier apperçu ; qu'il n'est affecté et averti que des effets les plus rares et les plus grossiers de son organisation , tandis qu'une infinité d'autres échappe à sa perception ; et qu'enfin la propriété qu'il remarque dans tous ses mouvements et dans toutes ses opérations intellectuelles *de devenir plus rapides , plus faciles , et moins sentis à mesure qu'ils sont répétés* , que cette propriété, dis-je, bien avérée, bien constatée, bien incontestable, est portée

(1) Je ne puis me refuser à citer ici un exemple bien frappant de ces choses qui paraissent inadmissibles à un premier apperçu , et que des recherches plus approfondies rendent vraisemblables. Y a-t-il rien qui étonne plus l'imagination que de concevoir que les corps les plus denses de notre globe renferment tant de vuide, que les molécules qui les composent sont aussi éloignées les unes des autres, à proportion de leur grosseur, que les différentes étoiles qui forment une nébuleuse le sont entre elles? cependant un de nos plus grands géometres ne trouve aucune raison pour rejeter cette supposition, et voit même plusieurs motifs de l'admettre. Voyez *l'Exposition du Systéme du Monde*, du citoyen Laplace, page 287 de l'édition in-4°.

Si on s'en était toujours tenu aux premieres vraisemblances, on n'aurait jamais cru le mouvement de la terre.

jusqu'à un point incalculable , et qu'elle est la cause de tous les phénomenes qui nous apparaissent sous le nom d'habitudes.

Cette maniere de considérer les choses , que je crois la vraie , nous conduit , non pas à expliquer , mais à voir avec moins d'étonnement et un peu plus d'intelligence ce que nous appelons en général les déterminations instinctives , et nommément celles de certains animaux qui, dès le moment de leur naissance, font des actions qui paraissent exiger un grand nombre de combinaisons , et même quelques connaissances acquises ; car , soit que nous regardions ces déterminations comme des effets mécaniques et chymiques de combinaisons qui nous sont inconnues , soit que nous y voyions les résultats d'opérations intellectuelles , qui dans ces animaux s'exécuteraient dès le premier moment avec la même incroyable promptitude que la plupart d'entre elles n'acquierent chez nous que par leur fréquente répétition ; il n'y aurait là rien de plus étonnant que tout ce que nous venons d'observer en nous ; cela ne ferait guere dans les deux cas que nous porter à admettre que la célérité des mouvements du fluide nerveux égale la prodigieuse vîtesse de la lumiere : c'est peut-être à quoi l'analogie toute seule aurait dû nous conduire. Là , comme par-tout , ce ne sont pas les phénomenes les plus rares , mais bien les plus communs qui sont les plus surprenants.

Observez cependant, jeunes gens, que quoique ces réflexions tendent à diminuer votre admiration pour ces faits extraordinaires qui suivent immédiatement la naissance de certains animaux, cela ne doit pas vous porter à croire légèrement leur existence : il en est certainement de très singuliers qui sont bien constatés ; mais la plupart de ceux que l'on raconte, même depuis la plus haute antiquité, mériteraient d'être observés de nouveau, et soumis à un examen scrupuleux, qui peut-être en ôterait bien du merveilleux ; ce serait même rendre un grand service à la science qui nous occupe. Au reste je ne veux point traiter ici de l'idéologie comparée, cela m'éloignerait également et du cercle de mes connaissances et de l'objet de mon ouvrage : je fais des vœux pour qu'un savant professeur, qui a fait preuve de la capacité nécessaire et de l'étendue d'esprit suffisante (1), remplisse à cet égard les espérances qu'il nous a données.

Pour revenir à notre sujet, il reste donc convenu que nos mouvements et nos opérations intellectuelles deviennent plus rapides, plus faciles, et moins sensibles, à proportion qu'ils ont été plus fréquemment répétés : c'est là la source de nos progrès et de nos erreurs. Il faut actuellement examiner les uns et les autres.

(1) Le citoyen Draparnaud, professeur de grammaire générale à l'école centrale du département de l'Hérault.

CHAPITRE XV.

Du Perfectionnement graduel de nos facultés intellectuelles.

Il est difficile, peut-être même impossible de concevoir une sensation, une impression sensible quelconque existante en nous sans qu'elle donne lieu
à quelque jugement et à quelque désir, au moins
au jugement qu'elle est agréable ou désagréable, et
au désir de l'éprouver ou de l'éviter : ces perceptions
paraissent faire pour ainsi dire partie de la sensation elle-même, et en naître nécessairement et presque simultanément.

Mais on peut fort bien imaginer un ordre de
choses tel que ces sensations, jugements, ou desirs,
n'imprimeraient aucune trace durable en nous, et
nous laisseraient, lors de leur disparution, absolument comme nous étions avant de les avoir éprou-
vés. Dans ce cas, nous n'aurions aucune espece de
mémoire ; car le souvenir est l'effet d'une disposition
demeurée dans nos organes après une perception,

disposition en vertu de laquelle le mouvement éprouvé se renouvelle au moins en partie lorsque quelque circonstance l'excite. La preuve en est qu'il n'y a qu'une impression déja éprouvée qui puisse être excitée ainsi. Même lorsque nous faisons ce que nous appelons imaginer, nous ne créons rien d'absolument neuf, nous ne faisons que nous rappeler ce que nous avons déja éprouvé, et en former de nouveaux composés. La mémoire est donc le premier résultat de cette capacité qu'ont nos organes de recevoir une disposition permanente à l'occasion d'une impression passagere. Elle nous est bien nécessaire cette faculté de nous ressouvenir ; sans elle le passé ne serait rien pour nous, nous serions toujours comme au moment de notre premiere sensation , et tout progrès ultérieur serait impossible.

Mais ces progrès seraient encore bien faibles, si nous ne retirions d'autre fruit de l'exercice de nos facultés intellectuelles que la possibilité de nous rappeler les impressions reçues , et s'il n'en résultait pas une beaucoup plus grande facilité dans les différentes opérations de ces facultés. Heureusement il n'en est pas ainsi ; et nous avons vu que tous nos mouvements deviennent et plus faciles et plus rapides quand ils ont été souvent répétés, et qu'il en est de même de nos opérations intellectuelles. Nous avons vu que cette rapidité et cette facilité sont susceptibles d'un accroissement incalculable , et nous avons eu bien des occasions de remarquer que toute action que nous faisons pour la premiere fois nous paraît d'une difficulté qui nous surprend nous-mêmes dans la suite quand nous en avons pris l'habitude, ou, comme on devrait dire, quand nos organes ont contracté l'habitude qui résulte de la fréquente répétition de cette action. Nous en devons conclure qu'au moins dans l'espece humaine, quand même l'individu naîtrait avec l'entier développement de tous ses organes, il n'en serait pas moins réduit d'abord à un degré bien borné d'intelligence et de capacité ; tous ses mouvements, tous les actes de sa pensée seraient lents et pénibles : c'est dans tous les genres que nos commencements sont faibles. Mes jeunes amis, méfiez-vous des poëtes et des philoso-phes qui, comme eux, raisonnent d'après leur ima-gination et non d'après les faits ; ce sont d'aimables enchanteurs, mais de très dangereux séducteurs. L'âge d'or, tant vanté, est le temps de la souffrance et du dénuement ; et l'état de nature est celui de la stupidité et de l'incapacité absolue (1). Nous ne

______

(1) Il y a pourtant une cause à ce préjugé universel du bon-heur de l'âge d'or et de la perfection de l'état de nature, comme il y en a à toutes les erreurs et à toutes les maladies de l'esprit humain ; et la voici. Pour tout vieillard, le plus beau temps dont il se souvienne est celui de sa jeunesse ; c'est là pour lui le temps par excellence, celui des beaux jours et du bonheur ; il le vante sans cesse. Elevé dans le respect de son pere, qui

tenons de cette nature si admirable, c'est-à-dire de notre organisation, que la possibilité de nous perfectionner, et cela nous suffit; mais en sortant de ses mains, non seulement nous sommes dans une ignorance complete, mais encore nos moyens de connaître sont dans un engourdissement total; nous n'en possédons pour ainsi dire que le germe, il faut que l'exercice les élabore, les perfectionne, les développe. Ainsi nous sommes entièrement les ouvrages de l'art, c'est-à-dire de notre propre travail; et nous ressemblons aussi peu aujourd'hui à l'homme

faisait de même, il croit facilement que le temps de la jeunesse de ce pere était encore supérieur, et que celui de la jeunesse du monde était au-dessus de tout. La masse des hommes, en général mécontente de son sort, croit volontiers à cette supériorité des temps antérieurs qui lui est continuellement attestée par des gens qui les ont vus. D'ailleurs elle remarque qu'ordinairement les hommes un peu âgés sont les plus sages; elle se persuade aisément que les temps où ils sont nés, et où ils se sont formés étaient les plus réellement éclairés, et elle s'accoutume ainsi à la folle opinion que tout va dégénérant, sans s'appercevoir qu'il y a là un véritable renversement d'idées: car si les hommes les plus âgés sont en général les plus éclairés, c'est grace aux bienfaits de l'expérience; et la même raison fait que ce sont les temps les plus récents où il y a le plus de lumiere, puisque ce sont les siecles les plus anciens qui sont vraiment l'enfance du monde. C'est ainsi qu'une idée fausse s'accrédite d'âge en âge, et qu'elle devient la source d'une infinité d'autres dont l'observation attentive de nos facultés doit nous préserver.

de la nature, à notre maniere d'être originelle, qu'un chêne ressemble à un gland, et un poulet à un œuf.

Nous devons donc bien nous garder de croire que nos facultés intellectuelles aient toujours été ce qu'elles sont, et que dans toutes les circonstances elles eussent fait les mêmes progrès ; et il serait très curieux de démêler dans l'état où nous les voyons, ce qu'elles doivent au perfectionnement de notre individu et à celui de l'espece humaine en général : tâchons d'y parvenir. Nous ne saurions jamais nous considérer sous trop d'aspects différents ; c'est le moyen de nous mieux connaître.

La seule maniere de savoir parfaitement à quoi s'en tenir sur ce point, serait de pouvoir observer des hommes qui n'auraient jamais eu de communication avec aucun de leurs semblables : car les questions de fait ne sont pleinement résolues que par l'expérience ; mais celle-ci n'est pas en notre pouvoir. L'homme ne naît ni ne vit isolé ; il ne peut subsister de cette maniere, et ne saurait passer son premier âge sans secours étrangers : ainsi toujours il a été influencé par l'état de société ; toujours il a participé plus ou moins au degré de perfection où était l'espece humaine au moment de sa naissance. Nous avons, à la vérité, quelques exemples d'enfants et de jeunes gens des deux sexes qui ont été rencontrés dans des forêts, où ils paraissent avoir existé plus ou moins de temps seuls. Un savant naturaliste, dans un petit ouvrage qu'il a publié à l'occasion du dernier de ces enfants trouvés (1), en cite jusqu'à onze, sur lesquels il nous donne des renseignements précieux. Mais, d'une part, ces individus, quelque étrangers qu'ils nous paraissent à toute société et à tout langage, ont nécessairement vécu avec des hommes au moins dans leur premier âge ; et sous ce rapport, si nous les prenions pour terme de comparaison, ils nous donneraient une trop haute idée du degré de perfectionnement auquel peut atteindre un homme absolument et totalement livré à lui-même. D'une autre part, on a remarqué avec beaucoup de sagacité (2) que presque tous ces enfants ainsi séquestrés de la société devaient ou s'être perdus par stupidité, ou avoir été l'objet de violences qui avaient pu altérer leur raison, ou avoir été abandonnés et égarés exprès par leurs familles, parceque les vices de leur organisation physique et morale faisaient desirer d'en être débarrassé ; il 'a même été prouvé positivement que plusieurs d'entre eux étaient dans l'un de ces cas : ainsi, sous cet as-

(1) Voyez la notice historique sur le sauvage de l'Aveyron, et sur quelques autres individus qu'on a trouvés dans les forêts à différentes époques ; par P. J. Bonnaterre, professeur d'histoire naturelle à l'école centrale du département de l'Aveyron. A Paris, chez la veuve Pankouke, an 8.

(2) Le citoyen Roussel, physiologiste philosophe, auteur du *Systéme Physique et Moral de la Femme.*

pect, ils pourraient nous faire tomber dans une erreur contraire à la première en nous portant à trop restreindre ce développement de l'homme isolé. D'ailleurs aucun d'eux jusqu'à présent n'a été observé avec les précautions nécessaires et les détails suffisants, l'idéologie étant de toutes les parties de l'histoire naturelle celle qui exige les observations les plus scrupuleuses et les plus circonstanciées. Nous ne pouvons donc tirer aucune conclusion bien certaine de ces expériences.

Mais si nous n'avons aucun moyen direct de savoir jusqu'à quel point de développement arriverait notre intelligence par ses propres forces, nous en avons un bien facile de reconnaître le terme qu'il lui serait certainement impossible de dépasser, et même d'atteindre; nous n'avons qu'à jeter les yeux sur les hommes qui composent les sociétés les moins avancées en civilisation. Car enfin les plus brutes d'entre les sauvages doivent beaucoup à leurs semblables; ils en ont reçu beaucoup d'idées, de connaissances, de traditions, un langage sur-tout : et nous verrons bientôt combien un langage, quelque imparfait qu'il soit, est utile et même nécessaire pour combiner ses idées. Or quiconque réfléchira un moment sur l'énorme différence qu'il y a entre apprendre et inventer, sur-tout pour un être qui ne sait encore rien, pas même se servir de son esprit, sentira tout de suite qu'à dispositions égales, l'homme qui n'aurait de ressource qu'en lui-même resterait encore bien loin en arriere du faible degré de perfectionnement du sauvage le plus stupide (1). Cette simple réflexion suffit pour nous faire sentir de quel triste état le genre humain est parti, et nous pouvons juger combien il a fallu de temps et de peines pour l'amener à celui où nous le voyons, puisque nous avons continuellement sous les yeux des exemples de l'extrême difficulté avec laquelle on découvre la vérité qui paraît la plus simple, et de celle avec laquelle la masse des hommes reçoit des améliorations, qui semblent non seulement très aisées, mais même pour ainsi dire inévitables.

Observez encore que cette incapacité de l'homme dans son état primitif, ou, si l'on veut, dans l'état de nature, ne consiste pas seulement dans le peu d'étendue de ses connaissances, mais principalement dans la lenteur et la difficulté de ses opérations intellectuelles, au moins de toutes celles qui ne lui sont pas habituelles. Il n'en fait qu'un petit nombre, toujours les mêmes, celles qui sont nécessitées par

(1) C'est avec bien de la raison que de l'adjectif *idio*, qui signifie propre, particulier, comme dans les mots *idiopathique*, *idioélectrique*, on a fait le mot *idiot* pour désigner un homme d'une intelligence très bornée ; car tel serait bien effectivement l'état de celui qui n'aurait que des idées qui lui seraient propres, c'est-à-dire qui n'en aurait reçu aucunes de ses semblables.

ses besoins indispensables. Ces besoins renaissants sans cesse, les combinaisons d'idées qui s'y rapportent sont continuellement répétées ; elles deviennent bientôt très faciles et très rapides : n'étant mêlées à aucunes autres, elles s'operent sans perturbation : elles sont de plus très motivées et très justes, parcequ'elles ne sont point fondées sur des ouï-dire ni sur des idées incompletes, mais sur l'expérience même de l'individu ; elles sont inventées et point apprises : mais toutes les autres restent dans un engourdissement total, et par conséquent d'une difficulté extrême.

Tel est l'état de l'homme primitif ; tel est aussi le spectacle que nous offrent les animaux. Privés presque absolument de moyens commodes de communication intellectuelle avec leurs semblables, réduits à leurs propres combinaisons, que des inventions ingénieuses ne facilitent pas comme les nôtres, ils atteignent plus ou moins vîte, mais toujours assez promptement le degré de développement de leur intelligence, sans lequel ils ne pourraient subsister ; mais ils ne le passent presque plus. Leur instinct est également remarquable par sa promptitude, sa rectitude, sa sagacité, sa sûreté, et par son peu d'étendue et son immutabilité. Ils nous surprennent continuellement et presque en même temps par leur finesse et par leur stupidité. L'esprit des sauvages, proportion gardée, nous cause les mêmes impressions et a à-peu-près les mêmes qualités. Ils nous donnent souvent lieu d'admirer que des hommes si peu éclairés fassent des combinaisons si fines, et que, les faisant, ils soient tout-à-fait incapables d'en faire d'autres qui nous paraissent moins difficiles. Dans les sociétés civilisées, la classe qui a les communications les moins étendues et les moins variées offre des phénomenes analogues. Les paysans des campagnes écartées, ceux des montagnes, sont remarquables par la rectitude d'un petit nombre de combinaisons, l'ignorance absolue d'une foule d'autres, et leur incapacité à en faire de nouvelles. Enfin, dans tous les degrés d'instruction et de perfectionnement, il est d'observation que plus un homme est isolé et ne doit ses connaissances qu'à lui-même, plus ses idées sont profondes et justes, mais moins elles embrassent avec succès des objets divers, et plus il est incapable de les modifier et de les étendre. Par-tout les mêmes causes produisent les mêmes effets; et la cause générale du perfectionnement de l'homme et de l'accroissement de sa capacité est cette propriété qu'ont ses organes de recevoir une disposition permanente à l'occasion d'une impression passagere, et de devenir capables de faire très promptement et très facilement ce qu'ils avaient d'abord exécuté avec beaucoup de peine.

Nous ne pouvons comprendre le commencement de rien, pas plus celui du genre humain que celui du monde ou de toute autre chose. Peut-être l'homme est-il une combinaison des éléments qui le composent qui a passé par des transformations lentes et nombreuses avant d'arriver à l'organisation que nous lui voyons : c'est ce que nous ne pouvons savoir. Mais ce dont nous sommes sûrs, c'est que le premier homme, quand il serait né adulte et aussi bien organisé que nous, n'en aurait pas moins été d'abord dans une ignorance absolue, puisque nous ne connaissons rien que par nos sensations ; et ayant toutes ses facultés dans un état de rigidité que l'exercice seul aura fait disparaître plus ou moins promptement, puisque nous éprouvons que tout ce que nous faisons pour la premiere fois nous ne l'exécutons qu'avec peine.

Nous sommes sûrs encore que s'il eût vécu isolé il serait resté bien au-dessous du degré de capacité du sauvage le plus brute, puisqu'il n'aurait eu l'usage d'aucune langue, et qu'il n'aurait pu profiter de l'expérience, de l'exemple, des connaissances, ni des secours d'aucun être semblable à lui.

Nous voyons avec une égale certitude que, même en supposant les premiers hommes vivants ensemble, comme ils n'ont pu manquer de le faire, leurs premiers progrès ont dû nécessairement être très lents, non seulement parceque, dominés par leurs premiers besoins, ils n'ont pu avoir le temps de réfléchir, non seulement parceque tous leurs moyens de recherches étaient informes et défectueux, mais encore parceque toutes nos opérations intellectuelles se tenant et s'enchaînant les unes les autres, il est d'expérience constante que moins on en a fait, et moins on est apte à en faire de nouvelles, et qu'au contraire, arrivé à un certain degré d'avancement, on est à portée d'une multitude indéfinie de combinaisons ; en sorte que notre perfectibilité croît dans une proportion bien plus rapide que notre perfectionnement.

Enfin il est vrai que si les premiers pas de l'intelligence humaine sont lents et pénibles, du moins ils sont sûrs, tandis que bientôt après elle est continuellement en danger de s'égarer ; 1°. parceque quand ses opérations sont devenues faciles et rapides, un grand nombre d'entre elles demeurent inapperçues, et nous avons vu ce qui en résulte ; 2°. parceque les signes par lesquels nous représentons nos idées, et par le moyen desquels nous les combinons, malgré leur prodigieuse utilité sont souvent une cause d'erreur, comme nous le verrons bientôt ; 3°. parceque, quand la multitude des combinaisons qui s'operent en nous et des mouvements internes qu'elles nécessitent, est devenue vraiment innombrable, il est bien difficile que ces combinaisons ne se nuisent pas tout en s'entr'aidant, et qu'il ne s'établisse pas entre elles des liaisons vicieuses. Je suis convaincu même que cette derniere circonstance est une des causes qui fait qu'en général c'est chez les nations les plus éclairées, dans l'âge où l'on combine le plus d'idées, et dans la classe des hommes qui ont le plus exercé leur esprit, que l'on trouve les exemples les plus fréquents de démence ; et que l'on observe que les hommes les plus sujets à ce malheur sont ceux qui se livrent le plus avidement aux impressions qu'ils reçoivent, tandis que ceux dont l'occupation habituelle est de se rendre un compte soigneux de leurs pensées en sont presque entièrement exempts (1).

(1) Cette réflexion m'est suggérée par la lecture du Traité de l'*Aliénation mentale*, que vient de publier le citoyen Pinel : on ne saurait trop en recommander la lecture. En expliquant comment les fous déraisonnent, il apprend aux sages comment ils pensent. Il prouve que l'art de guérir les hommes en démence n'est autre chose que celui de manier les passions et de diriger les opinions des hommes ordinaires ; il consiste à former leurs habitudes. Ce sont les physiologistes philosophes, comme le citoyen Pinel, qui avanceront l'idéologie. Mais il n'a pas seulement la gloire d'avoir fait un livre utile, il a encore celle d'en avoir recueilli les matériaux par une longue suite de bonnes actions.

Au reste j'ai vu avec satisfaction que les phénomenes qu'il décrit dans une grande perfection confirment la maniere dont j'ai envisagé la pensée, et se trouvent mieux expliqués sous le rapport idéologique, par notre façon de considérer nos facultés intellectuelles, que par celles en usage jusqu'à présent.

Tous les hommes commencent par l'idiotisme enfantin, finissent par la démence senile, et ont dans l'intervalle plus ou moins de manie délirante, suivant le degré de perturbation de leurs opérations intellectuelles les plus profondément habituelles.

Je n'irai pas plus loin en ce moment. Après avoir montré quel est l'état primitif de l'intelligence humaine, et en quoi consiste son perfectionnement actuel, je n'examinerai point jusqu'où il peut s'étendre à l'avenir. Je renverrai cette discussion à la fin de la partie logique de cet ouvrage, parceque, pour faire voir que notre faculté de penser est perfectible indéfiniment, il faut avoir montré comment elle parvient à découvrir sûrement la vérité ; et que sa marche est la même dans tous les genres de recherches. Je m'apperçois même, jeunes gens, que vous n'avez pas pu bien comprendre ce que je viens de vous dire des signes par lesquels nous représentons nos idées, et sentir parfaitement les motifs de l'importance que j'ai attachée à leurs avantages et à leurs inconvénients, parceque je ne vous en ai pas encore entretenu. Mais les réflexions que nous venons de faire sur les progrès de nos facultés suivaient si naturellement de ce que nous avions dit de la fréquente répétition de leurs opérations, que je n'ai pas dû les en séparer. Actuellement je reviens aux signes de nos idées ; et quand je vous aurai expliqué leur origine, leur usage, et leurs propriétés, je crois que nous aurons envisagé sous toutes ses faces la maniere dont se forment nos idées, et que la premiere partie de notre cours sera terminée.

CHAPITRE XVI.

Des Signes de nos idées.

JEUNES gens, vous savez tous que les mots que nous prononçons sont les signes de nos idées, et n'ont de valeur que par le rapport qu'ils ont avec elles; sans cela ils ne seraient qu'un vain bruit. L'assemblage des mots dont se sert une nation constitue ce qu'on appelle une langue: on ne connaît aucune société d'hommes, quelque peu avancée qu'elle soit en civilisation, qui n'ait un langage de cette espece plus ou moins grossier.

C'est sans doute cette observation jointe à l'impossibilité de se rendre raison de la maniere dont les hommes avaient pu commencer à se faire un langage et étaient parvenus à en avoir de si perfectionnés, qui avait porté Rousseau à croire que ce ne pouvait être là une invention humaine, et que la création des langues exigeait nécessairement l'intervention immédiate de la divinité, c'est-à-dire d'un être supérieur à l'homme. Une telle idée dans un

homme d'un mérite aussi éminent que le philosophe
de Geneve, montre que, malgré ce qu'avaient déja
écrit Locke et Condillac, la théorie de nos langues
et celle de nos opérations intellectuelles étaient encore des connaissances bien peu répandues ; et l'on
est tout étonné qu'il y ait à peine quarante ans de
cette époque. L'étonnement redouble quand on songe
que la langue la plus belle au jugement des connaisseurs, la langue grecque, existait dans toute sa
splendeur depuis deux mille ans ; qu'une foule de
rhéteurs, métaphysiciens, grammairiens, avaient
écrit des ouvrages pleins de sagacité ; que l'art de
s'exprimer en prose et en vers avait été porté maintes
fois, dans différents temps et dans différents pays,
à un degré de perfection qu'il sera peut-être éternellement impossible de surpasser ; et que Rousseau
lui-même est souvent le modele d'une éloquence admirable. Assurément rien ne prouve mieux que la
pratique d'un art peut être portée à un très haut
degré de perfection, quoique sa théorie soit encore
complètement ignorée : aussi est-ce un phénomene
que l'esprit humain nous montre constamment dans
toutes les branches de ses connaissances ; et, tout
surprenant qu'il nous paraît, il est facile de s'en
rendre compte.

En effet l'homme commence toujours par observer des faits ; mu par ses besoins, il en tire d'abord
des conséquences pratiques ; il les varie, il les

modifie, il les combine, il en fait mille applications
ingénieuses, c'est là ce qui constitue l'art; et il jouit
long-temps de ses succès avant de songer à rapprocher les uns des autres ces faits principaux, à les
comparer, à examiner leurs rapports, à y découvrir
des lois constantes, et à remonter par elles à des
faits antérieurs moins nombreux, dont tous les autres ne soient que des conséquences. Or c'est là en
quoi consiste la théorie : il faut avoir du temps de
reste pour s'en occuper; car, si elle donne de grands
avantages pour l'avenir, elle ne pourvoit pas au
besoin du moment. Souvent les fruits utiles qu'elle
peut produire sont impossibles à prévoir; et on ne
s'en apperçoit que quand elle est découverte,
quelquefois même long-temps après.

Ainsi, par exemple, l'homme observe que le bois
flotte sur l'eau, il en profite pour faire successivement un radeau, un canot, nager, naviguer, pê-
cher : il aura déja des vaisseaux assez bien construits,
il aura déja tiré de cette observation mille inventions
utiles avant d'avoir rattaché ce premier fait à d'autres, avant d'avoir reconnu que c'est la même cause
qui fait que la pluie tombe et que la fumée monte
dans l'air, avant enfin d'en avoir déduit les lois générales de l'hydrostatique.

De même il a des fardeaux à remuer : il s'apperçoit
promptement qu'à l'aide d'un bâton employé d'une
certaine manière il déplace des masses que toutes

ses forces appliquées directement ne pourraient ébranler. Il se sert donc du levier, il en varie l'usage de cent façons fort adroites avant de découvrir l'analogie et la liaison de ce fait avec la force du choc des corps en mouvement, et de s'élever aux principes généraux de la mécanique. Il ne le peut même pas sans avoir perfectionné les moyens d'observation, ceux de calcul, et les méthodes de raisonnement, c'est-à-dire sans avoir fait beaucoup d'autres découvertes de bien des genres différents.

De même encore, dans le cas qui nous occupe, un homme fait d'abord un cri, peut-être sans projet; il s'apperçoit qu'il frappe l'oreille de son semblable, qu'il attire son attention, qu'il lui donne une notion de ce qui se passe en lui ; il répete ce cri avec l'intention de se faire entendre ; bientôt il en fait d'autres qui ont une autre expression ; il s'applique à varier ces expressions, à les rendre plus distinctes, plus circonstanciées, plus déterminantes; il modifie ces cris par des articulations ; ils deviennent des mots auxquels il fait subir diverses altérations pour indiquer leurs rapports ; il en forme des phrases dont la tournure varie suivant les circonstances, les besoins, l'objet qu'on se propose, le sentiment dont on est animé : voilà une langue. D'observations en observations sur les effets de cette langue on parvient au talent le plus exquis pour exprimer les idées les plus fines, exciter les sentiments les plus véhéments, et procurer les plaisirs les plus délicats ; on en prescrit même les regles : cependant on n'a pas encore démêlé jusque dans leur principe les causes de l'analogie des formes différentes que cette langue sait prendre, les lois générales qui les régissent, les effets qu'elle produit dans l'esprit de celui même qui s'en sert, ni la théorie de la formation des idées de celui qui parle et de celui qui entend.

Il en est de même de l'art du raisonnement, presque identique avec celui de la parole. Combien de temps on a raisonné, et souvent parfaitement, sans être remonté jusqu'aux causes de la certitude et à la saine théorie de l'art d'y parvenir : elle ne fait presque de naître de nos jours.

Il est donc fort naturel que la pratique souvent très perfectionnée précede toute bonne théorie : cela ne peut pas même être autrement ; car on ne saurait comparer des faits qu'après les avoir connus, et on ne peut découvrir les lois générales qui régissent ces faits qu'après les avoir comparés entre eux. Cela nous explique aussi pourquoi la science qui nous occupe, celle de la formation des idées, est si nouvelle et si peu avancée ; puisqu'elle est la théorie des théories, elle devait naître la derniere. Ceci au reste ne doit pas faire conclure que les théories en général, et notamment l'idéologie, soient inutiles ; elles servent à rectifier et épurer les diverses

17.

connaissances, à les rapprocher les unes des autres,
à les rattacher à des principes plus généraux, et
enfin à les réunir par tout ce qu'elles ont de commun. Mais revenons aux signes de nos idées, sans
lesquels nous n'aurions jamais fait de pareils progrès.

Nous l'avons déja dit, les mots dont nous nous
servons sont les signes de nos idées ; leur réunion
forme une langue : et toutes les nations connues ont
un langage de ce genre, c'est-à-dire une langue
parlée. Cela prouve que les hommes ont senti una-
nimement que de tous leurs moyens de communication avec leurs semblables, l'organe de la voix est
celui qui leur fournit le plus de ressources pour exprimer ce qui se passe en eux, et que dans les
autres l'organe de l'ouïe est celui qui leur offre le
plus d'avantages pour leur faire éprouver des impressions variées et distinctes. C'est notre organisation elle-même qui détermine cette juste préférence :
mais cela ne veut pas dire que nous ne puissions pas
avoir des signes d'une autre espece ; au contraire il
est manifeste que par nos gestes, par des figures
tracées quelconques, par des mouvements produits,
quels qu'ils soient, nous pouvons affecter le sens de
la vue de nos semblables ; par des attouchements
nous pouvons nous adresser à leur tact. Il n'y a
que les sens du goût et de l'odorat sur lesquels nous
ne puissions guere produire des impressions utiles
pour cet objet ; encore si nous étions convenus d'at-

tacher certaines idées à telle odeur ou telle saveur bien distinctes, elles pourraient en devenir les signes jusqu'à un certain point. Tout ce qui représente nos idées est donc un signe ; et tout système de signes est une langue ou un langage, et peut être nommé ainsi en prenant ces mots dans le sens générique et non dans le sens spécifique, et en faisant abstraction de la particularité qu'ils ont de dériver du nom d'un des organes de la parole : c'est ainsi qu'il est reçu de dire la langue *hiéroglyphique*, le langage d'action ou celui des gestes, et même le langage des sourds et muets.

Nous devons donc regarder comme de vraies langues les assemblages de gestes par lesquels les pantomimes, les muets parviennent à exprimer non seulement des sentiments très fins, mais même des idées très abstraites. Les gestes du comédien et de l'orateur, et même ceux des hommes qui causent le plus simplement, sont aussi une langue, car ils contribuent à expliquer leur pensée, mais une langue qui est surajoutée à leur langue parlée, qui toujours la modifie, qui souvent exprime toute autre chose que ce qu'elle dit, qui quelquefois même la contredit formellement.

Les divers systèmes de mouvements télégraphiques, ceux des signaux dont on fait usage sur les flottes ou dans les armées, et dans diverses autres occasions, sont encore autant de langues plus ou moins riches, plus ou moins étendues, puisque ce sont des assemblages de signes qui représentent les idées qu'on est convenu d'y attacher, et qui les transmettent comme feraient les mots eux-mêmes.

La peinture et tous les genres de dessin sont une autre classe de langues, sur-tout quand on s'en sert comme les Mexicains, dont les annales étaient une suite de tableaux représentant les évènemens, ou comme nos architectes, nos naturalistes, et nos géometres. Car qu'est-ce qu'un plan, un dessin, ou une figure de géométrie, si ce n'est une description abrégée d'un monument, d'une plante, d'un animal, ou d'une certaine combinaison de lignes et de surfaces, description qui tient lieu d'une longue suite de mots, et remplit absolument le même objet?

Les hiéroglyphes, symboles, emblêmes, attributs, etc. etc. sont encore des langues ou parties de langues du même genre ; car ce sont des peintures plus ou moins altérées, ou dont la signification a été transportée du sens naturel au sens figuré. Quand je dessine un épi pour exprimer l'abondance, ou un coq pour rappeler l'idée de vigilance, n'est-ce pas comme si je prononçais ces mots *abondance, vigilance?* et l'usage détourné que je fais dans ce cas de la figure de ce coq et de celle de cet épi pour rendre une autre idée que celle qu'elles réveillent naturellement, n'est-il pas exactement le même que celui que nous faisons souvent des mots, comme lorsque nous disons qu'un homme est le coq de son village , ou le lien qui unit sa société?

Jeunes gens , remarquez en passant que cet attrait que nous avons pour employer les symboles et les emblêmes est un vestige des temps grossiers où nous ne savions pas peindre les mots eux-mêmes , ou un effet du goût qui nous entraîne vers la métaphore et l'allégorie , goût dépravé qui nuit beaucoup à la justesse du raisonnement, comme je vous le démontrerai lorsque nous traiterons de la logique. Il vaut toujours mieux dire tout simplement sa pensée quand on le peut ; nécessairement elle est rendue avec plus d'exactitude (1). Mais revenons.

Nous devons encore ranger parmi les langues de ce genre les écritures soi-disant savantes des Chinois , des Japonais , et de quelques autres peuples des extrémités de l'Asie ; car ce sont de vrais hiéroglyphes dégénérés : leurs caracteres peignent directement les idées qu'on y a attachées comme toutes les peintures et tous les dessins ; ce sont donc des signes dont l'ensemble forme une langue.

Observez qu'on n'en peut pas dire autant de

______

(1) Ne croyez pas cependant que par ce principe je prétende condamner toute locution par laquelle , en exprimant bien une idée principale, on lui donne une nouvelle force en réveillant d'autres idées qui ont avec elle plus ou moins de rapport. C'est ce qui se verra mieux quand nous parlerons des figures grammaticales et oratoires.

l'alphabet et des caracteres alphabétiques ; ils ne peignent point les idées , ou du moins ils ne les peignent pas directement : ce sont les sons qu'ils peignent directement ; c'est aux sons , et non pas aux lettres qui les représentent , que les idées sont attachées. La preuve en est que la même réunion de lettres peut exprimer une idée dans une langue et une autre idée dans une autre langue : par conséquent elles ne sont pas des signes proprement dits , et l'alphabet n'est point une langue , mais seulement l'écriture commune de toutes les langues parlées. Voilà pourquoi les caracteres alphabétiques sont si peu nombreux : il suffit qu'il y en ait assez pour rendre toutes les intonations et les articulations de la voix humaine , au lieu qu'il y a autant de carac‑ teres chinois que nous avons de mots , parcequ'il en faut autant que d'idées différentes. Au reste ceci sera plus développé quand nous parlerons de l'écri‑ ture et de l'orthographe. Continuons l'énumération des diverses especes de langues.

Les chiffres et les caracteres algébriques forment encore une langue ou portion de langue de la même nature que celles dont nous venons de parler. En effet les chiffres ne peignent pas les sons du nom qu'ils portent dans les langues parlées ; ils repré‑ sentent directement l'idée de quantité qu'exprime ce nom , ils l'expriment comme ce mot lui-même. De même , quoique l'algebre emploie des caracteres alphabétiques, ils ne sont pas là comme lettres, mais comme signes. *a* ne représente pas le son *a*, mais l'idée d'une quantité connue dont on ne spécifie pas la valeur ; *x* ne représente pas le son *x*, mais l'idée d'une quantité inconnue ; et *ax* ne représente pas le son *ax*, mais l'idée de ces deux quantités multipliées l'une par l'autre, etc. Les chiffres et les caracteres algébriques sont donc de vrais signes directs des idées ; et l'arithmétique et l'algebre forment une vraie langue ou portion de langue qui s'adresse à la vue. Quand on la lit, il est vrai qu'elle s'adresse à l'ouïe ; mais cet effet ne s'opere que par une véritable traduction et non par une simple lecture. Aussi ne suffit-il pas de savoir épeler pour lire une équation algébrique, car les sons des mots dont on est obligé de se servir ne sont point indiqués par la plupart des caracteres, et ce n'est que par hasard qu'ils le sont par quelques uns. L'algebre ne serait pas moins de l'algebre si au lieu des lettres alphabétiques on employait des figures de convention auxquelles on serait obligé de donner un nom quelconque pour les traduire dans une langue parlée.

Enfin on peut regarder comme des langues ou portions de langues s'adressant au sens du tact la collection de certains attouchements convenus, au moyen desquels on se communique au besoin différentes idées, comme on fait en franc-maçonnerie et dans d'autres associations mystérieuses, et comme les enfants font souvent dans leurs jeux.

Vous trouverez peut-être, jeunes gens, que j'ai un peu fait violence à l'usage en étendant ces mots *langue* et *langage* à tant de systêmes de signes si différents ; j'en conviens, et je ne vous exhorte pas à m'imiter : il me suffit que vous sentiez que j'y suis autorisé par la similitude de leurs effets, et que par conséquent j'ai raison en théorie, c'est là l'essentiel ; ensuite, dans la pratique, il faut suivre la routine reçue jusqu'à ce que la rectification des idées la fasse changer. Quoi qu'il en soit, si vous ajoutez à cette longue liste les langues parlées, vous aurez, non pas une énumération complete de tous les systêmes de signes dont les hommes se servent ou peuvent se servir pour représenter leurs idées, car cela n'a point de bornes, mais des exemples de tous les différents genres auxquels on peut rapporter ces divers systêmes.

Maintenant remarquez, je vous prie, que tous ces langages sont au moins dans leurs détails absolument de convention ; car la peinture même, quand vous la supposeriez assez parfaite, ce qui est impossible dans l'enfance de l'art, pour imiter la nature de maniere à ne laisser rien à desirer, elle parviendrait seulement à donner une idée exacte et complete de la chose représentée : mais il est hors de son pouvoir de peindre les impressions que fait sur vous cette chose ou les motifs qui vous portent à en tracer l'image ; en un mot elle ne saurait , pas plus que les autres langages, exprimer ce qui se passe en vous qu'à l'aide de quelques signes convenus. Mais deux personnes ne peuvent faire une convention quelconque qu'auparavant elles ne soient déja parvenues à se comprendre : il faut donc qu'antérieurement à tout langage il y ait en nous un moyen de nous entendre réciproquement, pour ainsi dire malgré nous ; et ce moyen ne peut être qu'un résultat de la nature même de notre être , qu'un effet nécessaire de notre organisation. C'est aussi ce qui est , comme nous allons le voir.

En effet nous ne pouvons atteindre une chose que nous desirons qu'en y portant la main , si nous en sommes près , et en marchant ou courant vers elle , si nous en sommes éloignés. Quand nous éprouvons le besoin du repos, nous sommes forcés de nous asseoir ou de nous coucher ; la douleur nous arrache certains cris ; la joie ou la surprise nous en inspirent de très différents ; nous frappons rudement ce qui nous irrite ; nous caressons avec douceur ce qui nous plaît , ou du moins nous saisissons avec précaution ce que nous voulons ménager : tout homme éprouve ces effets en lui , et quand il les observe dans ses semblables il ne peut manquer de deviner ce qui se passe en eux. Voilà donc un commencement de langage inévitable ; et nos actions sont les signes naturels et nécessaires de nos sentiments et de nos pensées; si elles n'en restent pas les signes uniques, elles en seront toujours les plus irrécusables et les plus sûrs.

. C'est donc avec beaucoup de raison que les idéologistes, qui ont entrepris d'expliquer l'origine et les conséquences de ce premier langage, lui ont donné le nom de langage d'action: il comprend les gestes, les cris, les attouchements; il parle à l'œil, à l'oreille, et au tact: par conséquent il renferme le germe de tous les langages possibles; et s'il est de toutes les langues la moins fine, la moins riche et la moins développée, il demeure toujours la plus énergique et la plus véhémente, et la seule dont nous conservions l'usage dans l'excès de la passion, et lorsque la violence de nos sentiments nous prive de la réflexion nécessaire pour les exprimer par des moyens de pure convention.

Ce langage naturel et nécessaire on l'a rendu artificiel et volontaire, c'est-à-dire que l'on a refait, avec l'intention de peindre une pensée ou un sentiment, les mêmes actions que ce sentiment ou cette pensée font faire nécessairement; ensuite, par l'usage, ce langage d'action est devenu chaque jour plus fin, plus varié, et plus circonstancié. Cependant tous les signes qui le composent ne sont pas également susceptibles de se perfectionner et d'être modifiés par des conventions expresses; les attouchements restent toujours à-peu-près les mêmes, excepté dans certains cas particuliers dont nous avons fait mention ci-dessus. Mais les gestes sont déja propres à recevoir de grands développements et à former une *vraie* langue savante ; et les sons deviennent à tel point des signes artificiels, que dans l'usage que nous en faisons il n'y a plus guere que les interjections qui soient des restes du langage primitif, encore né nous sont-elles pas toutes données par la nature, ou ne conservent-elles souvent leur signification originaire qu'extrêmement altérée et modifiée : mais pour les autres mots, tout ce que peut faire l'étymologiste le plus sagace, au risque même de se tromper souvent, est de retrouver dans leurs syllabes radicales quelques vestiges de l'impression premiere, produite par l'objet ou le sentiment qu'ils représentent, et de légeres traces de leur forme originelle. Néanmoins on peut dire avec vérité que tous les langages artificiels dont nous nous servons ne sont jamais que le langage naturel prodigieusement étendu et perfectionné, et même que l'on retrouve toujours dans ceux-ci, quelque polis qu'ils soient, toutes les especes de signes qui composent le premier. Les attouchements ne peuvent en être totalement bannis, toujours et éternellement ce sera un moyen très sûr de faire comprendre à un homme que l'on veut qu'il se porte quelque part, que de le pousser ou de le tirer de ce côté. Quoique les sons soient devenus sans comparaison notre manière de nous exprimer la plus riche et la plus féconde, cependant nous n'avons point renoncé aux gestes, et ils resteront à jamais plus ou moins unis aux mots et aux discours comme un auxiliaire indispensable et un accessoire nécessaire. Ainsi, malgré que cela puisse paraître bizarre à un observateur superficiel, il est constant que, même dans les sociétés les plus civilisées, tout homme emploie concurremment, et souvent simultanément, trois langues ou systêmes de signes, savoir, les attouchements, les gestes, et les mots, lesquels ne sont que les trois branches plus ou moins perfectionnées du langage naturel et primitif, que les idéologistes ont appelé le langage d'action ; car il n'est pas douteux que quand d'une main j'entraîne un homme vers un but, que de l'autre je lui montre ce but, et qu'en même temps je lui dis d'y aller, je lui exprime de trois manieres différentes la même idée ou la même volonté, et je m'adresse à trois de ses sens à la fois, je lui parle réellement trois langages divers.

On pourrait même dire que chacun de ces langages se partage encore en plusieurs dialectes qui se confondent sans que nous nous en appercevions ; car il est constant que le même mot ou le même geste a souvent une valeur bien différente, suivant les circonstances dans lesquelles nous l'employons et les impressions dont nous sommes affectés : il exprime donc réellement des idées qui ne sont pas les mêmes. Or, à parler rigoureusement, c'est bien changer de langage que de rendre des idées différentes par le même signe. Mais ces réflexions nous meneraient trop loin ; elles seront mieux placées lorsque nous traiterons des finesses de l'art de la parole.

Quoiqu'il en soit, telle est l'origine et l'état actuel des différents systêmes de signes qui représentent les idées auxquelles on les a attachés. Nous avons appelé langues ou langages tous ces systêmes de signes en donnant à ces deux mots leur signification la plus étendue ; et c'est au moyen de ces langues que nous communiquons avec nos semblables. Telle a été, sans doute, l'intention qu'on a eue en les composant : un homme isolé n'aurait jamais conçu l'idée de se faire une langue ; il n'en aurait pas éprouvé le besoin ; il n'aurait pas deviné que cela pût lui être d'aucun avantage. Cependant la transmission des idées est bien loin d'être la seule utilité des langues ; elle n'en est pas même la principale. Elles ont une propriété bien plus précieuse, quoique bien moins remarquée, et dont nous avons retiré les plus grands avantages pendant bien des siecles, sans nous en appercevoir. C'est ainsi qu'il arrive souvent à l'homme en tendant vers un but d'en atteindre un autre beaucoup plus important sans s'en douter ; un homme de génie arrive qui lui montre ce qu'il a déja fait et ce qu'il peut faire encore.

Condillac est, je crois, le premier qui ait observé et prouvé que sans signes nous ne pourrions presque pas comparer nos idées simples, ni analyser nos idées composées; qu'ainsi les langues sont aussi nécessaires pour penser que pour parler, pour avoir des idées que pour les exprimer, et que sans·elles nous n'aurions que des notions très peu nombreuses, très confuses et très incompletes : c'est ce qui lui a fait dire que les langues étaient des méthodes analytiques qui guidaient notre intelligence dans ses calculs. C'est là vraiment un trait de génie qui ne pouvait naître que de l'étude très approfondie de l'intelligence humaine, et qui jette le plus grand jour sur le mécanisme de nos opérations intellectuelles. Mais, suivant moi, Condillac aurait dû énoncer différemment sa découverte, et dire que tout signe est l'expression du résultat d'un calcul exécuté, ou, si l'on veut, d'une analyse faite, et qu'il fixe et constate ce résultat; en sorte qu'une langue est réellement une collection de formules trouvées, qui ensuite facilitent et simplifient merveilleusement les calculs ou analyses qu'on veut faire ultérieurement. C'est bien là ce qu'est l'algebre: aussi l'algebre est-elle une langue, et les langues ne sont elles-mêmes que des especes d'algebres, des méthodes analytiques.

En effet nous avons vu dans tout le cours de cet ouvrage, et nommément dans les chapitres II,

IV et VI, que notre faculté de penser tout entiere consiste à recevoir des impressions ; à observer leurs qualités, c'est-à-dire leurs rapports à nous, et leurs rapports entre elles ; à les classer ou les réunir de mille manieres différentes d'après ces rapports ; à en former divers grouppes qui constituent les idées que nous avons, soit des êtres individuels et réels, soit des propriétés et des affections de ces individus, soit des êtres généralisés et purement abstraits ; et enfin à examiner sous tous leurs aspects ces idées déja composées, et à en tirer de nouvelles vues et de nouveaux sentiments. On ne peut pas nier cette vérité qui est constante.

Mais nous avons observé de plus que nos idées composées, c'est-à-dire toutes nos idées, excepté la simple sensation, n'ont pas d'autre soutien, d'autre lien qui unisse leurs éléments que le signe qui les exprime et qui les fixe dans notre mémoire, et que par conséquent, sans l'usage de ces signes, toutes ces réunions seraient aussitôt dissoutes que formées, aussitôt perdues que trouvées, que nos premieres conceptions seraient toujours à refaire, et que notre esprit resterait dans une éternelle enfance : c'est encore là un fait certain ; néanmoins il faut le prouver par des exemples, et en indiquer les causes par quelques réflexions sur nous-mêmes.

La preuve générale que sans les signes nous ne pouvons presque pas nous rappeler nos idées ni les combiner, c'est que chacun de nous éprouve que, lorsqu'il réfléchit sur un sujet quelconque, ce n'est pas directement sur les idées qu'il médite, mais sur les mots ; nous répétons ces mots, nous les retournons, nous en faisons divers arrangements, nous sentons les nuances de leur signification, nous les prononçons tout bas, comme pour nous frapper nous-mêmes par une impression qui ne soit pas purement intellectuelle. A la vérité quand l'objet est présent, il tient à un certain point lieu de son nom, il devient lui-même signe de l'idée qu'il fait naître ; mais nous fixons toujours notre attention sur les mots qui expriment la qualité qu'il s'agit d'examiner en lui, l'effet qu'elle a produit, la circonstance à laquelle il faut avoir égard, le but où tend notre recherche, etc... On pourrait croire que cette manière d'opérer tient au long usage que nous avons des mots, et que notre esprit, accoutumé dès long-temps à se servir de ce moyen, s'en est fait une nécessité qui n'est pas réelle : mais un exemple frappant va nous montrer que ce n'est point là uniquement un effet de l'habitude, qu'il y a autre chose dans ce phénomene, et qu'il est fondé sur la nature même de l'opération intellectuelle qui s'exécute.

Nous avons tous l'idée de l'unité, n'importe comment nous l'avons acquise, ce qui n'est peut-être pas facile à déterminer ; nous savons que l'adjectif *un* exprime la qualité d'un être isolé, considéré

séparément de tout autre comme n'étant ni répété
ni divisé. C'est déja un signe précieux que ce mot
un ; il fixe dans nos têtes une idée qui , sans son secours , demeurerait très vague. Si à lui tout seul
il ne nous donne point encore les idées des différents
nombres , à coup sûr sans lui nous ne les aurions
jamais ; car tous les nombres possibles ne sont que
l'unité répétée plus ou moins. Le mot *un* est donc
le germe de toutes les idées de nombre , et c'est un
grand pas que de l'avoir créé. Cependant supposons
que nous n'avons point d'autre nom de nombre , et
essayons avec le seul mot *un* de faire le plus simple
de tous les calculs , une addition très bornée. Pour
y réussir, je ne puis faire autre chose que de dire un
plus un, plus un, plus un, plus un, plus un, plus
un ; et ni moi qui parle, ni vous qui m'écoutez,
n'avons aucune idée nette dans la tête. Pourquoi
cela ? c'est que rien ne nous indique combien de fois
nous avons répété ce mot *un* , ni quel rapport il y
a entre ce nombre primitif et le nombre total. Maintenant que quelqu'un me compte un plus un, plus
un , plus un , plus un , plus un , et me propose de
retrancher ce nombre du premier ou de l'y ajouter ,
que voulez-vous que je fasse ? quel rapport puis-je
saisir entre ces deux nombres ? quelle proportion
puis-je sentir entre l'un d'eux et le reste ou le total
demandé ? Quand je n'ai aucun moyen de déterminer
aucun des termes de la comparaison , évidemment

je ne puis asseoir un jugement; j'aurai beau dire
un, un, un, un, un, un, un, moins un, un, un,
un, un, un, ou plus un, un, un, un, un, un, je
ne saurai où je dois arrêter cette fastidieuse répétition; et quand, par impossible, je ne l'entendrais
ni trop ni trop peu, le reste ni le total, je le répete, ne me présenteraient aucune idée déterminée. Mais, me dira-t-on, vous compterez par vos
doigts ou avec des cailloux, comme l'indique l'éty-
mologie du mot calcul; d'accord : mais mes doigts
ou mes cailloux sont des signes, chacun d'eux représente le mot *un;* l'action de le joindre à la masse
ou de l'en ôter constate l'opération que je fais, et
sauve du moins une cause d'erreur. Néanmoins,
quoiqu'alors cette masse soit ce qu'elle doit être,
si je n'ai point de nom collectif pour la sommer, je
ne pourrai pas encore venir à bout de m'en faire
une idée nette, et de juger son rapport avec l'unité
ou avec une autre masse quelconque.

Au contraire, que, profitant de la commodité du
signe *un* pour réfléchir sur l'idée *un*, et étant venu
à l'imaginer ajoutée à elle-même, je m'avise d'appeler *deux* cette nouvelle idée, ce second signe fixe
dans mon esprit le résultat de l'opération que j'ai
faite, il me rend présente et sensible l'idée d'un
plus un; bientôt il fait naître celle de deux plus un,
je l'appelle trois; continuant de même, je conçois
trois plus un, je l'appelle quatre; quatre plus un,

je l'appelle cinq ; cinq plus un , je l'appelle six ; six plus un , je l'appelle sept ; sept plus un , je l'appelle huit , et ainsi de suite ; et tout cela pour avoir eu le signe un et m'en être servi à créer le signe deux. Alors je vois clairement que tous ces nombres sont à la même distance les uns des autres , et que cette distance est égale à l'unité ; chacun de ces noms est un point de repos pour ma pensée, il fixe le rapport observé entre l'idée qu'il représente et les idées antérieures et postérieures ; il constate des comparaisons faites que je ne suis plus obligé de recommencer , et desquelles je pars pour en faire d'autres: je n'ai plus besoin d'avoir actuellement le souvenir vif de l'impression que faisaient sur mon œil six corps rangés à côté les uns des autres , je vois distinctement que six est entre cinq et sept , qu'il est cinq plus un , et sept moins un : qu'on me propose de le retrancher de sept , je reconnais nettement qu'il me restera un ; si je veux l'ajouter à sept , je puis le faire partiellement , il m'est aisé de sentir qu'en disant huit j'ai ajouté un à sept , qu'en disant neuf j'y ai ajouté deux , qu'en disant dix j'y ai ajouté trois , qu'en disant dix-un ou onze j'y ai ajouté quatre , qu'en disant dix-deux ou douze j'y ai ajouté cinq , et enfin qu'en disant dix-trois ou treize j'y ai ajouté six. Voilà donc que je puis calculer dès que chacun de ces nombres porte un nom qui le différencie , et que chacune de ses parties composantes se trouve exprimée avec précision par les noms des nombres inférieurs : car le grand avantage des signes est qu'ils distinguent les idées qu'ils représentent, et qu'ils les décomposent réciproquement de mille manieres différentes ; trois et deux, quatre et un décomposent cinq, etc.

Il est bien vrai, et cela provient de la même cause, que si tous ces nombres se suivaient long-temps, comme font les seize premiers dans la langue française, toujours désignés par des noms qui n'eussent entre eux ni analogie ni relation, je perdrais bientôt de vue les rapports mutuels des plus éloignés, c'est-à-dire la quantité d'unités qui les sépare. Pourquoi cela ? précisément parceque cette quantité ne me serait plus rappelée par les noms qui chacun expriment seulement qu'ils sont séparés de leurs deux voisins par la quantité *un*. C'est à ce rapport exprimé que je serais continuellement obligé d'avoir recours pour retrouver la valeur des distances plus grandes, et à chaque opération je serais toujours forcé de compter un à un, comme je viens de le faire, pour ajouter six à sept, et découvrir que cela m'amene au nom de nombre treize. Il n'est pas douteux que je réussirais par cette voie ; car dès que l'on part d'un point connu, et que tous les intermédiaires sont connus aussi, on sait avec certitude où l'on arrive, et en quoi consiste le nouveau composé. Mais ce moyen, fort utile déja, et qui est uniquement dû à l'institu-

tion de ces premiers signes, serait cependant encore
long et pénible, et par conséquent insuffisant pour
des opérations compliquées et étendues; c'est pourquoi l'esprit de l'homme, qui a besoin de points de repos, et qui est fatigué de conserver présente à la fois
une chaîne d'idées trop longue, a imaginé de partager
la série des nombres en différents grouppes. Il a fait
ces grouppes égaux entre eux, afin que ce qui est
vrai de l'un soit vrai de l'autre; il a donné aux nombres qui les terminent, des noms vingt, trente, qui,
comparés à ceux qui les précedent et à ceux qui les
suivent, avertissent que la période finit et va recommencer; d'un nombre de ces périodes égal à celui
des unités de chacune, il forme une période plus
grande, et au commencement de chacune il place
un nom qui en avertit; pour plus de commodité encore, les noms de ces dixaines et de ces centaines,
vingt, trente, quarante, deux cents, trois cents,
quatre cents, sont tels qu'ils établissent entre elles
les mêmes rapports qui existent entre les unités
simples. C'est ainsi qu'une idée conduit à une autre
quand elle a été fixée par un signe. Sans tous ces
mots, ces rapports seraient demeurés inapperçus,
ou bientôt perdus de vue; mais une fois déterminés
et constatés par des noms, je m'en sers comme de
choses convenues, et je puis combiner tous ces nombres, sans les décomposer, jusque dans leurs éléments primitifs à chaque opération; car ils ont été

suffisamment analysés d'avance. J'opere sur trente et quarante, sur trois cents et quatre cents comme sur trois et quatre : de là de nouvelles facilités et une possibilité bien plus étendue de calculer; facilités, possibilités qui sont dues uniquement à ce nouvel état des noms de nombre qui constate des analyses postérieures. C'est sans doute un grand perfectionnement; mais observez toutefois qu'indépendamment de cette amélioration, et par le seul fait de leur institution, je puis aisément retenir les différences caractéristiques de la valeur des seize premiers noms de nombre, tandis que je serais bien loin de pouvoir distinguer de même les idées qu'ils expriment si elles n'étaient représentées que par la répétition continuelle du mot un : et ce serait bien pis encore si je n'avais pas même le mot un ; car ce mot est déja un signe et un signe très utile, comme nous l'avons observé en commençant.

Au surplus je n'ai exposé que les propriétés des noms de nombre, et n'ai point du tout parlé de celles des chiffres, qui sont d'une utilité incomparablement plus grande. La prodigieuse supériorité de ceux-ci sur les premiers tient premièrement à ce que ce sont des signes permanents, de sorte que l'impression qu'ils font peut se renouveler ou se prolonger à volonté ; secondement, à ce qu'ils indiquent une multitude de rapports entre eux par leur seule position respective. Nous examinerons la valeur de la premiere de ces circonstances quand nous parlerons des écritures, et celle de la seconde quand nous traiterons de la sintaxe et des constructions. Mais ici il ne s'agissait que de bien faire sentir l'effet des signes en général sur l'action de la pensée ; et si entre tous les signes j'ai choisi les mots, et parmi les mots les noms de nombre, c'est que c'est le cas où l'effet en question est le plus frappant. La raison en est d'abord que de tous les signes qui ne sont pas permanents (circonstance particuliere qu'il fallait écarter dans des considérations générales), les mots sont ceux qui analysent le mieux nos idées ; ensuite que de tous les rapports existants entre nos idées, les rapports de quantité sont les plus exactement appréciables, étant toujours composés de la même valeur, celle de l'unité répétée plus ou moins de fois ; ce qui fait que l'on voit nettement jusqu'où l'on peut aller avec tel signe ou avec tel autre.

Il n'est donc pas aussi aisé de faire voir l'effet des mots sur la combinaison des rapports de nos idées, qui ne sont pas des rapports de quantités, c'est-à-dire qu'il n'est pas possible de marquer avec autant de précision le point où l'esprit s'arrêterait faute d'un mot, et celui jusqu'où il va au moyen de tel mot ou de tel autre. Cependant nous savons que toutes nos connaissances sont le produit de nos jugements, et que tous nos jugements sont l'effet de la comparaison de deux idées : or il est bien manifeste que deux idées un peu composées ne seraient jamais assez présentes à la fois à notre esprit avec leurs circonstances pour être comparées ensemble, si le résultat des jugements antérieurs qui ont servi à les former n'était fixé et rendu sensible par les signes qui les expriment ; sans ces signes ces jugements subséquents et toutes les connaissances qui en dérivent n'auraient donc jamais lieu. Reprenons pour exemple la proposition que nous avons déja citée plusieurs fois : *L'homme qui découvre une vérité est utile à l'humanité tout entiere.* Il n'y a là que deux idées comparées : il serait très commode, et nous l'avons déja observé, que chacune de ces idées fût exprimée par un seul mot ; si cela était, et que l'une fût représentée par a, l'autre par b, et l'idée d'affirmation par c, la phrase se réduirait à $a\, b$, c, ou, en conservant le génie de la langue, qui est de joindre le signe d'affirmation à l'attribut commun, elle serait a est b, et nous nous servirions de a comme de tous les autres substantifs, et de b comme de tous les autres adjectifs. Ces deux mots n'existent pas dans la langue ; elle est pauvre à cet égard : cependant elle fournit des ressources ; ne pouvant peindre chacune des deux idées dont il s'agit par un seul signe, on exprime l'une à l'aide de six mots, et l'autre à l'aide de sept ; ces deux grouppes forment chacun un ensemble, et nous avons dans la tête deux idées nettes et completes

que nous pouvons comparer ; mais nous ne les aurions pas sans ces signes subsidiaires qui, dans le
cas présent, sont des signes du second ordre par
rapport aux deux qui nous manquent et qu'ils
suppléent.

Maintenant examinons ces signes eux-mêmes qui
représentent les idées composantes, nous découvri-
rons aisément qu'ils sont de différents genres, qu'ils
n'ont pu être inventés que successivement. On voit
bien qu'il a fallu désigner les choses avant de donner
des noms aux qualités qu'on y remarquait ou aux
actions qu'on voulait leur faire éprouver, et exprimer ces actions ou ces qualités, relativement aux
choses, avant de les considérer abstraitement : ainsi
les noms des objets existants ont été inventés les
premiers, les adjectifs et les verbes ensuite, et les
substantifs abstraits postérieurement ; à plus forte
raison on sent que les mots qui expriment des relations très générales, comme le relatif *qui*, et la pré-
position *à*, ou des circonstances très fines, comme
l'article *le*, sont des créations plus récentes encore
et des productions d'esprits plus exercés. Il y a plus,
nous avons déja observé, et ne l'oublions pas, que
ces substantifs, ces adjectifs, ces verbes sont d'a-
bord des noms particuliers et propres à la chose
qu'ils expriment, et qu'ensuite ils ont été généralisés
par des réflexions subséquentes. En outre chacun
de ces mots principaux, par les différentes désinences

qui constituent sa déclinaison ou sa conjugaison,
exprime diverses circonstances de nombre, de genre,
de temps, de personne, qui font de chacune de ses
formes une idée distincte : tout cela c'est autant de
résultats d'analyses successives qui graduellement
rendent possibles celles qui les suivent; vous y observez la même progression et des degrés plus nombreux encore que dans la formation du mot *un*, et
dans celle des premiers noms de nombre, puis des
noms de dixaines, de centaines, etc.; et vous reconnaissez que, dans un cas comme dans l'autre,
il n'a d'abord été possible de faire qu'un petit nombre d'opérations, et que la capacité de combiner
et celle de calculer se sont également accrues en
proportion de la perfection de leurs instruments.

Pour rendre cette vérité plus frappante encore,
faites un essai bien simple ; représentez-vous où vous
en seriez si, pour exprimer la proposition que nous
avons prise pour exemple, au lieu d'employer les
treize mots qui la composent, vous substituiez à
chacun d'eux la description complete de toutes les
idées partielles qu'ils renferment, des points de vue
sous lesquels on les a envisagés pour les réunir, et
de leurs relations avec celles comprises sous les
autres mots ; il est bien clair qu'il en résulterait
un verbiage épouvantable, au milieu duquel il vous
serait impossible de saisir le sens général de la
proposition. Cependant toutes ces analyses prélimi-

naires sont faites, il ne s'agit puss de les découvrir ;
vous n'auriez qu'à les retracer, et vous ne le pourriez même qu'à l'aide de beaucoup de mots que vous
leur devez déja. Que font donc ces treize mots? rien
autre chose que présenter à votre pensée d'une
maniere plus commode les résultats d'opérations
antérieures. C'est aussi ce que font les caracteres
algébriques, quand à la place d'une expression très
compliquée on met une simple lettre, à l'aide de
laquelle on fait des combinaisons nouvelles, qui,
sans cette abréviation, seraient devenues inextri-
cables, sauf ensuite à aller rechercher l'expression
plus détaillée lorsqu'il en est besoin, comme nous
faisons nous-mêmes en parlant, quand l'état de la
discussion fait sentir la nécessité d'une définition
ou d'une description plus ou moins circonstanciée
de notre idée.

Nous sommes donc fondés à conclure que ce que
nous avons remarqué des noms de nombre et des
idées de quantité est vrai des autres mots et des
autres idées, et que ce que nous avons dit des mots
s'applique plus ou moins à toutes les especes de
signes : et nous pouvons regarder comme prouvé
que l'effet général des signes est, en constatant des
analyses antérieures, de rendre plus faciles les analyses subséquentes ; que cet effet est exactement celui
des caracteres et des formules algébriques ; et que
par conséquent les langues sont de vraies méthodes

analytiques , et l'algebre n'est qu'une langue qui dirige l'esprit avec plus de sûreté que les autres, parcequ'elle n'exprime que des rapports plus précis et qu'un seul genre de rapports. Les regles grammaticales font juste le même effet que les regles du calcul; dans les deux cas ce n'est que des signes que nous combinons, et, sans nous en appercevoir, nous sommes conduits par les mots comme par les caracteres algébriques , sans savoir le plus souvent où nous arrivons. Tout ceci était bon à éclaircir, et je crois qu'il n'y reste plus d'obscurité.

Tel est donc l'effet général et principal des signes comme instruments de la pensée : actuellement il faudrait tâcher de trouver les causes de cet effet. Malheureusement cela n'est pas très facile ; il semble même au premier coup-d'œil que cet effet n'a point de cause , ou , en d'autres termes , qu'il ne devrait pas exister ; il semble que la difficulté de comparer nos idées consistant uniquement dans celle de les bien connaître , et celle de les bien connaître dans celle de se bien rappeler les idées qui les composent, et leurs rapports avec celles qui les avoisinent, toutes ces opérations intellectuelles doivent être les mêmes, soit que ces idées soient revêtues d'un signe, soit qu'elles en soient dénuées. Il paraît que le son du mot *pain*, et du mot *bon*, ne saurait m'exempter d'avoir présentes à l'esprit toutes les idées composant l'idée de pain et l'idée de bon pour pouvoir juger si le pain est bon, et qu'ainsi ces mots ne devraient m'être d'aucune utilité : cependant l'expérience est constamment contraire ; elle montre que ces signes font en moi une impression qui n'est pas exactement celle de toutes les idées qu'ils représentent, mais qui en est comme la résultante, c'est-à-dire qu'il y a quelque chose de plus dans l'effet que nous fait un signe que dans celui que produit en nous l'idée composée que ce signe exprime : la preuve en est que nous faisons par le moyen de ce signe beaucoup de combinaisons ultérieures que nous ne pouvions pas faire avec l'idée elle-même. Mais, je le répete, il n'est pas aisé d'assigner avec précision la cause de cette différence entre le signe et l'idée, et on ne l'a jamais déterminée nettement, au moins que je sache : je crois pourtant que nous allons la trouver tout naturellement dans une observation que nous avons déja faite sur les caracteres et les propriétés de nos opérations intellectuelles, et des mouvements internes qui les produisent.

Nous avons remarqué qu'en général ceux de ces mouvements dont résultent nos souvenirs et nos jugements, ou perceptions de rapports, ébranlent moins fortement notre machine, sont moins nécessairement accompagnés de peine ou de plaisir, et par suite laissent des traces moins vives, moins distinctes, moins durables que les mouvements purement sensitifs ; qu'en conséquence les souvenirs et

les jugemeuts sont des perceptions plus légeres,
plus fugitives, et qui produisent des impressions
moins profondes sur notre organisation que la sensation proprement dite : c'est ce qui fait que les
idées abstraites et éloignées des sens sont celles que
nous avons le plus de peine à fixer et à ne pas
perdre de vue, et que les sujets où elles se trouvent
en plus grand nombre sont ceux où il nous est le
plus difficile d'éviter l'obscurité et la confusion ;
c'est ce qui fait encore que le moindre bruit, la
moindre douleur, ou le moindre plaisir actuel, nous
distraient souvent de la méditation la plus profonde,
et nous font perdre de vue le souvenir qui nous occupe le plus. En général tout prouve que la sensation a une tout autre énergie que le souvenir et le
jugement, lesquels sont par leur nature des perceptions légeres et transitoires. Maintenant si nous
nous rappelons que toutes nos idées sont extrêmement composées, que par conséquent toutes sont
des assemblages d'une foule de souvenirs et de jugements, que même, si l'on en excepte les sensations
simples, dont il n'est pas question en ce moment,
elles ne sont toutes, à proprement parler, que des
souvenirs d'impressions reçues, et de combinaisons
opérées, nous en conclurons qu'elles sont toutes
essentiellement fugitives ; que par leur nature même
elles doivent ne faire que paraître et disparaître ;
et que le véritable changement qu'y apporte le geste

ou le mot, en un mot le signe quelconque qui nous les représente en frappant nos sens, est de les associer à une sensation, de les rapprocher du caractere de ce genre de perceptions, et de leur en donner toute l'énergie. De là seul naît, je pense, la différence qui existe entre les propriétés du signe et celles de l'idée qu'il représente : j'en suis d'autant plus persuadé que, si l'on y fait bien attention, on verra que cette seule circonstance suffit pour expliquer tous les effets des signes.

En effet quand une idée est une fois intimement liée à une sensation, elle nous frappe aussi souvent, aussi facilement, aussi vivement que cette sensation elle-même ; elle est aussi distincte de toutes les autres idées qui sont liées à d'autres sensations, que ces sensations le sont entre elles. Pour ne la pas confondre avec elles, nous n'avons plus besoin d'en examiner tous les éléments, d'en rechercher la génération ; ce n'est plus, pour ainsi dire, les rapports très déliés de ces idées que nous avons à considérer, mais les rapports bien plus frappants de ces sensations. Voilà pourquoi les signes secourent la mémoire, rendent les habitudes plus fortes, servent de point de repere à l'esprit ; pourquoi ils constatent réellement les opérations intellectuelles qui ont eu lieu ; pourquoi les idées de classes, de genres, d'especes, et toutes les idées généralisées que nous conservons par leur moyen, une fois qu'elles sont faites, nous sont si commodes ; voilà aussi pourquoi il est si utile et si agréable que les signes aient de l'analogie avec la chose qu'ils expriment, et qu'il existe entre eux des relations correspondantes à celles des idées qu'ils représentent : d'un autre côté l'on voit que la sensation du signe étant une sorte d'étiquette de l'idée à-peu-près comme les titres de certains chapitres et de certains paragraphes qui en expriment le sens en abrégé, et se mettant pour ainsi dire en nous à la place de cette idée, elle doit nous en faire perdre de vue les détails. De là vient sans doute que nous avons souvent la conscience du sens d'un mot sans pouvoir le définir, et que nous sommes exposés à bien des erreurs en nous en servant ; de là vient apparemment encore qu'il nous arrive souvent d'être frappés de la vérité d'une proposition long-temps avant de pouvoir nous en rendre compte, ou révoltés de la fausseté d'un sophisme quoique nous ne puissions pas la démontrer. Il serait facile de multiplier et de développer ces faits, qui tous se présentant comme des conséquences de notre principe, le rendraient toujours plus plausible ; mais ceux-ci suffisent, je crois, pour conclure qu'il est très probable que la réunion de la sensation à l'idée est la vraie cause de l'effet des signes : quoi qu'il en soit, ce qui est certain c'est que cet effet est le même dans tous les signes que dans les signes algébriques, et qu'il consiste à constater les opérations intellectuelles que nous avons faites, et à nous donner la facilité d'en faire des combinaisons qui seraient impossibles sans ce secours. C'est là ce qu'il était important de bien éclaircir.

Actuellement que nous avons vu quels sont nos différents langages ou systêmes de signes représentatifs de nos idées, et en quoi consiste la propriété fondamentale de ces signes considérés comme moyen de penser, nous pouvons examiner avec sûreté les diverses circonstances de l'influence de ces signes sur l'action de la pensée : c'est ce que nous allons faire dans le chapitre suivant.

CHAPITRE XVII.

Continuation du précédent.

Vous voyez donc, mes jeunes amis, que nos actions sont les signes naturels et nécessaires de nos idées, puisqu'elles les représentent, en masse à la vérité, mais très fidèlement, sans que nous en ayons l'intention, et même quand nous ne le voudrions pas : c'est ce qu'on appelle le langage d'action, parceque tout système de signes est un langage.

Ces signes naturels et nécessaires deviennent artificiels et volontaires, c'est-à-dire que nous les refaisons avec l'intention de faire connaître nos idées à nos semblables ; et le langage d'action devient la source de tous les autres qui, comme lui, s'adressent au tact, à l'œil, ou à l'oreille, et que nous pouvons varier à l'infini. Nous en avons indiqué plusieurs.

A la longue ces signes artificiels et volontaires, sur-tout ceux qui s'adressent à l'oreille, deviennent très détaillés et très circonstanciés, et nous les rendons capables d'exprimer d'une maniere distincte

des idées très peu différentes les unes des autres,
et qui ne sont séparées que par des nuances très
fines.

Cet effet est dû, sans doute, à la souplesse des
organes d'où émanent les signes, et à la délicatesse
de ceux auxquels ils s'adressent, et il est proportionné, à ces qualités ; mais il ne se produit que
graduellement, et il ne peut avoir lieu qu'autant que
nous combinons nos premieres perceptions, que
nous en formons des idées composées, que nous
percevons entre elles des rapports qui sont eux-
mêmes de nouvelles idées, que nous les analysons,
les comparons, les modifions, les envisageons sous
toutes leurs faces, enfin que nous les soumettons à
tous les calculs dont elles sont susceptibles. Or c'est
à cela même que les signes nous aident très puissamment en constatant les résultats de chacun de
ces calculs ; et nous avons prouvé par des exemples
que sans leur secours nous serions arrêtés dès les
premiers pas : ainsi à mesure que les signes se perfectionnent, et même à chaque nouveau degré de
perfection qu'ils acquierent, ils sont cause du perfectionnement des idées qu'ils représentent, et par
conséquent ils ne nous servent pas moins à former
nos idées qu'à les communiquer.

Enfin il paraît qu'ils doivent cette précieuse propriété à ce que l'effet du signe est d'associer l'idée
qu'il représente à la sensation qu'il produit, et de

faire ainsi participer des perceptions très fugitives, telles que nos souvenirs et nos jugements, aux propriétés de la sensation qui par sa nature est une perception très vive, très forte, et très distincte.

Voilà en peu de mots le résumé de ce que nous avons dit jusqu'à présent des signes, de leur origine, de leurs différentes especes, de leurs progrès, de leur effet principal et fondamental, et de la cause vraisemblable de cet effet. Munis de ces préliminaires, nous pouvons actuellement entrer dans quelques détails : ils nous feront encore mieux sentir l'influence des signes sur l'état actuel de la raison humaine ; et, nous fournissant l'occasion de faire usage de nos observations sur nos opérations intellectuelles et sur la formation de nos idées, ils nous procureront de nouvelles preuves que nous avons bien trouvé le fil de ce labyrinthe.

On demande souvent si nous pouvons penser sans signes. Cette question me paraît plus curieuse qu'utile ; mais puisqu'elle a été agitée il ne faut pas négliger de la résoudre, d'ailleurs elle nous menera à d'autres. Je crois que nous devons d'abord distinguer entre les signes naturels et les signes artificiels.

Nous avons vu que nos actions sont les signes naturels et nécessaires de nos idées, c'est-à-dire que, même malgré nous, elles manifestent avec plus ou moins de détails nos pensées et nos sentiments. Je ne connais pas d'autres signes naturels ; car les objets matériels sont bien les causes de nos perceptions , mais ils ne les manifestent pas , ils n'en deviennent le signe et la représentation qu'autant que nous les désignons à cet effet par un cri, par un geste , en un mot qu'en vertu d'une institution expresse. Quand je montre un fruit et ma bouche pour exprimer cette idée, *je veux manger* , le fruit et ma bonche font partie de mon geste ; à eux seuls ils n'eussent jamais exprimé mon idée. Les objets matériels peuvent donc devenir signes artificiels et volontaires plus ou moins imparfaits , mais ils ne sont pas signes naturels et nécessaires. Demander si nous pouvons penser sans signes naturels , c'est donc demander si nous pourrions posséder la faculté de sentir, d'avoir des perceptions , sans celle d'agir et de manifester ces perceptions par des actions. A cela il est impossible de répondre par une expérience directe ; seulement l'on peut dire que la faculté de sentir et celle d'agir étant distinctes , l'on peut concevoir un ordre de choses tel que les mouvements internes qui produisent nos perceptions auraient lieu, quoique nous fussions incapables de tout mouvement apparent qui les manifestât , et que dans ce cas nous penserions effectivement , mais que nos connaissances seraient bien bornées. Au reste cette solution ne jette aucun jour sur l'exercice de notre faculté de penser telle qu'elle est , et ne fournit aucun moyen de déterminer jusqu'où elle irait, sans l'usage des signes, dans un homme constitué comme nous le sommes. Demande-t-on, au contraire, si nous pouvons penser sans signes artificiels et volontaires ? la réponse dépend du sens que l'on attache au mot penser. Pour nous, qui avons donné le nom d'idée ou de perception généralement à tout ce que nous sentons, depuis la plus simple sensation jusqu'à l'idée la plus composée, et qui avons appelé penser avoir des perceptions quelconques, et par là en avons fait le synonyme de sentir, la question n'en est pas une ; car il est bien manifeste que nous sentons avant d'avoir des signes artificiels, et que si, premièrement, nous ne sentions rien, nous n'aurions ni besoin ni moyen d'instituer aucun signe. Aussi quand quelques idéologistes ont prononcé que les signes sont absolument nécessaires pour penser, pour avoir des idées, c'est qu'ils ne comprenaient pas sous le nom d'idées la simple sensation, ni sous celui de penser l'action de percevoir cette sensation ; ils n'appelaient proprement idées que ce que nous avons appelé idées composées, et ils ne donnaient le nom de penser qu'à l'action de combiner nos perceptions premieres. Dans ce sens je ne m'éloignerais pas beaucoup de leur avis ; mais j'avoue que je n'aime pas cette façon de s'exprimer, car je ne vois pas ce que peut être l'action de percevoir une sensation si elle n'est pas une des opérations particulieres de la faculté de penser, ni ce que peut être l'action de penser si elle n'est pas toujours celle de sentir, modifiée de mille manieres. Dans notre langage nous devons donc dire sans hésiter que nous commençons à penser avant d'avoir des signes artificiels.

Il n'est pas aussi aisé de déterminer précisément jusqu'où irait notre faculté de penser si elle n'avait le secours d'aucun de ces signes, je ne vois même point de moyen de le savoir avec certitude ; mais, d'après tout ce que nous avons dit précédemment, il n'y a nul doute que sans les signes toutes les réunions que nous faisons de nos idées seraient aussitôt dissoutes que formées ; que les rapports que nous remarquons entre elles seraient aussitôt évanouis que perçus, et que par conséquent toutes combinaisons ultérieures nous deviendraient impossibles, et nous serions toujours arrêtés dès les premiers pas : nous en avons même la preuve directe dans l'impossibilité où nous sommes de faire les moindres calculs sans noms de nombre. Ainsi nous pouvons prononcer avec les idéologistes que je citais tout-à-l'heure que sans signes nous ne penserions presque pas.

La question qui suit, celle-là dans l'ordre naturel des idées est encore plus délicate ; c'est de savoir jusqu'à quelle classe d'idées et à quel degré de combinaison peut nous conduire chaque espece de signe. Plusieurs auteurs ont décidé qu'il n'y a que les signes

articulés, les mots, qui puissent nous élever jusqu'aux idées abstraites : mais je crois que cet arrêt
mérite examen. D'abord nous avons vu que ces opérations qu'on appelle abstraire et concraire sont toujours réunies dans la formation de toute idée composée, et que l'une n'est pas plus difficile que
l'autre ; ensuite nous avons observé que toute idée
qui n'est pas individuelle est une idée abstraite, car
il n'existe dans la nature que des individus ; enfin
nous savons que toute perception de rapport est
aussi une idée abstraite, car un rapport n'est qu'une
vue de l'esprit et non pas une chose existante par
elle-même. Il faudrait donc, dans ce système, soutenir que sans les mots nous ne pourrions avoir que
des idées individuelles, ou même que nous ne pourrions porter aucun jugement : or j'avoue que cette
opinion me semble impossible à défendre, et qu'au
contraire il me paraît prouvé en rigueur qu'il a
fallu avoir porté beaucoup de jugements avant d'avoir
créé un seul signe articulé. D'ailleurs je ne vois pas
pourquoi un geste ou un cri n'exprimeraient pas
une idée abstraite tout comme un mot : nous en
voyons même tous les jours des exemples ; et quoique ces exemples se trouvent dans les gestes des
gens qui ont déja l'usage des signes articulés, ils
n'en prouvent pas moins par le fait que la chose
est possible. Je pense donc sur la question proposée
que les signes artificiels, de quelque genre qu'ils

soient, peuvent représenter et constater des idées de toutes especes, et que le degré de cómplication des idées qu'ils nous mettent à même de former, et des combinaisons qu'ils nous donnent la possibilité d'en faire, ne dépend pas de la nature même des signes, mais de leur degré de perfection, qui les rend capables d'exprimer des nuances plus ou moins fines, et de constater des analyses plus ou moins délicates.

Cette derniere observation commence à nous faire entrer plus avant dans notre sujet. Il s'agirait actuellement de rechercher dans tout langage quelconque jusqu'à quel degré de connaissance nous conduirait chaque degré de perfection des signes qui le composent : mais cette entreprise est évidemment impossible à exécuter, il ne faudrait rien moins que refaire depuis leur origine tous les systêmes de signes imaginables ; et, quand cela se pourrait, il serait encore impossible de juger les effets des différents états de ces systêmes de signes que nous ne sommes pas habitués à employer. Les divers degrés de perfection des langues parlées sont moins difficiles à reconnaître et à apprécier : nous pouvons jusqu'à un certain point nous représenter ce que serait une de ces langues, d'abord si on lui ôtait toute conjugaison, toute déclinaison, et toute syntaxe ; puis si on la privait successivement d'articles, de pronoms, de prépositions, de conjonctions, etc. ; et enfin si, réduite à des substantifs et des verbes invariables, on retranchait encore de ces mots tous les dérivés et les composés, et qu'on ne conservât que les primitifs. Nous ne saurions, il est vrai, même dans ce cas, répondre encore pleinement à la question proposée, et assigner avec justesse le degré précis de connaissance auquel nous conduirait cette langue dans ces différents états ; mais nous voyons clairement qu'après chacun de ces retranchements successifs elle deviendrait toujours plus difficile à manier, moins capable de nous guider dans l'acte du raisonnement, moins propre à rapprocher nos idées les unes des autres, à les combiner, à les réunir sous tous les aspects dont nous avons besoin, à constater des différences légeres entre elles ; et qu'enfin, dans le dernier état où nous la mettons, elle ne pourrait plus représenter que quelques grouppes principaux d'idées fortement distincts entre eux, et donner lieu qu'à quelques jugements très grossiers et presque palpables que nous en porterions. Elle est alors, malgré les avantages des signes articulés, réellement inférieure à un système de gestes et de cris qui serait perfectionné. Cependant ce dernier état auquel nous l'avons réduite est l'état primitif de cette langue parlée et de toute autre. Un langage quelconque ne peut jamais avoir plus de signes que ceux qui l'instituent n'ont d'idées : il en a d'abord très peu. Ce petit nombre de signes aide à travailler ce petit nombre

d'idées ; il y fait découvrir de nouvelles circonstances, de nouvelles vues, qui font sentir le besoin
de nouveaux signes pour les exprimer ; et ces nouveaux signes servent à appercevoir de nouvelles combinaisons qu'il faut encore représenter. C'est ainsi que
le langage satisfait d'abord les besoins de la pensée,
puis lui en fait contracter de nouveaux en favorisant
son action, et qu'alternativement l'idée fait naître
le signe, et le signe fait naître l'idée. Ce sont ces
innombrables actions et réactions successives qu'il
faudrait pouvoir saisir pour être en état de répondre
pleinement à la question que nous nous sommes
proposée au commencement de ce paragraphe : elle
est donc absolument insoluble dans ses détails. Mais
nous voyons bien en masse que les connaissances et
les langages marchent toujours de front, que le
niveau se rétablit à chaque instant entre l'idée et le
signe, et que par conséquent la langue la plus perfectionnée est toujours celle employée par les hommes
les plus éclairés ; et si elle n'est pas plus parfaite,
c'est parceque leurs idées ne sont pas plus avancées.

Je dis que les connaissances et les langues marchent toujours de front, et que dans cette marche
progressive le niveau se rétablit à chaque instant
entre l'idée et le signe. Cela n'est vrai toutefois
qu'autant que le signe est de nature à se bien prêter
à ces accroissements et à ces modifications successives : or je crois que c'est une propriété qui n'appar-

tient complètement qu'aux signes articulés ; et je suis persuadé que tous les autres systêmes de signes qui sont étendus, perfectionnés, raffinés à un certain point, si je puis m'exprimer ainsi, ne l'ont point été par leur vertu propre, par l'action directe des idées sur eux, mais ont été composés par des hommes qui avaient l'usage des signes articulés, dont l'esprit avait été développé par ces signes, et qui ont composé d'autres langages sur celui-là et d'après celui-là ; en un mot que ces systêmes de signes ne sont que des traductions d'un systême de signes articulés, et non pas des ouvrages originaux composés directement d'après les idées elles-mêmes. Cette réflexion nous amene naturellement à l'examen des qualités particulièrement propres aux signes articulés ; examen important, puisque ces signes prédominent universellement dans l'usage ordinaire, qu'évidemment ce sont eux qui ont provoqué, dirigé, et fixé la marche générale de l'esprit humain dans ses combinaisons et dans ses recherches, et que leur histoire est en même temps celle de nos idées et de nos raisonnements. Encore une fois la grammaire, l'idéologie, et la logique, ne sont qu'une seule et même chose : je ne connais point de moyen de séparer ces trois sciences dès qu'une fois on sait ce qu'elles sont.

Le premier avantage des signes articulés est de marquer, de constater facilement des nuances très nombreuses et très fines, et par conséquent d'exprimer distinctement des idées très multipliées et très voisines les unes des autres. Mais cet avantage ne leur est pas exclusivement propre; je crois qu'il serait téméraire de prononcer que des gestes et surtout des figures tracées ne sont pas susceptibles de combinaisons aussi variées et aussi distinctes que les sons articulés : ainsi à cet égard je ne vois pas à ces derniers une supériorité assez marquée pour être la cause de la préférence universelle qu'ils ont obtenue.

Je pense qu'elle est due, premièrement, à ce qu'il est dans la nature de l'homme de produire des sons quelconques dès qu'il est affecté : c'est un effet si nécessaire de notre organisation qu'il a lieu même malgré nous ; et ces sons sont tels qu'ils peignent très bien nos diverses affections, ce qui les en rend les signes naturels les plus certains et les plus distincts. Secondement, à ce que de tous les signes artificiels possibles, les sons sont les plus commodes à employer ; il ne faut ni instruments ni préparatifs comme pour les figures tracées ; ils n'exigent ni espace ni liberté de ses membres comme pour les gestes : dans quelque position que l'on soit, estropié, malade, agissant, on peut produire ces signes ; on les entend de même de jour comme de nuit, de loin comme de près, sans se déranger, sans se tourner vers eux, sans s'en occuper, sans même le vouloir.

Ces deux propriétés qu'ont les sons d'être les plus naturels et les plus commodes de tous les signes, font que de tous ils sont ceux qui nous deviennent les plus profondément habituels par l'usage, et qui se lient et s'unissent le plus intimement en nous aux idées qu'ils représentent. Or, si nous nous rappelons ce que nous avons dit et des effets de l'habitude et de l'effet principal des signes, nous sentirons que cet avantage est immense, et suffit seul pour les faire préférer universellement, et pour que ce soit eux qui secourent le plus efficacement les opérations de l'intelligence humaine.

Les sons cependant ont encore une propriété très précieuse, c'est de pouvoir devenir des signes permanents ; au moyen de l'écriture, ils demeurent fixés sous nos yeux comme les hiéroglyphes, les dessins, et tous les autres signes durables, et peuvent comme eux réveiller en nous à tout instant les idées dont ils nous ont affectés passagèrement, et nous rappeler celles que nous pourrions avoir oubliées et qui servent de liaison nécessaire aux autres. Voulons-nous apprécier l'importance de cet effet ? pensons à la différence de l'impression que fait sur nous un ouvrage en l'entendant lire, ou en le lisant nous-mêmes, sur-tout si le raisonnement est un peu serré ou si le sujet ne nous est pas familier. Je pourrais bien citer un exemple encore plus frappant, c'est la différence qu'il y a entre calculer de tête et calculer par écrit ; mais dans ce cas il faut attribuer la plus grande partie de cette différence à celle qui existe entre la langue des noms de nombre et la langue des chiffres ; ces derniers , comme nous l'avons déja remarqué , représentant par leurs places seules une multitude de rapports , c'est-à-dire de jugements que n'expriment pas les noms même écrits. Je m'en tiens donc au premier fait ; il suffit pour prouver l'utilité des signes permanents , à ne considérer même que leur effet actuel , et sans parler de la propriété qu'ils ont encore de conserver pour d'autres temps et d'autres lieux des suites d'idées qui sans eux seraient impossibles à perpétuer et à transporter. Les sons, au moyen de l'écriture , acquierent donc tous ces avantages , et seuls ; entre tous les signes passagers , ils ont cette prérogative ; car tous les signes quelconques peuvent bien être traduits ; mais nuls, excepté les sons , ne peuvent être écrits. Pour que vous entendiez bien ceci, jeunes gens , il faut que je vous fasse voir nettement en quoi consiste l'opération de traduire et celle d'écrire. J'ai commencé à vous en donner une idée lorsque je me suis refusé à regarder les alphabets comme des langues, et les caracteres alphabétiques comme des signes ; mais cela ne suffit pas, et c'est ici le lieu de compléter cette explication.

Traduire est une opération par laquelle on unit aux signes d'un langage les idées qui étaient jointes à ceux d'un autre langage ; à une première association elle en substitue une seconde, et par conséquent elle nécessite de les avoir toutes deux présentes à la fois à l'esprit. Cette opération a lieu toutes les fois que nous transportons nos idées d'une de nos langues parlées dans une autre ; mais elle n'a pas moins lieu quand nous exprimons des signaux par des gestes, des gestes par des hiéroglyphes ou autres figures, ces figures par des mots, ou seulement quand nous substituons un système de signes de chacune de ces especes à un autre système de la même espece : en général il y a traduction dès que nous mettons un langage à la place d'un autre. Cette opération de traduire se fait également dans nos têtes, soit que nous émettions des idées, soit que nous les recevions, dès que la langue dans laquelle nous les recevons ou les émettons n'est pas celle avec laquelle nous les formons, celle à laquelle elles sont intimement liées en nous. La peine qu'elle nous coûte est exactement proportionnée au plus ou moins d'habitude que nous avons d'associer nos idées aux signes de la langue dans laquelle ou de laquelle nous traduisons : si cette seconde langue pouvait nous être aussi familiere que celle dans laquelle nous pensons, si nos idées pouvaient être également liées aux signes de l'une et de l'autre, si enfin nous pensions indifféremment dans toutes deux, la peine de la traduction serait nulle, ou plutôt il n'y aurait pas traduction. Mais je ne crois pas que cette parfaite égalité puisse exister dans une tête humaine, et si elle a lieu, ce ne peut être qu'entre deux langues parlées, entre deux systêmes de signes vocaux : car nous avons vu qu'aucune autre espece de signes ne peut devenir aussi profondément habituelle que les sons. L'opération de traduire dérange donc toujours la liaison de nos idées à certaines sensations.

Celle d'écrire et de lire n'est pas cela ; l'effet de l'écriture est qu'une figure durable nous rappelle un son fugitif. Si les hommes étaient raisonnables, il n'y aurait qu'un alphabet pour toutes les langues parlées, et dans cet alphabet qu'un caractere pour chaque son et chaque articulation : tout le reste n'est qu'un amas de variantes inutiles. Il n'y a nulle relation directe entre le caractere et l'idée ; aussi, pour écrire ou lire des mots, abstraction faite des irrégularités de l'ortographe, il n'est pas nécessaire d'en comprendre le sens ; il suffit de savoir que tel caractere répond à tel son : dès que cela est connu, la sensation visuelle réveille le souvenir de la sensation orale, et voilà tout. C'est, si l'on veut, une traduction, ou plutôt une translation du signe, mais non pas une traduction de l'idée ; ce qui est bien différent, puisque cela ne dérange pas la liaison habituelle entre telle idée et telle sensation ; le mot écrit ne faisant encore une fois que rappeler le mot prononcé et rien de plus. Vous voyez donc que les caracteres alphabétiques ne sont que des signes de signes, et non des signes d'idées, et qu'à parler exactement, eux seuls méritent le nom d'écriture. Tous les autres caracteres étant des signes d'idées forment de vraies langues, qu'on peut traduire dans une langue parlée comme dans toute autre, mais qu'on ne saurait lire dans le sens rigoureux du mot; la preuve en est qu'on ne peut les prononcer sans les comprendre, tout comme en sens contraire on ne peut écrire des gestes sans savoir ce qu'ils signifient.

J'ai donc eu raison d'avancer qu'il n'y a que les signes vocaux qui puissent être écrits et lus, et que par conséquent seuls entre tous les signes passagers ils ont la propriété de devenir permanents sans cesser d'être eux-mêmes; ainsi, outre qu'ils sont très variés et très distincts, ils sont de beaucoup les plus naturels et les plus commodes à employer; ces deux circonstances les rendent habituels à un point dont nulle autre espece de signes ne peut approcher: de plus ils deviennent permanents quand on le veut, ce qui accroît beaucoup leur utilité; et alors ils frappent deux sens au lieu d'un; ce qui augmente encore extrêmement la force de leur liaison avec les idées.

En voilà plus qu'il n'en faut, je pense, pour rendre raison de la préférence universelle que l'on a donnée aux signes vocaux, pour montrer qu'il n'y a

aucune comparaison à faire entre cette espece de
signes et toute autre, et pour prouver qu'eux seuls
ont efficacement secouru l'intelligence humaine,
et que, dans l'intention de connaître l'influence des
signes sur la formation de nos idées, ce sont ceux-
là, exclusivement à tous les autres, qu'il nous faut
étudier. Nous aurons donc tout ce qu'il peut être
intéressant de savoir de l'histoire des signes en trai-
tant celle des sons articulés : c'est aussi à quoi je me
bornerai dans la seconde partie de cet ouvrage, et
ma grammaire ne sera que l'analyse des langues
parlées. En examinant les différentes especes de mots
dont elles sont composées, et les lois de leur formation et de leur réunion, nous verrons plus en détail
comment elles dirigent notre intelligence. En attendant je crois que nous pouvons nous en tenir aux
réflexions précédentes, et terminer ici ce que nous
avions à dire des effets généraux des signes et des
effets particuliers de certains signes sur la formation de nos idées : il nous reste à les considérer
comme moyen de transmettre ces mêmes idées à
d'autres.

Quelque importante que soit cette seconde propriété, nous ne nous y arrêterons pas long-temps ;
les conséquences qui en résultent sont si frappantes
qu'il suffira de les indiquer, ou plutôt nous n'aurons
presque qu'à recueillir ce que nous en avons dit
déja en différents endroits. Il est aisé de voir que

cette propriété qu'ont les signes d'être un moyen de communication avec nos semblables , est l'origine de toutes nos relations sociales , et par conséquent a donné naissance à tous nos sentiments et à toutes nos jouissances morales ; il n'est pas moins évident que sans elle chaque homme serait réduit à ses forces individuelles pour agir et pour connaître : et nous avons déja observé que dans cet isolement forcé il resterait fort au-dessous des sauvages les plus stupides , car les plus brutes d'entre eux doivent encore beaucoup d'idées à l'état de société ; même les animaux sont jusqu'à un certain point instruits par leurs semblables , et ne sont pas tout-à-fait livrés à leur seule expérience personnelle. Enfin, quand on voudrait beaucoup étendre la possibilité du déve-loppement intellectuel de chaque individu , au moins serait-on toujours obligé de convenir que ses pro-grès seraient perdus pour l'espece , et que le genre humain serait condamné à une éternelle enfance.

Il n'est donc pas douteux que nous devons tout ce que nous sommes à la possibilité de communi-quer avec nos semblables : la seule chose qui mérite examen , c'est de savoir comment cette communi-cation d'idées agit sur nous ; mais il n'est peut-être pas si aisé de s'en rendre raison qu'il le paraît d'a-bord. En effet on voit bien au premier coup-d'œil qu'il est plus facile d'apprendre une chose que de l'inventer, et que dès que les hommes peuvent se

transmettre leurs idées les uns aux autres , ils pro-
fitent tous des observations et des réflexions de chacun d'eux , et il semble que dès lors tout est expliqué.
Cependant on sait qu'une idée toute faite est une
chose absolument intransmissible , que pour en avoir
réellement la conscience , lorsqu'on entend ou que
l'on voit le signe qui la représente , il faut nécessairement , si c'est une simple sensation , l'avoir éprouvée ; la preuve en est qu'on parlerait éternellement
de couleur à un aveugle-né qu'il ne saurait jamais
ce dont il s'agit. Si c'est une idée composée , il faut
avoir connu et rapproché tous les éléments qui la
composent ; il est évident que sans cela nous ne connaissons pas la signification d'un mot , et que c'est
ce qu'on nous fait faire plus ou moins bien quand on
nous le définit. Enfin si cette idée est un jugement ,
la proposition qui l'exprime est vuide de sens pour
nous , n'est qu'un vain bruit , comme celui d'une
langue étrangere , si nous ne connaissons pas ses
deux termes , si nous n'avons pas fait sur chacun
d'eux les opérations que nous venons de décrire , et
si ensuite nous ne faisons pas nous-mêmes l'acte de
la pensée qui consiste à percevoir le rapport énoncé
entre eux. Tout cela est incontestable ; et pourtant ,
quand on y songe , on est tenté d'en tirer une conséquence toute contraire à celle qui paraissait évidente
tout à l'heure , et de croire que les signes émis par un
autre ne nous épargnent aucune difficulté , puisqu'il

faut que, pour les comprendre, notre intelligence fasse les mêmes opérations que pour former les idées qu'ils expriment. C'est ainsi que presque tous les phénomenes idéologiques renferment des circonstances si multipliées et si diverses, que l'on en porte des jugements tout différents, suivant l'aspect sous lequel on les a envisagés ; et que pour les connaître réellement il faut les avoir considérés sous toutes leurs faces. Dans le cas présent il y a un milieu à prendre entre les deux extrêmes ; d'une part il n'est pas douteux que chacun n'a que les idées qu'il s'est faites, et que personne ne peut penser pour un autre ; mais de l'autre il n'est pas moins certain que chacun agit et réfléchit de son côté, et qu'il fait part aux autres des impressions que ses actions lui ont procurées, et des combinaisons qu'il en a faites. Les premiers éléments de ces résultats et de ces combinaisons sont bien connus des hommes à qui il s'adresse, puisque ce sont les sensations communes à tous ; c'est même à cause de cela qu'il est compris par eux, et à cet égard il ne leur apprend rien ; mais les combinaisons de ces premiers éléments, les conséquences qu'on en peut tirer, les analyses qu'on en peut faire sont infiniment variées ; la plupart ne pourraient avoir lieu sans certaines circonstances. Il s'en faut donc prodigieusement que toutes puissent se présenter à tous ; au lieu que par le bienfait de la communication des idées chacun se trouve agir, réfléchir, et choisir pour tous ; tout ce qui est découvert devient un bien commun, source de nouveaux progrès, et le tout est exprimé et consigné par les signes qu'on invente à mesure, et par les associations durables qu'on en fait. C'est ainsi, comme nous l'avons déja dit, que, dans les premieres années de notre existence, en recevant les impressions de tout ce qui nous frappe et étudiant les signes de tous ceux qui nous entourent, nous apprenons les quatre-vingt-dix-neuf centiemes de toutes les idées qui sont jamais entrées dans la tête des hommes, et nous sommes tout de suite à même d'en faire des combinaisons innombrables et nouvelles.

Ces dernieres réflexions nous rappellent celles de ce genre que nous avons faites dans les chapitres VII, XIV, et XV, en parlant de la formation de nos idées composées, des effets de l'habitude, et du perfectionnement de nos facultés ; car tous ces objets se tiennent, et toutes les parties de ce petit traité se correspondent et s'expliquent l'une l'autre : il est même nécessaire d'avoir présent à l'esprit ce que nous avons dit sur ces sujets pour comprendre réellement ce que nous venons de dire sur les propriétés et les effets des signes, et ce qui nous reste à dire sur leurs inconvénients. C'est par là que nous allons terminer leur histoire.

Quelque grands que soient les avantages des signes, il faut convenir qu'ils ont des inconvénients ;

et si nous leur devons presque tous les progrès de notre intelligence, je les crois aussi la cause de presque tous ses écarts.

D'abord nous avons déja remarqué que quand une fois l'usage des signes est introduit entre les hommes, nous n'en inventons presque plus, nous n'en faisons plus d'après nos idées propres, nous les recevons tout faits de ceux qui s'en servent avant nous, et nous avons presque toujours la perception du signe avant celle de l'idée qu'il est destiné à représenter. A la vérité ce signe n'a aucune signification pour nous avant que nous ayons acquis la connaissance personnelle de cette idée ; mais lorsque l'idée est fort composée, et c'est le plus grand nombre, cette connaissance est souvent difficile à se procurer ; elle exige un travail long, qui ordinairement reste imparfait. Nous pouvons rarement y parvenir par des expériences directes ; nous sommes réduits le plus souvent à des conjectures, à des inductions, à des approximations ; enfin nous n'avons presque jamais la certitude parfaite que cette idée, que nous nous sommes faite sous ce signe par ces moyens, soit exactement et en tout la même que celle à laquelle attachent ce même signe celui qui nous l'a appris et les autres hommes qui s'en servent. De là vient souvent que des mots prennent insensiblement des significations différentes, suivant les temps et les lieux, sans que personne se soit apperçu du changement :

ainsi il est vrai de dire que tout signe est parfait pour celui qui l'invente, mais qu'il a toujours quelque chose de vague et d'incertain pour celui qui le reçoit ; or c'est le cas où nous sommes presque toujours. C'est donc avec cette imperfection que nous y attachons nos idées, et qu'ensuite nous les manifestons.

Il y a plus, je viens d'accorder que tout signe est parfait pour celui qui l'invente ; mais cela n'est rigoureusement vrai que dans le moment où il l'invente, car quand il se sert de ce même signe dans un autre temps de sa vie, ou dans une autre disposition de son esprit, il n'est point du tout sûr que lui-même réunisse exactement sous ce signe la même collection d'idées que la première fois ; il est même certain que souvent, sans s'en appercevoir, il y en a ajouté de nouvelles, et a perdu de vue quelques unes des anciennes. Ainsi lorsque j'apprends le mot *amour* et celui de *mer*, sans avoir ressenti l'un ni vu l'autre, je leur adapte à chacun un groupe d'idées formé par conjectures, qui ne peut manquer de différer de la réalité ; lorsqu'ensuite j'ai ressenti l'*amour* et vu la *mer*, j'assemble sous ces mots une foule de perceptions réellement éprouvées, mais je ne suis pas du tout sûr qu'elles soient exactement les mêmes que celles éprouvées par celui qui m'a appris ces mots ; et enfin ni moi ni celui-là même qui m'a enseigné l'usage de ces mots ne sommes sûrs qu'au bout d'un certain temps ils réveillent en nous les mêmes perceptions, dans le même nombre, et avec les mêmes accessoires, ou plutôt nous sommes certains que l'âge, les circonstances, les évènemens, les dispositions morales et physiques, les effets des habitudes les ont nécessairement altérés ; en sorte que réellement et inévitablement le même signe nous donne d'abord une idée très imparfaite ou même tout-à-fait chimérique, ensuite une idée différente de celle des autres hommes qui emploient aussi ce signe, et enfin une idée souvent fort éloignée de celle que nous y avons attachée nous-mêmes dans un autre moment.

L'observation de ces trois inconvéniens des signes nous montre, 1°. en quoi consiste la rectification successive des premieres idées, ou ce qu'on appelle le progrès de la raison dans les jeunes gens; 2°. l'origine de la diversité et de l'opposition des opinions des hommes sur les idées exprimées par certains mots; 3°. la cause de la variation de ces opinions aux différentes époques de la vie. Ces phénomènes paraissent inexplicables quand on songe que l'organisation des hommes est telle que tous, à tous les âges, et dans tous les temps, perçoivent toujours le même rapport de la même maniere dès qu'il est réellement le même et à leur portée ; mais quand on pense que réellement et rigoureusement parlant, sans nous en appercevoir nous avons chacun un langage différent, que tous nous en changeons à

chaque instant, et que c'est avec ces langages si
mobiles que nous pensons, doit-on être surpris que
nous ne nous entendions pas les uns les autres, que
nous ne nous entendions pas nous-mêmes, et que
par conséquent nous ne soyons souvent ni de l'avis
des autres ni de celui qui a été le nôtre ?

Ces inconvénients des signes sont inhérents à leur
nature, ou plutôt à celle de nos facultés intellectuelles ; ils rentrent dans tout ce que nous avons dit
des opérations de ces facultés et des effets de leur
fréquente répétition. Ils sont donc impossibles à détruire totalement ; seulement ils s'atténuent à mesuré
que, les idées s'élaborant et se débrouillant, les
signes expriment et constatent des analyses plus
parfaites et plus fines, et sur lesquelles on varie
moins. Mais il existe beaucoup d'autres défauts dans
les signes tels que nous les employons, qu'ils ne
doivent qu'à l'ignorance des temps dans lesquels ils
ont été institués, et dont il serait possible de les
purger : telles sont les anomalies de leur dérivation,
la manière mal-adroite dont ils s'enchaînent, leurs
liaisons souvent contraires à celles des idées qu'ils
expriment, les embarras inutiles qu'ils apportent
dans l'expression de la pensée. Je n'entrerai point
ici dans ces considérations ; elles seront mieux placées quand nous aurons examiné en détail les éléments des langues parlées, et que nous aurons vu
l'usage que nous faisons de nos idées et de leurs

signes dans nos déductions : alors nous pourrons
dire quelles seraient les conditions qui rendraient
une langue parfaite, et comment nous pourrions en
rapprocher celles dont nous nous servons. Actuellement il me suffit de vous avoir montré les effets généraux des signes, ceux particuliers à certaines especes, et sur-tout aux langues parlées ; de vous avoir
fait sentir leurs avantages, leurs inconvénients, et
qu'ils sont également cause des progrès de notre
intelligence et de ses écarts : à quoi il faut ajouter
cette réflexion, que c'est par leur influence et par
la communication des idées, dont ils sont l'unique
moyen, qu'il arrive que, quoique toutes nos idées
nous viennent par les sens et soient élaborées par
nos facultés intellectuelles, la perfection des sens, et
même celle de ces facultés est cependant bien loin
d'être la mesure de la capacité des esprits, comme
elle le serait dans des individus isolés, et qu'au contraire nous sommes presque entièrement les ouvrages
des circonstances qui nous environnent. Je vous
laisse à juger, jeunes gens, de l'importance de l'éducation, à prendre ce mot dans toute son étendue. Je
m'en tiendrai là ; et ce sera aussi la fin de la premiere partie de mon ouvrage, dont il ne me reste
plus qu'à vous présenter un résumé succinct, qui en
rapprochant ces idées en fasse mieux sentir la
liaison.

RÉCAPITULATION.

MES jeunes amis, nous venons de parler longue-
ment des signes de nos idées et de leur influence
sur l'exercice et le développement de notre faculté
de penser ; c'est par où nous avons terminé ce que
nous avions à dire de la formation de nos idées,
sujet qui constitue spécialement cette partie de l'histoire naturelle de l'homme appelée idéologie : vous
allez ensuite vous occuper de grammaire et de logique, c'est-à-dire des deux arts qui dérivent le
plus immédiatement des connaissances théoriques
que nous venons d'acquérir. Mais auparavant il est
bon de revenir un moment sur nos pas, et de jeter
un coup-d'œil rapide sur tout ce que nous venons de
voir : cette récapitulation succincte, en rapprochant
les faits, vous fera mieux sentir leur liaison, et peut-
être justifiera à vos yeux ma maniere de les envisager, et celle dont je vous les ai présentés. Ce sera
une description abrégée de notre intelligence dont

toutes les parties devront être en accord , et où il sera très aisé de remarquer les lacunes et les contradictions, si nous y en avons laissées : ainsi elle vous instruira en éclaircissant vos idées, et elle donnera beaucoup de facilité à ceux qui sont capables de m'instruire moi-même pour me critiquer sans divaguer; deux effets que je desire également produire : car répandre la science et la perfectionner sont les deux motifs qui m'ont fait prendre la plume. Je me reporte donc au point dont nous sommes partis.

Nous nous proposions d'examiner ce que c'est que cet étonnant phénomene qui se manifeste en nous, et que nous appelons en général la pensée ou la faculté de penser : c'est par elle seule que quelque chose nous est connu ; c'est donc elle seule qui pouvait nous apprendre en quoi elle consiste, et c'est en nous servant de notre pensée que nous avons cherché à la connaître. Nous n'avons point rassemblé laborieusement ce que d'autres en ont dit ou écrit ; le sujet de nos observations était trop près de nous pour avoir besoin des secours incertains de l'érudition : nous avons consulté l'expérience ; nous avons interrogé la nature elle-même ; nous avons vu que cette faculté de penser consiste à éprouver une foule d'impressions, de modifications, de manieres d'être dont nous avons la conscience, dont nous nous appercevons, et qui peuvent toutes être comprises sous la dénomination générale d'idées ou de perceptions.

Nous avons remarqué que toutes ces idées, ces perceptions sont des choses que nous sentons, et qui peuvent être nommées sensations ou sentiments, en prenant ces mots dans un sens très étendu pour exprimer une chose sentie quelconque : ainsi penser, c'est toujours sentir quelque chose, c'est sentir.

Enfin nous avons reconnu que penser ou sentir est pour nous la même chose qu'exister ; car si nous ne sentions rien nous ne sentirions pas notre existence, elle serait nulle pour nous. L'étude de nos perceptions est donc l'étude de tout ce que nous sentons et de tout ce que nous sommes.

De ces idées ou perceptions les unes sont des sensations proprement dites, les autres des souvenirs, d'autres des rapports que nous appercevons, d'autres enfin des desirs que nous éprouvons à l'occasion de ces rapports ; et par conséquent la faculté de penser ou d'avoir des perceptions consiste dans les quatre facultés élémentaires appelées la sensibilité proprement dite, la mémoire, le jugement, et la volonté. Nous n'avons point affirmé d'abord qu'elle n'en renferme pas d'autres ; mais nous nous sommes assurés qu'elle renferme celles-là, et nous avons passé à l'examen particulier de chacune d'elles. Il est bon de nous rappeler succinctement ce que nous en avons dit.

Lá sensibilité proprement dite est cette propriété de notre être en vertu de laquelle nous recevons des impressions de beaucoup d'especes, appelées sensations, et en avons la conscience : nous la connaissons en nous-mêmes par expérience, et nous la reconnaissons dans nos semblables et dans les autres êtres par analogie, à proportion qu'ils nous la manifestent. Nous ne pouvons ni l'affirmer ni la nier dans ceux qui n'ont pas de moyens de nous l'exprimer.

Les nerfs sont en nous les organes de la sensibilité; leurs principaux troncs se réunissent en différents points, et sur-tout dans le cerveau dans lequel ils se perdent et se confondent.

Par toutes celles de leurs extrémités qui se terminent à la surface de notre corps nous recevons les sensations, que nous confondons sous le nom général de sensations tactiles, mais qu'un examen plus scrupuleux pourrait faire partager en plusieurs classes; car chacune d'elles est différente, suivant les diverses parties qu'affecte une même cause: ainsi, à proprement parler, le sens du tact est composé de beaucoup de sens distincts.

Indépendamment de ces sensations générales nous en recevons de particulieres par les extrémités des nerfs qui se terminent à certains organes placés aussi à la surface de notre corps; ce sont celles de la vue, de l'ouïe, de l'odorat, et du goût: toutes

ensemble forment ce que nous appelons les sensations externes.

Mais outre ces sensations externes nous recevons
encore, par les extrémités de nos nerfs qui aboutissent aux différentes parties de l'intérieur de notre
corps, une foule de sensations, que nous nommons
par cette raison sensations internes : telles sont
celles qui résultent des fonctions ou de la lésion des
différentes parties de notre corps ; telles sont encore
celles que causent les mouvements de quelques uns
de nos membres ; telles sont enfin toutes les affections de plaisir ou de peine qui résultent de certaines
dispositions de notre individu, et des passions qui
le modifient.

Toutefois les passions elles-mêmes ne doivent pas
être rangées parmi les sensations simples, parceque
toutes renferment en outre un desir quelconque, et
qu'un desir est un effet de la faculté appelée volonté.
Ainsi dans la passion est renfermé l'exercice de deux
facultés distinctes, la sensibilité et la volonté : l'état
de souffrance ou de jouissance dans lequel elle nous
met, appartient seul à la sensibilité proprement
dite.

La mémoire est une seconde espece de sensibilité ; elle consiste à être affecté du souvenir d'une
impression éprouvée. Le souvenir est une sorte de
sensation interne, mais différente de celles dont
nous venons de parler, en ce qu'il est l'effet d'une

certaine disposition demeurée dans le cerveau , et non celui d'une impression actuelle dans un autre organe.

Il n'est pas dans la nature de la perception appelée souvenir que nous reconnaissions en l'éprouvant que c'est un souvenir, non plus qu'il n'est dans la nature de la sensation que nous reconnaissions d'où elle nous vient et ce qui la cause ; ce sont là des actes du jugement. Nous avons souvent des souvenirs que nous ne savons pas être des souvenirs , que nous prenons pour des idées nouvelles ; et il est vraisemblable que nous sentons nos premieres sensations sans savoir encore que nous avons des organes par où elles nous arrivent. Mais quand cela ne serait pas , quand ces connaissances seraient inséparablement liées à nos sensations et à nos souvenirs , il n'en serait pas moins vrai que sentir une sensation est un effet de la sensibilité , que sentir un souvenir est un effet de la mémoire , et qu'y joindre un jugement quelconque est un effet d'une troisieme faculté , dont nous allons parler.

Ce sont là des distinctions qu'il ne faut pas perdre de vue , sous peine de tout confondre dans l'analyse de la pensée.

La faculté de juger ou le jugement est encore une espece de sensibilité ; car c'est la faculté de sentir des rapports entre nos perceptions.

Ces rapports sont des vues de notre esprit , des

actes de notre faculté de penser par lesquels nous rapprochons une idée d'une autre, par lesquels nous lions ces idées et les comparons ensemble d'une manière quelconque; ces rapports sont des sensations internes du cerveau comme les souvenirs.

La faculté de sentir des rapport est une conséquence presque nécessaire de celle de sentir des sensations; car dès qu'on sent distinctement deux sensations, il s'en suit naturellement qu'on sent leurs ressemblances, leurs différences, leurs liaisons, etc., mais elle en est une conséquence, et ne saurait ni la précéder ni exister sans elle.

De cette faculté viennent toutes nos connaissances; car si nous ne percevions aucuns rapports entre nos perceptions, si nous n'en portions aucuns jugements, nous ne ferions éternellement que sentir, nous ne saurions jamais rien.

Pour percevoir un rapport, pour porter un jugement, ce qui est la même chose, il faut avoir en même temps deux idées distinctes, mais il n'en faut jamais que deux.

Aussi une proposition, qui n'est autre chose que l'énoncé d'un jugement, n'a jamais que deux termes, le sujet et l'attribut. Le verbe est une partie de l'attribut, il n'est pas un troisième terme; ce n'est pas lui qui exprime l'acte de l'esprit qui juge, c'est son mode: la preuve en est que quand il est au mode infinitif il n'y a pas de jugement énoncé dans la phrase.

Il n'y a pas de jugement négatif; tout jugement est nécessairement positif, puisque c'est une perception; car on ne peut percevoir une chose qui n'est pas: aussi n'y a-t-il pas de propositions réellement négatives; celles qui paraissent telles, ce n'est que par leur forme, au fond elles renferment une affirmation.

La volonté est une quatrieme espece de sensibilité, c'est la faculté de sentir des desirs.

Nos desirs sont des conséquences nécessaires de nos autres perceptions, et des jugements que nous en portons; mais ils ont cela de particulier que nous sommes toujours heureux ou malheureux par eux, suivant qu'ils sont accomplis ou non.

Ils ont encore une autre particularité remarquable, c'est que l'emploi de nos forces mécaniques et intellectuelles dépend en grande partie d'eux, en sorte que c'est par eux que nous sommes une puissance dans le monde.

De là vient que nous confondons plus notre *moi* avec cette faculté qu'avec toute autre, et que nous disons indifféremment, *cela dépend de moi*, ou *cela dépend de ma volonté*.

De là vient aussi l'importance que nous attachons à posséder la volonté des autres, à ce qu'elle nous soit favorable, à ce qu'ils aient pour nous de la bienveillance.

Du desir de leur bienveillance naît avec raison le desir de leur estime; et du desir de leur bienveillance et de leur estime, naît tout aussi justement le bien-être que nous éprouvons quand nous nous sentons animés de mouvements de bienfaisance, et le malaise qui nous tourmente quand nous nous reconnaissons travaillés de passions haineuses.

Une autre conséquence des propriétés de la volonté, c'est qu'il nous est très important de la bien régler ; que le moyen d'y parvenir est de rectifier nos jugements, puisque nos desirs en sont la suite ; et que le but à atteindre est d'éviter de former des desirs contradictoires, c'est-à-dire des desirs dont l'accomplissement nous conduirait à des manieres d'être que nous souhaitons éviter : car dans ce cas notre bonheur est impossible.

Voilà donc quatre facultés distinctes dans notre faculté de penser, et quatre especes différentes parmi nos perceptions.

Mais aucunes des innombrables idées ou perceptions qui sont dans nos têtes ne sont des idées simples, c'est-à-dire ne sont l'effet d'un seul acte intellectuel ; toutes sont composées, c'est-à-dire n'ont été formées que par l'intervention de plusieurs de ces facultés élémentaires. Voyons donc comment avec ces éléments, *sensations*, *souvenirs*, *jugements*, et *desirs*, nous formons toutes nos idées composées.

Ces idées composées sont individuelles d'abord, et ensuite deviennent générales.

Quand nous avons éprouvé pour la premiere fois une sensation, si nous n'avons fait uniquement que la sentir, cette sensation a été pour nous une idée absolument simple, un seul acte intellectuel.

Si nous y avons joint tout de suite le jugement qu'elle était produite en nous par un tel être, dès lors elle a cessé d'être une idée simple, elle est devenue une idée composée de l'action de sentir et de celle de juger, mais elle a encore été particuliere à un seul fait.

Quand ensuite nous avons éprouvé une sensation pareille à l'occasion d'autres êtres, le souvenir de cette sensation est devenu une idée générale et commune à toutes les sensations semblables, dans laquelle ne sont pas comprises les circonstances de temps et de lieu particulieres à chacune d'elles.

C'est ainsi que l'idée de rouge n'est plus pour nous le souvenir de l'impression causée par tel corps rouge, mais de celle produite également par tous les corps rouges ; de même que l'idée de bonté n'est plus celle de la qualité de tel être bon, mais de tous les êtres bons.

Il en est de même de nos idées des êtres réels ; celles-là sont toujours composées, nous les formons de la réunion de toutes les impressions qu'ils nous font : de la réunion d'une certaine odeur, d'une certaine couleur, d'une certaine saveur, j'ai formé l'idée de la premiere fraise que j'ai vue. Aujourd'hui l'idée de fraise est pour moi une idée généralisée et commune à tous les êtres à-peu-près semblables auxquels je l'ai étendue, en en écartant les petites différences qu'il y a entre eux.

C'est donc en réunissant plusieurs de nos idées ou perceptions élémentaires que nous formons nos idées composées individuelles, et en retranchant de celles-ci quelques circonstances que nous les généralisons. Ces deux opérations suffisent à créer toutes nos idées composées, et elles ne renferment jamais d'autres éléments que des sensations, des souvenirs, des jugements, et des desirs.

Il est seulement à remarquer qu'il n'existe réellement que des individus, et que nos idées générales ne sont point des êtres réels existants hors de nous, mais de pures créations de notre esprit, des manieres de classer nos idées des individus.

Il s'en suit encore que plus une idée est générale, plus est grand le nombre des individus dont elle est extraite; mais moins elle retient des particularités de chacun d'eux; car elle ne demeure composée que de celles qui leur sont communes : c'est ce qui fait que nous pouvons affirmer de chacun de ces indivi-dus contribuants tout ce que nous pouvons affirmer de l'idée générale; tandis que nous ne pouvons pas affirmer de celle-ci les circonstances particulieres à chaque individu qui ne sont pas entrées dans sa for-mation.

Tout ce que nous avons dit jusqu'à présent est l'histoire de nos modifications intérieures, des créations de notre pensée, abstraction faite de ses relations avec tous les êtres qui ne sont pas *elle*, et de la manière dont elle apprend l'existence de ces êtres. Il nous reste maintenant à trouver comment nous avons été conduits à juger que nos sensations sont occasionnées par des êtres qui ne sont pas nous, et si nous avons raison de porter ce jugement.

Il n'y a pas de doute que nos sensations internes ne nous apprennent rien que notre propre existence.

Il en est de même sans contredit des saveurs et des odeurs.

On en doit dire autant des sensations visuelles; car, indépendamment de toute autre raison, comme il est constant que le même être produit sur notre œil des impressions différentes, suivant les circonstances, les positions, et les distances, il est manifeste que ce n'est aucune de ces impressions qui nous apprend l'existence réelle et permanente de cet être.

Les sensations tactiles, que nous éprouvons sans faire nous-mêmes aucun mouvement, n'ont pas plus de pouvoir à cet effet que les précédentes : comme elles, elles nous font bien sentir notre sensibilité, notre propre existence; mais elles ne sauraient nous apprendre ce qui la met en jeu.

La sensation que nous éprouvons lorsqu'un de nos

membres s'agite fortuitement, paraît au premier coup-d'œil plus propre à nous instruire sur ce point; car quand elle cesse par l'effet d'un obstacle, nous en sommes avertis, cela est vrai : cependant rien ne nous indique encore ni pourquoi elle cesse, ni ce qui s'y oppose, ni si nous avons des membres, ni ce que c'est que le mouvement.

Mais si à cette sensation de mouvement nous ajoutons la condition qu'elle soit volontaire, qu'elle soit accompagnée du desir de l'éprouver encore, nous sommes sûrs, lorsqu'elle cesse, que ce n'est pas de notre fait ; nous sommes certains en même temps de l'existence de nous qui voulons, et de celle de quelque chose qui résiste, ou, si nous n'appercevons pas dès le premier instant cette seconde existence, bientôt une foule d'expériences nous en assurent, en nous montrant que beaucoup d'impressions de différents genres cessent constamment quand ce sentiment de résistance s'évanouit, et reparaissent de même dès qu'il se reproduit : alors nous jugeons avec sûreté que ces impressions sont autant d'effets des qualités de cet être, dont la principale propriété est toujours d'être résistant à notre desir d'éprouver la sensation de mouvement. Voilà le lien entre notre *moi* et les autres êtres.

Il ne faut pas dire, pour infirmer cette vérité, que tant que nous ne connaissons que l'existence de notre *moi* sentant, toutes nos perceptions se confondent les unes dans les autres à mesure qu'elles nous arrivent, que nous n'avons aucun moyen d'en distinguer deux nettement en même temps, qu'ainsi nous ne pouvons porter un jugement, et encore moins former un desir : je l'ai cru, j'ai eu tort. Il est manifeste par la théorie et par l'expérience que, par cela seul que nous percevons une sensation, nous pouvons porter le jugement qu'elle est agréable ou désagréable d'une certaine maniere, que nous formons en conséquence le desir de l'éprouver ou de l'éviter, et qu'ainsi nous avons tous moyens de la distinguer d'une autre.

Il demeure donc convenu que tant que nous ne faisons que sentir, nous ressouvenir, juger, et vouloir, sans qu'aucune action s'en suive, nous n'avons connaissance que de notre existence, et nous ne nous connaissons que comme un être sentant, comme une simple vertu sentante, sans étendue, sans forme, sans parties, sans aucune des qualités qui constituent le corps.

Il demeure encore constant que dès que notre volonté est réduite en acte, dès qu'elle nous fait mouvoir, la force d'inertie de la matiere de nos membres, la propriété qu'elle a de résister au mouvement avant d'y céder nous en avertit, nous donne une sensation, qui peut-être ne nous apprend encore rien de nouveau ; mais lorsque ce mouvement que nous sentons, que nous voudrions continuer, est arrêté, nous découvrons avec certitude qu'il existe autre chose que notre vertu sentante: ce quelque chose c'est notre corps, ce sont les corps environnants, c'est l'univers et tout ce qui le compose.

La propriété de résister à notre volonté de nous mouvoir, est donc la base de tout ce que nous apprenons à connaître.

Cette propriété est la *force d'inertie* des corps, qui n'a lieu et ne se découvre que par leur *mobilité*.

La *mobilité* et *l'inertie* sont donc à notre égard les deux premieres qualités des corps, celles sans lesquelles notre organisation ne saurait subsister, sans lesquelles nous ne pouvons rien connaître, rien sentir même, sans lesquelles enfin nous ne pouvons pas seulement concevoir ce que serait l'existence de l'univers.

Ces deux propriétés en nécessitent une troisieme, c'est celle en vertu de laquelle les corps en mouvement ont la puissance d'agir sur les autres, de les déplacer : je l'appelle la force *d'impulsion*.

La *mobilité*, *l'inertie* et *l'impulsion* sont donc trois propriétés inséparables et corrélatives ; nous ne faisons d'abord que sentir leurs effets sans savoir ce que c'est que le *mouvement*.

Nous apprenons que le mouvement consiste à changer de place, en éprouvant que les obstacles qui s'opposent à nos mouvements ont la propriété d'être sentis continuement par nous pendant que nous faisons du mouvement : c'est en cela que consiste la propriété d'être étendu.

L'*étendue* est donc pour nous la propriété d'être parcouru par le mouvement. Ce qui est senti ainsi est un être existant, réel ; ce qui ne nous donne aucune sensation pendant que nous nous mouvons n'est rien, est le néant, le vuide.

L'idée de l'*espace*, vuide ou plein, est une idée abstraite de ces deux là, l'être et le néant, rapprochées sous le rapport de leurs relations avec nos mouvements.

L'*étendue* est une propriété sans laquelle nous ne pouvons concevoir aucune existence réelle ; car nous ne pouvons comprendre comment existerait un être qui n'existerait nulle part.

De la propriété d'être étendu dérive nécessairement celle d'être *impénétrable*, c'est-à-dire de ne pouvoir céder sa place sans en occuper une autre ; d'être *divisible*, c'est-à-dire d'être composé de parties existantes dans des places différentes ; d'avoir une certaine *forme*, c'est-à-dire d'être circonscrit dans certaines limites. On ne devrait pas confondre les mots forme et figure : la forme que nous reconnaissons par le tact a un corps, est toujours la même ; elle présente à notre vue différentes figures, suivant les circonstances et les positions.

La *porosité* est une propriété générale de tous les

êtres étendus connus, et ne pourrait avoir lieu sans l'étendue; mais elle n'en est pas une conséquence nécessaire.

Observez que l'inertie ne prouve pas que la matiere ait plus de tendance au repos qu'au mouvement; et quand l'existence des êtres animés ne suffirait pas pour prouver qu'elle est essentiellement active, toutes les attractions, toutes les propensions à des mouvements spontanés, que nous observons dans les êtres qui, étant inorganisés, n'ont aucun moyen de nous manifester leur action interne, devraient nous faire conclure qu'ils n'ont besoin d'aucune impulsion étrangere pour être *mus*.

Observez encore qu'aucune des propriétés ci-dessus énoncées ne pourrait avoir lieu dans des êtres privés d'étendue.

La *durée*, au contraire, pourrait appartenir à des êtres *inétendus*, si nous pouvions en connaître ou même en concevoir de tels.

Le seul sentiment de notre existence, la seule succession de nos sensations suffit donc pour nous donner l'idée de la durée : mais si nous ne connaissions rien autre chose, nous n'aurions aucun moyen de la mesurer; nous ne pourrions avoir l'idée de *temps* qui est celle d'une durée mesurée.

Pour former celle-ci il faut connaître le mouvement et l'étendue; car nous ne mesurons la durée que par le moyen du mouvement, lequel est représenté par l'étendue ; et ensuite la durée et l'étendue combinées nous servent à mesurer le mouvement lui-même : voici comment cela se fait.

Mesurer une quantité quelconque, ce n'est autre chose que la comparer à une quantité connue d'a-vance, qui sert d'unité, de terme de comparaison, c'est voir combien de fois elle renferme cette unité.

Mais pour cela il faut, premièrement, que cette unité soit de même nature que la quantité qu'on lui compare : on ne peut mesurer des metres par des francs, ni des francs par des grammes ; car des metres ne renferment pas des francs, ni des francs des grammes.

Secondement, il faut que cette unité soit déter-minée d'une maniere précise et constante ; car si le terme de comparaison était incertain ou variable, tout calcul serait hypothétique et vague.

Il suit de là qu'aucune quantité n'est mesurable qu'à proportion qu'elle est susceptible de division nette et durable.

L'étendue a éminemment ces qualités ; ses parties sont distinctes et permanentes : on en prend une portion, qu'on appelle un metre ou une toise, on y rapporte toutes les autres ; il n'y a jamais de difficulté à la mesurer.

Il n'en est pas ainsi de la durée ; ses parties sont en elles-mêmes transitoires et confuses. Nous avons cependant trouvé moyen de nous faire une unité de durée, et cette unité c'est le jour ; toutes les autres périodes sont des multiples ou sous-multiples de celle-là.

Mais qui est-ce qui nous rend sensibles les limites et les parties de cette unité de durée ? c'est un mouvement, c'est celui de la terre sur son axe, ou ce sont d'autres mouvements que nous rapportons toujours à celui-là.

Le mouvement cependant est composé comme la durée de parties transitoires et confuses, cela est vrai ; mais il est fidèlement représenté par les parties de l'étendue, puisque la propriété d'être étendu n'est pour nous que la propriété d'être parcouru par le mouvement.

La durée est donc mesurée par elle-même comme toute quantité, mais représentée par le mouvement, et le mouvement par l'étendue : ainsi les parties transitoires et confuses de la durée sont manifestées par les parties distinctes et permanentes de l'étendue ; aussi sont-elles mesurées très rigoureusement.

Il en est de même du mouvement : il est représenté par l'étendue ; mais il ne peut être mesuré que par lui-même, comme toute autre chose. L'étendue parcourue manifeste le mouvement opéré ; mais pour mesurer l'énergie de ce mouvement, ce qu'on appelle sa vitesse, on a recours à la durée, c'est-à-dire qu'on le compare au mouvement qui constate toutes les durées, à celui d'un point de l'équateur dans la révolution diurne ; c'est là l'unité de mouvement à laquelle on les rapporte tous.

Le mouvement comme la durée est donc, ainsi que toutes les quantités possibles, mesuré par une unité de son espece ; mais il est, comme elle, évalué en parties d'étendue, ce qui fait qu'il est susceptible de mesures très précises et très certaines.

Les effets de plusieurs autres propriétés des corps sont de même, par divers moyens, rapportés à des mesures d'étendue, ce qui rend possible de les apprécier exactement : d'autres n'en sont pas susceptibles, ce qui réduit à ne les évaluer que par approximation.

En général remarquez que, de toutes les espèces de quantités, l'*étendue* est la seule dont les divisions soient faciles, précises, et permanentes, ce qui la rend la plus éminemment mesurable ; de là vient que seule, entre toutes les autres, elle a la possibilité d'être représentée fidèlement sur une échelle plus petite que nature : c'est l'objet de l'art du dessin.

De là vient aussi la facilité que l'on a en géométrie d'arriver à la vérité et à la certitude : les autres sciences participent plus ou moins à cet avantage à proportion que les objets dont elles traitent sont plus ou moins réductibles en mesures de l'étendue.

Observez encore que la possibilité d'employer le calcul dans ces sciences suit exactement la même proportion. Les distances entre les nombres étant déterminées avec une précision rigoureuse, on ne peut les appliquer qu'à des quantités dont les divisions sont très précises aussi ; pour celles qui ne sont susceptibles que d'évaluations approximatives, on ne peut employer que les mots plus, moins, peu, beaucoup, et autres adverbes de quantité.

C'est donc à la nature des objets qui varient, et non à celle des opérations intellectuelles, qui sont toujours les mêmes, que les diverses sciences doivent leurs différents degrés de clarté et de certitude : il n'y avait que l'étude approfondie de nos facultés intellectuelles qui pût nous faire découvrir cette vérité.

Puisqu'au moyen des quatre facultés élémentaires que nous avons reconnues dans la faculté de penser nous avons démêlé nettement comment se forment toutes nos idées composées, comment nous sommes assurés de l'existence des êtres qui les causent, comment nous découvrons les propriétés de ces êtres, comment nous mesurons leurs effets, et pourquoi les uns sont plus difficiles à apprécier et à calculer que les autres, nous sommes en droit d'assurer que nous avons bien analysé la pensée.

Néanmoins, pour le prouver encore mieux, nous avons montré, dans le chapitre XI, que ceux qui l'ont décomposée différemment, ou ont divisé des choses inséparables, ou ont considéré comme élémentaires des opérations intellectuelles décomposables en plusieurs autres qui par conséquent en sont les vrais éléments ; et nous avons conclu de nouveau que penser n'est rien que sentir, et se réduit à sentir des sensations proprement dites, des souvenirs, des rapports, et des desirs.

Mais si c'est là une vérité, comme j'ose le croire, comment se fait-il qu'elle ait été méconnue jusqu'à présent, et qu'elle ait été difficile à observer ? c'est là ce qu'il s'agit de trouver.

Ici commence un nouvel ordre de choses. Jusqu'à présent nous avons examiné la pensée en elle-même, séparée des autres propriétés de nos individus, et pour ainsi dire abstraitement ; maintenant il faut la considérer dans ses relations avec notre organisation, et sur-tout comme unie à la faculté de nous mouvoir.

C'est par le moyen de nos nerfs que nous sentons ; c'est par celui de nos muscles que nous nous mouvons : comment s'operent ces deux effets ? nous l'ignorons.

Nous savons bien qu'il ne se produit en nous aucune force nouvelle, que, quand nous faisons un effort quelconque, nous n'agissons que comme poids, ou comme ressort, ou comme levier, à la maniere des êtres inanimés ; mais il n'en est pas moins vrai que tant que nous vivons nos muscles sont capables de soulever des poids dont une portion suffirait à les faire rompre dans l'état de mort, et que notre corps assimile à sa substance les corps avec lesquels il est en contact, tandis qu'après la mort ce sont tous les éléments qui le composent qui se dissolvent et se séparent, et vont former de nouveaux mixtes avec les corps environnants.

C'est donc quelque chose que la force vitale. Nous pouvons nous la représenter comme le résultat d'attractions et de combinaisons chymiques qui pendant un temps donnent naissance à un ordre de faits particuliers, et bientôt, par des circonstances inconnues, rentrent sous l'empire de lois plus générales, qui sont celles de la matiere inorganisée : tant qu'elle subsiste nous vivons, c'est-à-dire que nous nous mouvons, et que nous sentons.

Il s'opere beaucoup de mouvements en nous sans que nous en ayons la conscience, sans qu'ils nous causent la moindre perception ; mais nous ne pouvons avoir aucune perception sans qu'il s'exécute quelque mouvement dans nos organes : ainsi l'action de sentir est un effet particulier de l'action de nous mouvoir.

Nous en devons conclure que, quoique nous ne puissions pas déterminer la différence de chacun de nos mouvements nerveux, cependant toutes les fois que le même nerf nous procure une sensation différente, il faut qu'il ait éprouvé un ébranlement différent, et qu'il se passe en lui et dans l'organe cérébral un mouvement particulier, et aussi que chacun de ces nerfs a une maniere d'être mu et d'agir sur le cerveau qui lui est propre, puisque toutes les impressions produites different entre elles plus ou moins. On voit quelle quantité prodigieuse de mouvements divers s'operent en nous, sans compter même tous ceux, très nombreux aussi, qui ne sont la source d'aucune perception.

Tous ces mouvements sont soumis à notre volonté à des degrés différents ; c'est-à-dire sont plus ou moins dépendants de ceux qui produisent en nous la perception d'un desir.

Ceux qui ne sont la source d'aucune perception, qui sont absolument inapperçus, sont par cela même totalement indépendants de notre volonté, c'est-à-dire de notre desir de les effectuer.

Ceux dont il résulte des sensations, nous ne pouvons pas faire qu'ils existent en nous indépendamment de la présence des objets qui les causent, ni que l'impression qu'ils nous font soit autre qu'elle n'est ; seulement nous pouvons faire des actions qui nous mettent dans le cas de l'éprouver, et qui la fortifient ou l'atténuent.

Il en est de même de ceux dont résultent des souvenirs, à la différence près que souvent, par l'effet de notre desir, les souvenirs nous viennent.

Ceux dont résultent des jugements sont dans le même cas : un jugement naît nécessairement des impressions qui en sont l'objet ; mais ces impressions il est, jusqu'à un certain point, des moyens de les éprouver ou de les éviter à volonté.

Quant aux mouvements dont l'effet est le déplacement de quelques uns de nos membres, ils sont souvent dépendants de nos desirs, quoique les moyens par lesquels ils s'operent nous soient inconnus.

Enfin les mouvements internes dont résultent nos desirs ne sont pas soumis à nos desirs eux-mêmes; ceux-ci ne peuvent ni faire ni empêcher que ces mouvements naissent, ni changer leur effet. Mais comme ils sont le produit d'impressions antérieures sur lesquelles notre volonté a l'espece d'action que nous venons d'observer, il s'en suit que des desirs précédents influent médiatement sur des desirs subséquents; c'est pour cela que nous avons raison d'attacher à la volonté de nos semblables l'importance que nous lui accordons, et d'employer les moyens dont nous nous servons pour agir sur elle.

Une propriété générale et commune à tous ces mouvements, c'est qu'indépendamment de l'effet momentanée qu'ils produisent, ils laissent dans nos organes une disposition, une maniere d'être permanente, en un mot ce que l'on appelle une habitude.

Cette habitude est telle que plus les mouvements sont répétés, plus ils deviennent faciles et rapides, et que plus ils sont faciles et rapides, moins ils sont perceptibles , c'est-à-dire plus la perception qu'ils nous causent diminue, jusqu'au point même de s'anéantir, quoique le mouvement ait toujours lieu.

L'observation de ce seul phénomene suffit pour rendre raison de tous les effets qui naissent en nous de la fréquente répétition des mêmes actes, quoique ces effets soient très variés, et semblent même quelquefois contraires les uns aux autres.

Elle nous fait voir la cause de plusieurs faits qui sans elle paraissent absolument incompréhensibles.

Elle nous explique même pourquoi un homme, dominé par un desir devenu habituel, agit pour le satisfaire contre les lumieres les plus évidentes de sa raison ; c'est que, pendant qu'il porte avec réflexion quelques jugements sensés qu'il perçoit nettement, précisément parcequ'il les porte avec peine, il en porte en même temps un grand nombre d'autres dont il ne s'apperçoit presque pas , justement parcequ'ils lui sont extrêmement familiers , et qui par cette raison-là même en excitent une foule d'autres et l'entraînent en sens contraire. Il y a en lui simultanéité et conflit de jugements , les uns apperçus , les autres inapperçus ; et ce sont toujours les plus habituels qui l'emportent, parcequ'ils réveillent un bien plus grand nombre d'impressions adjacentes.

Il est vrai que pour goûter cette explication il faut consentir à admettre qu'il se passe en nous en

un instant un nombre prodigieux de mouvements,
et qu'il s'y exécute presque simultanément une quantité incroyable d'opérations intellectuelles dont nous
n'avons pas même la conscience ; mais mille faits
prouvent qu'il en est ainsi : par exemple n'est-il pas
évident qu'il s'opere en un clin d'œil une multitude
innombrable de mouvements et de combinaisons
inapperçus dans l'homme qui lit rapidement un livre
qu'il comprend, et plus encore dans celui qui écrit
ses idées à course de plume ? et d'ailleurs y a-t-il
quelque chose de révoltant à supposer, quand tout
porte à le croire, que le fluide nerveux égale ou sur-
passe le fluide lumineux en subtilité et en vîtesse ?

Cette maniere de voir nous met sur la voie de
comprendre les déterminations instinctives de certains animaux qui dès les premiers instants de leur
existence font des actions qui paraissent exiger un
grand nombre de combinaisons, et même quelques
connaissances acquises : pour s'en rendre compte il
suffit de concevoir que dans ces especes une foule
de combinaisons se font dès le premier moment
avec la même incroyable rapidité qu'elles n'acquierent
en nous que par l'exercice.

Quoi qu'il en soit, il est avéré que, par leur fréquente répétition, nos mouvements et nos opérations intellectuelles deviennent plus rapides, plus
faciles, et moins sensibles jusqu'à un degré vraiment
prodigieux.

Cette capacité de nos organes de recevoir une disposition permanente à l'occasion d'une impression passagere est la source de tous nos progrès et de toutes nos erreurs.

Elle est la cause de tous nos progrès, car sans elle nous n'aurions absolument aucuns souvenirs. En effet on sent bien que si nos perceptions, lors de leur disparution, nous laissaient absolument comme nous étions avant de les avoir éprouvées, il nous serait impossible de nous les rappeler : or sans souvenirs tout progrès ultérieur serait impossible.

Cependant ces progrès seraient encore bien faibles sans l'accroissement de facilité. Quand on songe combien toute opération nouvelle est pour nous pénible et lente, on reconnaît bien vîte que l'homme brute et l'esprit cultivé different encore bien plus par l'aptitude à faire des combinaisons que par le nombre de leurs connaissances.

Mais cette disposition qui demeure dans nos organes est aussi la cause de nos erreurs, 1°. parceque beaucoup d'opérations intellectuelles s'exécutent à notre insu : et nous avons vu ce qui en arrive ; 2°. parceque devenant vraiment innombrables, il est bien difficile qu'elles ne se causent pas réciproquement des perturbations, et qu'il ne s'établisse pas entre elles des liaisons vicieuses : aussi la démence absolue est-elle plus fréquente dans les esprits très exercés et très actifs.

De tout cela il résulte que quand l'homme naîtrait avec l'entier développement de ses organes, il n'en serait pas moins réduit d'abord à un degré bien borné d'intelligence et de capacité.

Jusqu'à quel point l'individu absolument isolé et livré à lui-même se perfectionnerait-il par ses forces propres? c'est ce qu'il est impossible de déterminer avec précision ; mais quand on songe à la prodigieuse différence qu'il y a entre inventer et apprendre, on peut prononcer qu'il n'égalerait jamais le sauvage le plus brute, car celui-là même a déja beaucoup reçu de ses semblables.

Ceci nous amene naturellement à l'examen de l'usage des signes ; nous y trouverons de nouvelles causes de progrès et d'erreurs. En attendant concluons que le premier état de la race humaine, même en la supposant dès l'origine organisée comme aujourd'hui, a dû être la stupidité et l'engourdissement, et que ses premiers progrès n'ont pu être qu'excessivement lents.

Venons à la plus précieuse de ses inventions, celle d'exprimer ses idées d'une maniere incomparablement plus parfaite qu'aucune autre espece d'animaux.

Non seulement depuis bien long-temps on parle ; mais encore depuis bien long-temps aussi, on a parlé quelquefois avec une perfection admirable ; cependant l'origine et les propriétés des signes de nos

pensées ne sont que très nouvellement et très imparfaitement connues : cela prouve bien qu'un art
peut être porté à un très haut degré quoique sa
théorie soit encore ignorée. C'est dans tous les genres
que l'homme est obligé d'agir provisoirement avant
de connaître toutes les causes et tous les moyens;
et qu'il agit souvent très bien avant de démêler complètement pourquoi; c'est ce qui fait que dès long-
temps il a mainte fois raisonné parfaitement, quoique l'idéologie soit encore une science nouvelle et
naissante. Il ne s'en suit pas qu'elle soit inutile; elle
peut conduire à faire sûrement et toujours ce qu'on
n'a fait que par hasard et rarement.

Les signes de nos idées sont de diverses especes:
nous en avons qui s'adressent à la vue et au tact.
Nous pourrions en avoir qui affectassent l'odorat et
le goût. Mais les plus généralement usités, parcequ'ils sont les plus commodes et les plus susceptibles
de perfection, sont ceux qui partent de l'organe
vocal et s'adressent à l'organe de l'ouïe.

Tout système de signes peignant directement les
idées est une vraie langue ou langage.

Les écritures hiéroglyphiques, symboliques, arithmétiques, algébriques, sont de vraies langues; elles
représentent immédiatement les idées : les écritures
alphabétiques et syllabiques ne sont point des langues; elles ne représentent point immédiatement les
idées; elles représentent les sons d'une langue parlée;

elles rendent visuels des signes orals, et rien de plus : lire celles-ci, ce n'est que les prononcer ; lire les premieres, c'est les traduire.

Un alphabet unique, une orthographe unique, une langue parlée unique, seraient suffisants et plus commodes ; mais eussions-nous une langue parlée universelle, les langues arithmétiques et algébriques auraient encore des avantages particuliers qui devraient les faire conserver, ainsi que les plans et les figures de géométrie, parcequ'elles n'ont plus ces avantages quand elles sont traduites dans une autre langue quelconque.

Tous nos systêmes de signes, toutes nos langues, sont presque entièrement de convention pour peu qu'ils soient perfectionnés ; mais ils ont tous pour base commune les actions que nous font faire nécessairement nos pensées, et qui par cela même les manifestent et en sont les signes naturels.

Le langage d'action est donc le langage originaire ; il est composé de gestes, de cris, d'attouchements, il s'adresse à la vue, à l'ouïe, au tact. Dans nos langages perfectionnés nous employons toujours plus ou moins ces trois moyens, quoique celui qui s'adresse à l'ouïe soit prédominant de beaucoup, excepté dans les moments où la violence de la passion nous donne le besoin de produire un effet subit, et nous ôte la capacité de faire des combinaisons réfléchies.

Mais l'effet de tous ces signes n'est pas seulement de communiquer nos idées ; leur propriété la plus importante est de nous aider à combiner nos idées élémentaires, à en former des idées composées, et à fixer ces composés dans notre mémoire.

Nous avons vu que nous n'avons plus dans nos têtes que des idées abstraites et généralisées, et elles n'ont pas d'autre soutien dans notre esprit que le signe qui les représente.

C'est là un fait dont on peut donner mille preuves, et entre autres celle-ci ; c'est que sans noms de nombres nous pourrions à peine avoir nettement l'idée de *six :* or que l'on songe qu'il n'y a presque aucune de nos idées qui ne soit plus composée que celle de *six,* et l'on verra où nous en serions sans les signes, et où nous en étions avant de les avoir un peu perfectionnés.

La cause de cet effet des signes me paraît être que nos perceptions purement intellectuelles sont très légeres, et par là même très fugitives, parceque les mouvements internes par lesquels elles s'operent ébranlent très peu le système nerveux : or le signe en s'y joignant les fait participer à l'énergie de la sensation dont il est la cause ; il constate et fixe le résultat d'opérations intellectuelles dont le senti-ment disparaît ; il devient une formule que nous nous rappelons facilement, parcequ'elle est sensible, et que nous employons dans des combinaisons ultérieures, quoique nous ayons oublié le mode de sa formation.

Ainsi nous sommes aussi réellement conduits par les mots dans nos raisonnements, que l'algébriste par ses formules dans ses calculs : si le résultat n'est pas complètement le même dans les deux cas, la différence tient à la nature des idées, mais le mécanisme est pareil.

Il suit de là, non pas que nous ne pouvons pas avoir d'idées sans signes, car il est bien évident que l'idée doit précéder le signe institué pour la représenter ; mais qu'à mesure que nous faisons de nouvelles combinaisons de nos idées le nombre de nos signes augmente, et que plus ils expriment de nuances délicates, plus nos analyses deviennent fines et parfaites.

Les signes ont aussi les propriétés d'accroître beaucoup les effets bons et mauvais qui résultent en nous de la fréquente répétition des mêmes opérations intellectuelles ; tels sont leurs avantages et leurs inconvénients principaux comme moyens de former nos idées.

Comme moyens de communiquer ces idées, ils ont beaucoup d'autres effets, que je ne rappellerai ici que sommairement. Il est manifeste que nous leur devons toutes nos relations sociales, et la possibilité de jouir de toutes les connaissances acquises par nos semblables ; mais il ne l'est pas moins que ces connaissances nous arrivent souvent bien indigestes et bien désordonnées. Il est encore certain qu'apprenant le plus souvent les signes avant de connaître par nous-mêmes les éléments des idées qu'ils représentent, nous composons d'abord ces idées d'une maniere incomplete ou fausse, que dans un autre temps nous perdons souvent de vue quelques uns des éléments que nous y avons fait entrer même avec raison, et qu'enfin nous ne sommes jamais complètement sûrs que ceux à qui nous parlons comprennent absolument les mêmes combinaisons que nous sous les mêmes signes ; en sorte qu'en nous en servant souvent nous nous abusons nous-mêmes, et nous n'entendons pas les autres.

De là naît en grande partie la rectification graduelle que nous remarquons dans nos idées pendant le premier âge, le changement de notre maniere d'envisager les mêmes objets dans les différentes époques de notre vie, et la différence des opinions des hommes sur les idées exprimées par certains mots.

Quant aux avantages et aux inconvénients particuliers aux signes vocaux et aux moyens de les améliorer, je ne m'y arrêterai pas ; cette explication sera mieux placée quand nous traiterons de la grammaire et de la logique, qui, comme vous voyez, ne sont presque qu'une seule et même chose, puisque c'est toujours des mots que nous combinons quand nous raisonnons.

Ici je n'ai dû parler des signes qu'en égard à leur influence générale sur la formation de nos idées, le développement de nos facultés , et l'accroissement de nos connaissances : sans cet examen notre but n'aurait été rempli qu'imparfaitement ; au lieu qu'au moyen de ces considérations je crois que nous avons fait une histoire assez complete de la pensée.

En effet nous avons vu en quoi consiste la faculté de penser ; quelles sont les facultés élémentaires qui la composent ; comment elles forment toutes nos idées composées ; comment elles nous font connaître notre existence, celle des autres êtres, leurs pro-priétés , et la maniere de les évaluer ; comment ces facultés intellectuelles se lient aux autres facultés résultantes de notre organisation ; comment les unes et les autres dépendent de notre faculté de vouloir ; comment toutes sont modifiées par la fréquente ré-pétition de leurs actes ; comment elles se perfec-tionnent dans l'individu et dans l'espece ; et enfin quels nouveaux changements y apporte l'usage des signes. C'est bien là , je crois, ce qui constitue l'idéo-logie : seulement je regrette de ne l'avoir pas liée plus intimement à la physiologie ; mais c'aurait été sortir également des bornes de mon plan et de celles de mes connaissances : j'attends tout à cet égard de nos savants physiologistes philosophes , et sur-tout du citoyen Cabanis, dont les travaux précieux jettent un jour tout nouveau sur ces matieres. Pour moi je me contente qu'aucune de mes explications ne soit en contradiction avec les lumieres positives que fournit l'observation scrupuleuse de nos organes et de leurs fonctions ; et c'est une justice que j'espere que l'on me rendra.

Après ces préliminaires il me sera aisé de tracer les regles de l'art de parler et de raisonner: mais il faut auparavant que le public ait prononcé sur ce qui précede. Jusqu'à ce que les opinions soient fixées sur la théorie, je pense que la pratique doit être abandonnée à une sorte d'empirisme, qui au reste la dirige souvent fort bien, comme nous l'avons déja observé.

Je dois avertir, en finissant, qu'encore que j'aie renfermé dans cette récapitulation la plupart des observations importantes répandues dans ce traité, je demande avec instance que l'on ne croie pas connaître suffisamment mon ouvrage par ce résumé succinct ; et je préviens que, si on le lisait avant ce qui précede ; il y a mille contre un à parier qu'on le comprendrait mal. Des expressions aussi abrégées, sur-tout dans ces matieres, sont nécessairement susceptibles de plusieurs sens différents ; il n'y a que les développements et les explications qui puissent déterminer avec précision quel est celui de l'auteur : cet inconvénient diminuera à mesure que la langue se fixera ; et la langue se fixera à mesure que la science étant mieux cultivée, les opinions deviendront moins divergentes : c'est à quoi j'ai voulu contribuer. Mais dans tous les cas, pour juger un écrit dans lequel on s'est attaché à ne rien dire d'inutile, il faut le lire tout entier. Celui-ci, si je ne me trompe, a plus besoin d'être commenté qu'abrégé ; au moins suffira-t-il, j'espere, à faire voir que l'étude de l'idéologie consiste tout entiere en observations, et n'a rien de plus mystérieux ni de plus nébuleux que les autres parties de l'histoire naturelle. C'est donc bien différent de ce qu'on appelle la métaphysique ; *ce qu'il fallait démontrer :* ajoutez, je vous prie, que le seul moyen pour ne pas *faire de la métaphysique nébuleuse* (comme disent ceux qui en font le plus sans s'en appercevoir), c'est de savoir l'*idéologie.* Un temps viendra, et il n'est pas éloigné, où on sera honteux d'avoir nié cette vérité, et même de l'avoir ignorée.

FIN.

TABLE

DES CHAPITRES.

Nota. Pour soulager l'attention ces dix-sept chapitres peuvent être partagés en trois sections.

La premiere, composée des chapitres 1, 2, 3, 4, 5, 6, 7, et 8, contient la description de nos facultés intellectuelles.

La seconde, composée des chapitres 9, 10, et 11, renferme l'application de cette connaissance à la connaissance des propriétés des corps.

Et la troisieme, composée des chapitres 12, 13, 14, 15, 16, et 17, traite des effets de la réunion de notre faculté de sentir avec la faculté de nous mouvoir.

ADDITIONS ET CORRECTIONS.

Page 10 , ligne 6 , les , *lisez* la.

P. 89, l. 8, généralisés , *lisez* généralisé.

P. 108 , l. 26 , Barkley , *lisez* Berkeley.

P. 120 , l. 26 , *après le mot* mouvement , *ajoutez au bas de la page cette note.*

Nota. Donc un être sans étendue ne pourrait rien connaître que lui même ; car un être qui ne serait nulle part ne pourrait changer de lieu , ne pourrait faire du mouvement.

P. 121 , l. 9, mouvement , *lisez* mouvement.

P. 128 , l. 12 , cisconstances , *lisez* circonstance.

P. 134 , *à la fin de la note ajoutez ces mots :* Cependant il faut que ces matieres soient capables d'une résistance quelconque , puisqu'elles produisent des sensations visuelles.

P. 165 , l. 19, *après ces mots ,* de lever les plans , *ajoutez ceux-ci ,* et de tous les genres de dessin.

P. 181 , l. 7 , nous en avons , *lisez* nous avons.

P. 190 , l. 7 , métaphysicien , *lisez* idéologiste.

P. 220 , l. 9 de la seconde note , *après ces mots :* Beaucoup de faits observés dans les enfants , *ajoutez ceux-ci ,* leurs ris , leurs pleurs sans cause apparente.

P. 235 , l. 19, *effacez ces mots ,* si vous.

(359)

Page 238, ligne 9, *après ces mots*, son organisation,
ajoutez au bas de la page cette note :

Nota. Nous éprouvons aujourd'hui en idéologie ce
qu'on a éprouvé en chymie lors de sa rénovation,
c'est que jusque là on ne s'était apperçu que des
éléments les plus grossiers des êtres analysés, et
qu'une foule d'autres plus subtils avaient toujours
échappé à l'observation.

P. 282, l. 17, a b, c, *lisez* a c b.

P. 285, l. premiere, puss, *lisez* plus.

P. 307, l. 22, traduction, ou, *lisez* traduction ou.

P. 313, l. 16, VII, *lisez* VI.

P. 337, l. 10, des, *lisez* de.

P. 340, l. 9, *effacez* là.

9 782013 096010